高等职业教育大数据与会计专业数智化教学改革教材
职业教育"十四五"新形态教材

浙江省普通高校"十三五"新形态教材

资产评估实务

（第二版）

ZICHANPINGGU SHIWU

宣国萍　主编

立信会计出版社
LIXIN ACCOUNTING PUBLISHING HOUSE

图书在版编目（CIP）数据

资产评估实务 / 宣国萍主编. -- 2版. -- 上海：立信会计出版社，2025.6. -- ISBN 978-7-5429-7984-1

Ⅰ. F20

中国国家版本馆CIP数据核字第2025645VF9号

责任编辑　　赵志梅
美术编辑　　吴博闻

资产评估实务（第二版）

出版发行	立信会计出版社
地　　址	上海市中山西路2230号　　邮政编码　200235
电　　话	(021)64411389　　传　　真　(021)64411325
网　　址	www.lixinaph.com　　电子邮箱　lixinaph2019@126.com
网上书店	http://lixin.jd.com　　http://lxkjcbs.tmall.com
经　　销	各地新华书店
印　　刷	常熟市人民印刷有限公司
开　　本	787毫米×1092毫米　　1/16
印　　张	18
字　　数	462千字
版　　次	2025年6月第2版
印　　次	2025年6月第1次
书　　号	ISBN 978-7-5429-7984-1/F
定　　价	49.00元

如有印订差错，请与本社联系调换

第二版 前言 Foreword

随着市场经济的进一步发展，作为社会经济生活中不可缺少的中介服务行业，资产评估行业的发展越来越迅速，并在服务经济、服务财政改革、服务社会中发挥着越来越重要的作用。资产评估作为一门新兴的综合性学科，既有特定的理论体系，又有非常强的实践性。为适应新的岗位技能变化，培养高技能财税人才，更好地促进高等职业教育资产评估课程的教学工作，我们对本教材进行了修订。

本次修订将项目一进行简化，更加明确了资产评估理论和流程；将原项目六分为项目六和项目七，使结构更合理、针对性更强；新增了"心灵启迪"项目；将二维码资源进行了分类归纳，增加了与思政相关的二维码资源和思政案例题，形成了教材思政的系统路径；根据最新法律法规对相关内容进行了修订。

本教材的特色与创新如下。

1. 目标导向，素养引领，润物无声

本教材在目标制定、内容选取、资源建设等过程中融入了习近平新时代中国特色社会主义思想和党的二十大精神。在目标制定上，本教材设置了"素养目标"，思想导向正确，目标明确；在内容选取上，本教材设置了"心灵启迪"栏目，包含法治精神、职业素养等内容；在资源建设上，本教材设置了"素养引领"等二维码资源。本教材整体设计以学业为中心，旨在培养学生的职业素养和工匠精神。

2. 体例创新，体现教、学、做融合

编写团队精心设计教材体例：由"引导案例"开启项目任务；在"知识准备"中进行系统理论讲解和实务解析；穿插"想一想""术语解析""特别提示"等栏目，力求帮助学生理解重难点，开展探究式学习；通过"实务要求""实战训练"等栏目，注重学生的技能培养，提升其专业技能；通过"知识地图"栏目描述本项目的核心知识体系，便于师生对所学内容进行总结和提炼。本教材充分体现了"教、学、做"融合的特点。

3. 资源立体化，拓展了纸质教材内容

本教材配套建设了法规制度、微课视频、考证园地、习题训练、素养引领、拓展阅读等类型的二维码资源，并同步建设了市级精品在线开放课程和知识技能图谱，课程资源包括视频、近1 000道题目及丰富的考证和拓展资源等，适合翻转课堂和线上线下混合教学。

4. 课证融通，利于资产评估师资格证和其他证书的获取

本教材与国家资产评估师和资产评估专业的其他证书内容相结合，在每一个项目的开头编写了不同资产的评估流程。本教材每个项目结尾提供考证知识点的二维码资源，利于学生对相关证书的获取。

5. 校企双元合作，重视职业能力培养

本教材由学校专任教师和企业资产评估专家共同合作开发完成，案例和题目均来源于真实业务，由资产评估专家协同选择确定，这有利于对学生职业能力的培养。另外，本教材的编写团队中有多名注册资产评估师，具有很强的资产评估实操能力和丰富的工作经验，有利于强化教材的实践性特征。

本教材由浙江工业职业技术学院宣国萍担任主编，浙江工业职业技术学院韩静、邹相煜担任副主编。宣国萍提出了编写构思，拟定编写大纲和撰写要求，并对教材进行统稿。本书编写分工如下：浙江工业职业技术学院徐芳编写项目1；宣国萍编写项目2；邹相煜编写项目3；韩静、浙江菲达环保科技股份有限公司朱叶梅编写项目4；浙江工业职业技术学院孙婧编写项目5；浙江工业职业技术学院朱逸文编写项目6和项目7。

本教材可作为高等职业本科院校、高等职业专科院校、成人高校等财经类相关专业课程教材，也可作为社会相关从业人员培训用书。

本教材如有不妥之处，欢迎广大读者批评指正，以便再版时更正。

编者

2025年6月

0-1 中华人民共和国
资产评估法

0-2 资产评估
基本准则

0-3 资产评估
职业道德准则

目录 Contents

项目 1　资产评估概述 ··· 1
　任务 1　认知资产评估 ··· 2
　任务 2　资产评估的程序 ··· 6

项目 2　机器设备评估 ··· 14
　任务 1　认知机器设备评估 ··· 15
　任务 2　评估机器设备 ··· 22
　任务 3　机器设备评估报告 ··· 37

项目 3　不动产评估 ··· 51
　任务 1　认知不动产评估 ··· 52
　任务 2　评估不动产 ··· 59
　任务 3　不动产评估报告 ··· 87

项目 4　无形资产评估 ··· 113
　任务 1　认知无形资产评估 ··· 114
　任务 2　评估专利资产 ··· 120
　任务 3　评估商标资产 ··· 134
　任务 4　评估著作权资产 ·· 142
　任务 5　评估商誉 ··· 149
　任务 6　无形资产评估报告 ··· 155

项目 5　企业价值评估 ··· 174
　任务 1　认知企业价值评估 ··· 175

  任务 2 评估企业价值 …… 179
  任务 3 企业价值评估报告 …… 200

项目 6 长期投资评估 …… 218
  任务 1 认知长期投资评估 …… 219
  任务 2 评估长期投资 …… 221
  任务 3 长期投资评估报告 …… 230

项目 7 流动资产评估 …… 244
  任务 1 认知流动资产评估 …… 245
  任务 2 评估流动资产 …… 248
  任务 3 流动资产评估报告 …… 259

二维码目录 Contents

微课视频

1-2	微课视频：初识资产评估	6
1-4	微课视频：什么是独立性	12
1-5	微课视频：探析资产评估程序	12
2-2	微课视频：认知机器设备评估	18
2-3	微课视频：机器设备评估的一般流程	22
3-3	微课视频：认知不动产	59
3-7	微课视频：市场法之交易实例与可比实例的关系	68
4-2	微课视频：认知无形资产评估	118
4-4	微课视频：收益法之收益额估算	134
4-7	微课视频：收益法评估商标资产	141
5-2	微课视频：辨析企业价值与股权价值	179
5-4	微课视频：自由现金流的计算	191
5-6	微课视频：价值比率的理解和选用	199
6-3	微课视频：静观债市沉浮——估一估债券投资	224
7-3	微课视频：支好"反光镜"——识准库存材料购进时间	250
7-7	微课视频：拿出"照妖镜"——辨别应收款项风险	257

素养引领

1-6	素养引领：思政案例——保护国有资产	12
1-7	素养引领：思政案例——独立性很重要	12
1-8	素养引领：情景剧——资产评估业务洽谈	12
1-16	素养引领：思政案例分析题	13
2-6	素养引领：思政案例——这样的机器设备评估合理吗？	37
2-7	素养引领：情景剧——如何保护评估双方的利益？	37

2-15	素养引领：思政案例分析题	50
3-4	素养引领：情景剧——现场勘查不可少	59
3-11	素养引领：虚假抵押估价报告骗取银行贷款不可为	110
3-19	素养引领：思政案例分析题	112
4-3	素养引领：思政案例——专利就在我们身边	134
4-10	素养引领：情景剧——评估工作底稿填写	156
4-18	素养引领：思政案例分析题	173
5-7	素养引领：思政案例——中粮并购先正达案例中的估值思考	199
5-8	素养引领：情景剧——企业估值中的尽职调查	199
5-9	素养引领：思政案例分析题	199
6-5	素养引领：思政案例——"股市谣言"颠倒股票价值	227
6-12	素养引领：思政案例分析题	243
7-5	素养引领：情景剧——真假币	255
7-14	素养引领：思政案例分析题	278

习题训练

1-1	习题训练：项目1随堂练习一	6
1-3	习题训练：项目1随堂练习二	12
1-12	习题训练：认知资产评估课后作业	13
1-13	习题训练：认知资产评估随堂练习及课后作业答案	13
2-1	习题训练：项目2随堂练习一	18
2-4	习题训练：项目2随堂练习二	22
2-5	习题训练：项目2随堂练习三	37
2-11	习题训练：机器设备评估课后作业	50
2-12	习题训练：机器设备评估随堂练习及课后作业答案	50
3-1	习题训练：项目3随堂练习一	57
3-2	习题训练：项目3随堂练习二	59
3-5	习题训练：项目3随堂练习三	68
3-6	习题训练：项目3随堂练习四	68
3-8	习题训练：项目3随堂练习五	77
3-9	习题训练：项目3随堂练习六	83
3-10	习题训练：项目3随堂练习七	87
3-15	习题训练：不动产评估课后作业	112
3-16	习题训练：不动产评估随堂练习及课后作业答案	112

4-1	习题训练：项目4随堂练习一	118
4-5	习题训练：项目4随堂练习二	134
4-6	习题训练：项目4随堂练习三	141
4-8	习题训练：项目4随堂练习四	149
4-9	习题训练：项目4随堂练习五	155
4-14	习题训练：无形资产评估课后作业	173
4-15	习题训练：无形资产评估随堂练习及课后作业答案	173
5-1	习题训练：项目5随堂练习一	179
5-3	习题训练：项目5随堂练习二	191
5-5	习题训练：项目5随堂练习三	199
5-13	习题训练：企业价值评估课后作业	217
5-14	习题训练：企业价值评估随堂练习及课后作业答案	217
6-1	习题训练：项目6随堂练习一	221
6-2	习题训练：项目6随堂练习二	224
6-4	习题训练：项目6随堂练习三	227
6-8	习题训练：长期投资评估课后作业	243
6-9	习题训练：长期投资评估随堂练习及课后作业答案	243
7-1	习题训练：项目7随堂练习一	247
7-2	习题训练：项目7随堂练习二	250
7-4	习题训练：项目7随堂练习三	253
7-6	习题训练：项目7随堂练习四	257
7-10	习题训练：流动资产评估课后作业	278
7-11	习题训练：流动资产评估随堂练习及课后作业答案	278

考证园地

1-9	考证园地：认知资产评估考点归纳	13
1-10	考证园地：认知资产评估考证题库及答案	13
1-11	考证园地：认知资产评估考证辅导视频	13
2-8	考证园地：机器设备评估考点归纳	50
2-9	考证园地：机器设备评估考证题库及答案	50
2-10	考证园地：机器设备评估考证辅导视频	50
3-12	考证园地：不动产评估考点归纳	112
3-13	考证园地：不动产评估考证题库及答案	112
3-14	考证园地：不动产评估考证辅导视频	112

4-11	考证园地：无形资产评估考点归纳	173
4-12	考证园地：无形资产评估考证题库及答案	173
4-13	考证园地：无形资产评估考证辅导视频	173
5-10	考证园地：企业价值评估考点归纳	217
5-11	考证园地：企业价值评估考证辅导视频	217
5-12	考证园地：企业价值评估考证题库	217
6-6	考证园地：长期投资评估考点归纳	243
6-7	考证园地：长期投资评估考证题库及答案	243
7-8	考证园地：流动资产评估考点归纳	278
7-9	考证园地：流动资产评估考证题库及答案	278

拓展阅读

1-14	拓展阅读：认知资产评估教学课件	13
1-15	拓展阅读：资产评估准则	13
2-13	拓展阅读：机器设备评估教学课件	50
2-14	拓展阅读：资产评估准则（机器设备）	50
3-17	拓展阅读：不动产评估教学课件	112
3-18	拓展阅读：房地产估价规范	112
4-16	拓展阅读：无形资产评估教学课件	173
4-17	拓展阅读：资产评估准则（无形资产）	173
5-15	拓展阅读：企业价值评估教学课件	217
5-16	拓展阅读：企业价值评估拓展知识	217
6-10	拓展阅读：长期投资评估教学课件	243
6-11	拓展阅读：投资性房地产评估指导意见	243
7-12	拓展阅读：流动资产评估教学课件	278
7-13	拓展阅读：商业银行金融资产风险分类办法	278

项目 1 资产评估概述

【知识目标】

1. 理解资产评估的基本内涵；
2. 掌握资产评估的程序。

【技能目标】

1. 能够阐述资产评估的基本内涵；
2. 能够完成简单的资产评估报告。

【素养目标】

1. 树立公正、严谨评估的意识；
2. 坚持遵守法律法规和评估准则。

【引导案例】

小王是资产评估专业的大一学生,利用假期去汇信资产评估师事务所实习。实习第一天,小王就迫不及待地问李师傅:"什么是资产评估呢?资产评估有特定的方法和程序吗?"

李师傅说:"如果你想学习资产评估,就要先学习《中华人民共和国资产评估法》(以下简称《资产评估法》)和《资产评估基本准则》,再来认识资产评估及资产评估程序。"

【知识准备】

任务 1　认知资产评估

一、资产评估的概念

资产评估是对各种资产进行估价的过程。我国资产评估起源于20世纪80年代末期。如今,资产评估已发展成为我国社会经济活动中一个重要的中介服务行业,在社会主义经济体制改革中发挥着十分重要的作用,已经成为社会主义市场经济不可或缺的重要组成部分。资产评估是根据动态市场进行评估的,具有很大的不确定性。因此,资产评估需要规范进行。

为了规范资产评估行为,保护资产评估当事人合法权益和公共利益,促进资产评估行业健康发展,维护社会主义市场经济秩序,《资产评估法》于2016年7月2日发布,自2016年12月1日起实施。

《资产评估法》对资产评估做出如下定义:资产评估是指评估机构及其评估专业人员根据委托对不动产、动产、无形资产、企业价值、资产损失或者其他经济权益进行评定、估算,并出具评估报告的专业服务行为。本教材沿用《资产评估法》对资产评估的概念界定。

《资产评估法》对资产评估的概念界定包括评估主体、评估客体、评估内容及成果三个方面:

(1) 评估主体。《资产评估法》规定,评估主体包括评估机构及评估专业人员。评估机构是依法设立的从事评估业务的专业机构。《资产评估法》第十五条第一款规定,评估机构应当依法采用合伙或者公司形式,聘用评估专业人员开展评估业务。评估专业人员包括取得资产评估师证书的评估师和其他具有评估专业知识及实践经验的评估从业人员。评估专业人员需要加入评估机构,才能从事评估业务。

(2) 评估客体。《资产评估法》第二条规定,评估客体包括不动产、动产、无形资产、企业价值、资产损失或者其他经济权益。概括而言,评估客体是指各种资产。资产是指由特定权利主体拥有或控制,能够给特定权利主体带来未来经济利益的资源。

术语解析:合伙企业是指由各个合伙人订立合伙协议,共同出资,共同经营,共享收益,共担风险,并对合伙企业债务承担无限连带责任的营利组织。

术语解析:公司是依照《中华人民共和国公司法》在中国境内设立的以营利为目的的企业法人。

(3) 评估内容及成果。《资产评估法》第二条规定,评估内容是指对评估对象进行评定、估算的专业服务行为。评估成果是指资产评估机构及其专业评估人员出具的评估报告。另外,还需要注意资产评估与一般价格咨询服务的区别。资产评估要由评估机构及其评估专业人员出具评估报告,由评估专业人员签名,并加盖评估机构印章,由评估机构和评估人员对评估报告承担法律责任。一般价格咨询服务不出具报告,有关机构和人员对给出的咨询价格也不承担相应的法律责任。

想一想:资产评估与一般价格咨询的区别有哪些?

【实务要求】 李师傅要求小王概括资产评估的概念。

实务处理:小王根据自己的分析,认为资产评估是指资产评估机构及其专业评估人员根据委托对各项资产进行评定、估算,并出具评估报告的专业服务行为。

二、资产评估的作用

(一) 资产评估引导市场优化资源配置

在市场经济条件下,市场机制在遵循平等性、竞争性、法治性、开放性的一般规律的基础上,自动实现资源优化配置。受社会必要劳动时间、供求关系与市场环境的影响,资产价值往往处在不断变化之中。这就需要资产评估专业人员在某一时点上对资产价值进行合理评估,为交易双方提供合理的价值信号,引导资源向价值最大化的方向流动。

【心灵启迪】

市场机制遵循平等性、竞争性、法治性和开放性的一般规律,我们在生活和人际交往中也要遵守平等、竞争、法制和开放这些基本规律。

(二) 资产评估保障资本市场发展

资产评估与我国资本市场发展紧密联系,相辅相成,缺一不可。资本市场是资产价格发现的重要平台,资产评估是资产价值发现的重要渠道。资产评估为公司上市、并购重组提供价值标尺;为创业板首次公开募股(IPO)定价提供科学依据;为非上市股份公司的股份转让、并购、融资、抵押质押提供可靠依据。为了防止实体经济和金融相互脱节和资产泡沫放大,资产评估发挥着"去泡沫化"和预警作用,为金融企业改革、金融资产抵押质押、后续管理和不良资产处置提供价值标尺,防范金融风险。

(三) 资产评估促进经济规范发展

产权交易的本质是等价交换,而资产评估的职能就是为交易主体实现公平交易提供价值标尺。在产权交易中,资产评估的介入抑制了交易主体的非理性行为,也为政府监管提供了"数据库"保障。

(四) 资产评估保护各类资产主体的合法权益

资产评估可以使交易各方能够在公开、公正、公平的前提下,实现资产最有可能实现的交换价值，有效保护各类资产主体的合法权益。

三、资产评估的基本事项

资产评估的基本事项是资产评估专业人员确定资产评估程序、选择评估方法、编制评估报告的基础。资产评估的基本事项包括资产评估相关当事人、资产评估目的、资产评估对象、资产评估范围、资产评估基准日和报告日、价值类型和资产评估假设等。

（一）资产评估相关当事人

根据《资产评估法》的规定，资产评估的相关当事人包括委托人、资产评估报告使用人、资产评估机构、资产评估专业人员、产权持有人等。本教材将重点介绍委托人、产权持有人与资产评估报告使用人。

💡 想一想：资产评估机构和资产评估专业人员的含义分别是什么？

1. 委托人

《资产评估法》规定，委托人应当与评估机构订立委托合同。可见，委托人是与资产评估机构签订评估合同的当事人。委托人的权利包括：自主选择评估机构，有权要求与相关当事人及评估对象有利害关系的评估人员回避，要求评估机构对资产评估报告结论、评估金额、评估程序等方面内容进行解释等。委托人的义务包括：不得对评估行为及评估结果进行非法干涉；按照合同约定向评估机构支付评估费用；对其提供的权属证明、财务会计信息和其他资料的真实性、完整性和合法性负责；不得滥用资产评估报告。

【心灵启迪】

委托人拥有一定的权利，同时也需要承担一定的义务。我们要知道在任何时候权利和义务都是相对等的。

2. 产权持有人

产权持有人是持有评估资产产权的人。资产评估的委托人并不一定是评估对象的产权持有人。也就是说资产评估的委托人有可能是产权持有人，也有可能不是产权持有人。

💡 想一想：在什么情况下，资产评估的委托人和产权持有人不一致？

3. 资产评估报告使用人

资产评估报告使用人是指法律、行政法规明确规定的，或者资产评估合同中约定的有权使用资产评估报告或评估结论的当事人。资产评估机构对委托人以外的其他评估报告使用人所承担的责任会增加评估执业和信息披露的要求，因此在签订资产评估合同前评估机构就需要与委托人就报告使用人达成共识。除了委托人、法律规定的资产评估报告使用人和资产评估委托合同中约定的其他资产评估报告使用人，其他任何机构和人员不能成为资产评估报告的使用人。

（二）资产评估目的

资产评估是以某种特定经济行为为目的而展开的。企业改制、资产买卖、债转股、担保融资、税收、司法诉讼、会计计量等众多领域都需要专业的资产评估服务。资产评估目的实际是确定资产评估结果的使用要求，或者是评估结论的具体用途。资产评估目的的确定有助于确定评估对象、界定评估范围、选择价值类型等。资产评估目的在整个资产评估中具有重要作用，应当在资产评估合同中明确。

（三）资产评估对象

资产评估是指评估机构及其评估专业人员根据委托对不动产、动产、无形资产、企业价值、资产损失或者其他经济权益进行评定、估算，并出具评估报告的专业服务行为。根据这个定义，资产评估的对象包括不动产、动产、无形资产、企业价值、资产损失或者其他经济权益等资产。具体资产评估对象的确定由委托人根据法律法规的规定和经济行为的要求提出，由评估机构和评估专业人员在必要时提供专业建议。资产评估对象需要在评估合同中明确约定。在不同的评估业务中，资产评估对象的组成是不同的。

（四）资产评估范围

资产评估范围是对评估对象的详细描述，具体包括评估对象的构成、物理及经济权益边界、约束条件等内容。资产评估范围由评估专业人员根据法律的规定、评估目的的要求、评估对象的特点确定，并在资产评估合同中明确约定。例如，当评估对象是企业股权时，评估范围包括企业的全部资产和负债；当评估对象是企业可用于出资的资产时，评估范围包括企业可用于出资的资产，但不包括法律不允许出资的资产。

（五）资产评估基准日和报告日

资产评估委托人需要根据评估目的及相关经济行为的需要确定一个恰当的资产时点价值。资产评估机构接受客户的评估任务委托后，确定评估对象在该日的价值。这个时点就是评估基准日。

委托人在选择评估基准日时需要考虑以下因素：是否有利于评估结论有效服务于评估目的；是否有利于现场调查、评估资料收集等工作的展开；是否能有效利用会计资料、相关法律法规等。

评估基准日通常是现在时点，也就是现时性评估；也有可能是过去时点，即追溯性评估；还可能是未来时点，也就是预测性评估。

评估报告日是形成评估结论的日期。评估基准日到评估报告日这一时段，资产的所有重大变化，评估机构都需要了解，在必要时需要披露。评估报告日后，评估机构不再负有对这些重大变化的了解和披露义务。

（六）价值类型

价值类型是资产评估结果的价值属性及其表现形式，是评估价值的具体标准。价值类型是影响和决定资产评估价值的重要因素，不同的价值类型直接影响评估方法的选择。在表达评估结论时需要明确价值类型，避免评估委托人和其他报告使用人误用评估结论。

目前,主要的价值类型包括市场价值、投资价值、在用价值、清算价值、残余价值等。市场价值是指在市场中,理性的买卖双方自愿进行公平交易的价值估计数额;投资价值是指评估对象对于投资者所具有的价值估计数额;在用价值是指评估对象按其正在使用的方式和程度做出的价值估计数额;清算价值是指评估对象处于出售、变现等情况下的价值估计数额;残余价值是指资产在不继续使用的前提下拆除变现的价值。

❓**想一想**:你能举例说出生活中用到各种价值类型的情形吗?

(七)资产评估假设

任何一门学科的建立都离不开假设。相应的理论体系和方法体系也都建立在一系列假设前提之上。与其他学科一样,资产评估作为一门独立的学科也有自己的假设。资产评估假设是指对资产评估过程中某些未被确切认识的事物,根据客观的正常情况或发展趋势所作的合乎情理的推断。资产评估假设是资产评估结论成立的前提条件。常见的资产评估假设包括持续经营假设、清算假设、原地使用假设、移地使用假设等。不同的资产评估业务会涉及不同的资产评估假设。

1-1 习题训练:
项目 1 随堂练习一

1-2 微课视频:
初识资产评估

任务 2　资产评估的程序

规范的资产评估程序对保障资产评估行为科学、公正有着重要作用。《资产评估基本准则》明确规定资产评估的基本程序包括八个:明确业务基本事项,订立业务委托合同,编制资产评估计划,进行评估现场调查,收集整理评估资料,评定估算形成结论,编制出具评估报告,整理归集评估档案。因为每一个评估业务在评估对象、评估目的上有所不同,可获取的资产评估资料完整度有所不一致,所以资产评估专业人员执行每一项基本程序时有差异。但是,这八个基本程序不得随意减少。

一、明确业务基本事项

开展和实施资产评估程序的第一个环节是明确业务基本事项。明确业务基本事项可以从两方面来理解:明确业务的基本事项,分析和评价评估机构承接业务的专业能力、独立性和业务风险。

(一)明确业务的基本事项

资产评估业务的基本事项主要包括:①委托人、产权持有人和委托人以外的其他评估报告产权持有人;②评估目的;③评估对象和评估范围;④价值类型;⑤评估基准日;⑥评估报告使用范围;⑦评估报告提交期限和方式;⑧评估服务费及支付方式;⑨其他需要明确的事项。本项目任务1已经介绍过委托人、产权持有人和委托人以外的其他评估报告使用人,评估目的,评估对象,评估范围,价值类型,评估基准日和报告日,在这里我们重点介绍评估报告使用范围、评估报告提交期限和方式、评估服务费及支付方式和其他事项。

1. 评估报告使用范围

评估报告的使用范围包括评估报告使用人、评估目的、使用时效、报告的摘抄引用或披露等事项。评估机构需要与委托人明确评估报告的使用范围。

2. 评估报告提交期限和方式

评估报告的提交期限受到评估工作量、评估资料的获取难易程度、委托人的配合力度等因素的影响。评估机构专业人员应当对上述影响评估报告提交期限的诸多因素进行预计和把握,与委托人约定提交报告的方式为当面提交或邮寄,并在评估合同中明确。在实际工作中,评估报告的提交期限不宜确定具体日期,一般是开始现场工作、委托人提供必要资料后的一定期限内。

3. 评估服务费及支付方式

评估服务费是评估机构和委托人沟通的重要内容。评估机构专业人员向委托人提出评估收费标准和报价。评估专业人员根据具体评估业务和评估收费标准确定评估服务费。除了评估服务费,评估专业人员和评估业务委托人应当在差旅和食宿费用、现场办公费用等方面达成一致意见。

4. 其他事项

评估机构专业人员与评估业务委托人应当根据评估业务具体情况展开沟通,明确评估业务中其他的重要事项,包括但不限于落实资产清查申报、提供资料、市场调查等。

(二) 分析和评价评估机构承接业务的专业能力、独立性和业务风险

1. 专业能力

一般情况下,从两个方面分析和评价评估机构的专业能力:评估机构及评估专业人员是否具有与拟承接业务相关的专业能力及相关经验;评估机构及评估专业人员对于那些缺乏专业能力和相关经验的业务,是否具有弥补评估经验和专业能力不足的可行措施,如聘请专家协助工作、利用专业机构的成果等。

2. 独立性

资产评估机构和资产评估专业人员了解影响独立性的情形。评估机构及评估专业人员判断是否存在利益冲突或是否存在现时利益关系时,主要通过关联关系筛查、申报和核查等方式确定。

想一想: 影响资产评估机构和资产评估专业人员独立性的因素有哪些。

3. 业务风险

从不同风险来源的角度,资产评估的业务风险可以划分为来自委托人和产权持有人的风险;来自评估对象的风险;来自资产评估报告使用的风险。

来自委托人和产权持有人的风险：委托人或产权持有人不配合资产评估机构执行资产评估程序，提供虚假、不符合法定要求的资料等。

来自评估对象的风险：评估对象的特殊性导致的风险，包括无法履行规定程序、评估对象产权不清晰、评估范围不确定等。

来自资产评估报告使用的风险：使用不当评估报告导致的风险，包括混淆评估目的、忽视评估基准日等。

二、订立业务委托合同

资产评估业务委托合同是资产评估机构与委托人订立的，明确评估业务的基本事项，约定双方的权利、义务、违约责任和争议解决方式等内容的合同。资产评估业务委托合同一般采用书面形式。资产评估业务委托合同通常包括下列内容：

(1) 资产评估机构和委托人的名称、住所、联系人及联系方式。
(2) 评估目的。
(3) 评估对象和范围。
(4) 评估基准日。
(5) 资产评估报告使用范围。
(6) 资产评估报告提交期限和方式。
(7) 评估服务费相关的内容，包括金额、支付方式、支付时间等。
(8) 资产评估机构和委托人的权利和义务。
(9) 签约各方的违约责任、争议解决方式等。
(10) 合同当事人签字或盖章的时间。
(11) 合同当事人签字或盖章的地点。

资产评估机构在确定受理评估业务之后与委托人订立评估委托合同。资产评估业务委托合同由资产评估机构的法定代表人签字并加盖资产评估机构印章。

签订资产评估委托合同后，发现合同事项存在异议或者合同中约定的条款发生变化时，在法律允许的范围内，资产评估机构可以与委托人签订补充合同、变更合同或重新签订合同。

三、编制资产评估计划

为了能够合理、有效地配置各项资源，高效保质完成资产评估业务，实现资产评估目的，资产评估人员在评估业务正式开展前需要编制资产评估计划。资产评估计划通常包括评估业务实施中的过程、时间、人员安排等内容。

资产评估专业人员编制资产评估计划的总体要求包括两个方面：根据资产评估业务的具体情况，如评估目的、评估基准日等编制资产评估计划；根据资产评估项目的内容确定资产评估计划的繁简程度。大型的资产评估项目涉及的工作量大、人员多，因此需要编制详尽的资产评估计划，简单的资产评估项目也可以简化资产评估计划。

在一般情况下，资产评估计划包括评估业务主要的实施过程、时间进度安排和人

员安排等内容:

(1) 资产评估业务的主要实施过程包括现场调查、收集评估资料、评定估算、编制和提交资产评估报告等。

(2) 资产评估业务的时间进度安排需要考虑评估业务实施过程、评估业务的难易程度,以及评估报告的提交期限等因素。

(3) 资产评估业务的人员安排需要根据评估项目的资产状况、评估业务的实施步骤、评估人员的技能水平等因素确定。

资产评估业务过程是一个复杂的过程。在执行资产评估业务过程中,如果评估工作遇到障碍,或者评估目的、评估范围、评估基准日等发生变化,资产评估机构及专业人员需要及时与委托人或相关当事人沟通调整评估计划。

四、进行评估现场调查

现场调查是在法律允许的范围内,由评估专业人员通过勘察、询问、核对等手段,收集资产状况信息,对资产进行全面了解,客观评价。现场调查是了解资产状况的重要方法,不能以其他方法替代。现场调查主要包括了解评估对象的现状、关注评估对象的法律权属两项内容。

了解评估对象的现状包括核实评估对象的存在性和完整性,以及评估对象的现时状况。

评估对象的法律权属包括所有权、使用权及其他财产权利。

现场调查的手段包括询问、访谈、核对、监盘和勘查等,其中询问是最常见的现场调查手段。在实际工作中,需要根据评估对象的特征选择适合的现场调查方法。

现场调查的方法包括逐项调查和抽样调查两种:

(1) 逐项调查是指逐项核实、勘查资产评估范围内的所有资产和负债的方法。逐项调查这种方法适用于资产数量少、单项资产价值大、存在管理不善风险并且无法从其他途径获得评估证据的情形。

(2) 抽样调查是指按照一定的程序,从全体研究对象中选取一部分进行调查获取数据,并以此对全体研究对象做出推断的方法。对于无条件采用逐项调查的资产和负债,可以采用抽样调查。

术语解析: 监盘是指资产评估专业人员监督被评估单位盘点评估资产的过程。

五、收集整理评估资料

收集评估资料是资产评估专业人员收集与评估项目相关资料的过程。与资产评估相关的资料很多。根据评估资料内容的不同,评估资料可以分为权属证明、财务会计信息和其他评估资料。根据评估资料来源的不同,评估资料可以分为直接从市场获取的资料;从委托人、产权持有人等相关当事人获得的资料;从政府部门、各类专业机构和相关部门获得的资料。

术语解析: 权属证明是指能够证明资产产权归属的材料。

💡 **想一想:** 从不同来源取得的具体资产评估资料包括哪些?

为了从众多的资料中筛选出合格的资料,保证评估结果的合理性,资产评估专业人员需要查验评估过程中获得的资料的真实性、准确性和完整性。资产评估专业人员应当根据评估资料的特点选择合适的方法对评估资料进行核查验证。对评估资料进行核查验证的方法包括观察、询问、书面审查、实地调查、查询、函证、复核等。对于超出资产评估专业人员能力范畴的事项，评估专业人员应当委托或要求委托人委托其他专业机构或专家出具意见；对于其他客观原因导致无法核实和查验的事项，资产评估专业人员应当在工作底稿中说明，并且分析该事项对评估结果的影响程度。

六、评定估算形成结论

资产评估专业人员在明确业务基本事项、订立业务委托合同、编制资产评估计划、进行评估现场调查、收集整理评估资料之后，需要对评估对象进行评定估算并形成结论。本程序包括选择评估方法和形成评估结论等具体工作。

资产评估的方法主要包括收益法、市场法和成本法。资产评估专业人员根据评估对象的特点选择适合的评估方法。

资产评估专业人员在运用合适的评估方法评估资产形成初步评估结论之后，需要对初步评估结论进行分析，确定评估结论的合理性。综合考虑评估目的、价值类型、评估对象等因素，确定最终的评估结论。

七、编制出具评估报告

资产评估专业人员需要在评定估算形成结论后编制出具评估报告。编制出具评估报告的程序包括编制评估报告，内部审核评估报告，与委托人或者相关当事人沟通，签发评估报告。

（一）编制评估报告

按照法律、行政法规和《资产评估准则》的规定，资产评估专业人员在执行评估程序后编制评估报告。

（二）内部审核评估报告

按照法律、行政法规和《资产评估准则》的规定，资产评估专业人员在完成初步评估报告后，需要对资产评估报告进行必要的内部审核。内部审核包括以下内容：

（1）对评估程序履行情况的复核。

（2）对评估资料完整性、客观性、适时性的复核。

（3）对评估方法、评估技术思路合理性的复核。

（4）对评估目的、价值类型、评估假设、评估参数，以及评估结论在性质上和逻辑上一致性的复核。

（5）对计算公式及计算过程正确性的复核。

（6）对技术参数选取合理性的复核。

（7）对计算表格之间链接关系正确性的复核。

（8）采用多种方法进行评估时，对各种评估方法所依据的假设、前提、数据、参数进行复核。

(9) 对最终评估结论合理性的复核。

(10) 对评估报告合规性的复核。

(三) 与委托人或者相关当事人沟通

资产评估机构和评估专业人员在完成必要的内部审核之后，提交正式评估报告之前，可以与委托人或者委托人许可的相关当事人就评估报告有关内容进行必要沟通。

资产评估机构和评估专业人员与委托人或者委托人许可的相关当事人沟通，这有助于委托人或者相关当事人合理理解评估结论、正确使用评估报告，也有利于评估机构和评估专业人员了解委托人或者相关当事人对评估结论的反馈意见。

与委托人或者委托人许可的相关当事人的沟通内容包括是否履行了评估合同约定的内容、评估方法的适用性、披露信息的正确性和恰当性等。

(四) 签发评估报告

资产评估机构按照约定的时间和方式向委托人签发资产评估报告。

八、整理归集评估档案

整理归集评估档案是资产评估程序的重要组成部分，是评估工作中不可忽视的环节。资产评估专业人员应在资产评估报告日后90天内整理工作底稿，并与其他相关资料一起形成评估工作档案。《资产评估法》规定一般评估业务的评估档案保存期限不得少于15年，法定评估业务的档案保管期限不得少于30年。

【实务要求】 李师傅要求小王对资产评估的程序进行总结。

实务处理：《资产评估准则》规定资产评估的基本程序包括八个：明确业务基本事项，订立业务委托合同，编制资产评估计划，进行评估现场调查，收集整理评估资料，评定估算形成结论，编制出具评估报告，整理归集评估档案。因为每一个评估业务在评估对象、评估目的上有所不同，可获取的资产评估资料完整度有所不一致，所以资产评估专业人员在执行每一项基本程序时有所差异。但是，这八个基本程序不得随意减少。

【知识地图】

资产评估概述

- 任务1 认知资产评估
  - 一、资产评估的概念
  - 二、资产评估的作用
    - （一）资产评估引导市场优化资源配置
    - （二）资产评估保障资本市场发展
    - （三）资产评估促进经济规范发展
    - （四）资产评估保护各类资产主体的合法权益
  - 三、资产评估的基本事项
    - （一）资产评估相关当事人
    - （二）资产评估目的
    - （三）资产评估对象
    - （四）资产评估范围
    - （五）资产评估基准日和报告日
    - （六）价值类型
    - （七）资产评估假设

- 任务2 资产评估的程序
  - 一、明确业务基本事项
    - （一）明确业务的基本事项
    - （二）分析和评价评估机构承接业务的专业能力、独立性和业务风险
  - 二、订立业务委托合同
  - 三、编制资产评估计划
  - 四、进行评估现场调查
  - 五、收集整理评估资料
  - 六、评定估算形成结论
  - 七、编制出具评估报告
    - （一）编制评估报告
    - （二）内部审核评估报告
    - （三）与委托人或者相关当事人沟通
    - （四）签发评估报告
  - 八、整理归集评估档案

1-3 习题训练：
项目1 随堂练习二

1-4 微课视频：
什么是独立性

1-5 微课视频：
探析资产评估程序

1-6 素养引领：
思政案例——
保护国有资产

1-7 素养引领：
思政案例——
独立性很重要

1-8 素养引领：
情景剧——资产
评估业务洽谈

【考证直通】

1-9 考证园地：
认知资产评估
考点归纳

1-10 考证园地：
认知资产评估
考证题库及答案

1-11 考证园地：
认知资产评估
考证辅导视频

【辅教导学】

1-12 习题训练：
认知资产评估
课后作业

1-13 习题训练：
认知资产评估随堂练习
及课后作业答案

1-14 拓展阅读：
认知资产评估
教学课件

1-15 拓展阅读：
资产评估准则

1-16 素养引领：
思政案例分析题

项目 2 机器设备评估

【知识目标】

1. 理解机器设备评估的特点；
2. 掌握机器设备评估的流程；
3. 掌握机器设备评估的三种方法及适用范围。

【技能目标】

1. 能根据机器设备判断使用恰当的方法评估；
2. 能够运用成本法评估机器设备的重置价值；
3. 能够运用市场法评估机器设备的市场价值；
4. 能够运用收益法评估机器设备；
5. 能够完成机器设备评估报告。

【素养目标】

1. 树立依法评估的意识；
2. 坚持实事求是的原则；
3. 树立客观科学的分析评估态度。

【引导案例】

陈虹是资产评估专业的大三学生。2025年4月,她来到浙江宏华资产评估事务所实习,王华是她的师傅。2025年5月,浙江众泰纺织有限公司(以下简称众泰纺织)拟资产重组,委托事务所对企业的机器设备进行全面评估,王师傅带着陈虹接受了该项任务,入驻企业后先收集信息。陈虹协助王师傅查固定资产账,进入车间等地进行实地调查,整理得到众泰纺织机器设备明细表,具体如表2-1所示。

表2-1　　　　　　　　众泰纺织机器设备明细表　　　　　　金额单位:万元

序号	名称	购置年份	设备原价
1	片梭织机	2016	41.92
2	牵经机	2021	10.50
3	自动化生产线	2022	28.00
4	全顺汽车	2024	15.00
5	整形机	2022	12.00
6	定型机	2022	120.00
7	剑杆织机	2020	7.00

【知识准备】

任务1　认知机器设备评估

一、机器设备的定义和分类

(一) 机器设备的定义

《资产评估准则——机器设备》第二条规定,机器设备是指人类利用机械原理以及其他科学原理制造的、特定主体拥有或者控制的有形资产,包括机器、仪器、器械、装置、附属的特殊建筑物等。在此概念中,人类利用机械原理以及其他科学原理制造的装置说明了机器设备的自然属性,而特定主体拥有或者控制的有形资产则是机器设备的资产属性。它与自然科学领域的机器设备是有一定区别的。

💡想一想:资产评估中的机器设备定义与自然科学领域的机器设备定义有什么不同?

(二) 机器设备的分类

机器设备可以按照不同原则、不同标准进行分类,具体分类如下:

> 术语解析:自然科学领域的机器设备是指利用机械原理制造的装置,将机械能或非机械能转换为便于人们利用的机械能,以及将机械能转换为某种非机械能,或利用机械能来做一定工作的装备或器具。

（1）**按固定资产分类标准分类**。根据《固定资产分类与代码》的规定，我国现行的机器设备分类如表 2-2 所示。

表 2-2　　　　　　　　　　机器设备分类表

门类	代码	固定资产分类
通用设备	06	锅炉及原动机
	07	金属加工设备
	08	起重设备
	09	输送设备
	10	给料设备
	11	装卸设备
	12	泵
	13	风机
	14	气体压缩机
	15	气体分离及液化设备
	16	制冷空调设备
	17	真空获得及其应用设备
	18	分离及干燥设备
	19	减速机及传动装置
	20	金属表面处理设备
	21	包装及气动工具等设备
专用设备	25	探矿、采矿、选矿和造块设备
	26	烧焦和金属冶炼轧制设备
	27	炼油、化工、橡胶及塑料设备
	28	电力工业专用设备
	29	非金属矿物制品工业专用设备
	30	核工业专用设备
	31	航空航天工业专用设备
	32	兵器工业专用设备
	33	工程机械
	34	农业和林业设备
	35	畜牧和渔业机械
	36	木材采集和加工设备
	37	食品工业专用设备
	38	饮料加工设备
	39	烟草加工设备
	40	粮油作物和饲料加工设备
	41	纺织设备
	42	缝纫、服饰、制茶和毛皮加工设备
	43	造纸和印刷机械

特别提示：按固定资产分类标准分类是资产评估中使用的最基本的分类方法。国内编制的机器设备价格资料及价格指数也大都采用了这一分类方法。

(续表)

门类	代码	固定资产分类
专用设备	44	化学药品和中成药制炼设备
	45	医疗器械
	46	其他行业专用设备
	47	武器装备
交通运输设备	52	铁路运输设备
	53	汽车、电车(含地铁车辆)、摩托车及非机动车辆
	54	水上交通运输设备
	55	飞机及其配套设备
	56	工矿车辆
电气设备	60	电机
	61	变压器、整流器、电抗器和电容器
	62	生产辅助用电器
	63	生活用电器和照明设备
	64	电器机械设备
	65	电工、电子专用生产设备
电子产品及其通信设备	68	雷达和无线电导航设备
	69	通信设备
	70	广播电视设备
	71	电子计算机及其外围设备
仪器仪表、计量标准器具及量具、衡器	74	仪器仪表
	75	电子和通信测量仪器
	76	专用仪器仪表
	77	计量标准器具及量具、衡器
文艺体育设备	80	文艺设备
	81	体育设备
	82	娱乐设备

（2）按会计制度分类。我国的会计制度按机器设备的使用性能，将机器设备分为生产经营用机器设备、非生产经营用机器设备、租出机器设备、未使用机器设备、不需用机器设备和融资租入机器设备。

（3）按组合方式和程度分类。按机器设备组合方式和程度，机器设备可分为单台设备(独立设备)和组合成套设备(含生产线)等。

(4) 按来源分类。按机器设备的来源,机器设备可分为自制设备和外购设备。

二、机器设备评估的定义和特点

(一) 机器设备评估的定义

机器设备评估是指资产评估机构及其资产评估专业人员遵守相关法律法规及资产评估准则的要求,根据委托对在评估基准日特定目的下单独的机器设备和为企业资产组成部分的机器设备价值进行评定、估算,并出具评估报告的专业服务行为。

(二) 机器设备评估的特点

(1) 从评估方法看,机器设备一般不具备独立的获利能力,所以,通常采用重置成本法和市场法。

(2) 从机器设备的整体价值看,机器设备的评估价值应注意资产之间的有机联系对价值的影响,不一定仅仅是单台设备价值的简单相加。

(3) 从介于动产和不动产之间的固置物价值看,机器设备有的属于动产,不需安装,可以移动使用;有的属于不动产或介于动产和不动产之间的固置物,需要永久地或在一定时间内以某种方式安装在土地或建筑物上,若移动这些资产可能导致机器设备的部分损失或完全失效。

(4) 从贬值因素看,机器设备除实体性贬值外,往往还存在功能性贬值和经济性贬值。

想一想:有哪些因素可能对设备的评估价值产生影响?

【实务要求2-1】 王师傅要求陈虹先对机器设备进行分类。

实务处理:陈虹根据自己的分析,认为应该按固定资产分类标准进行分类,具体来讲,将全顺牌汽车归类为交通运输类,将片梭织机、剑杆织机、自动化生产线、整形机、定型机等归类为专用设备中的纺织设备类。

特别提示:科学技术的发展、国家有关能源政策、环保政策等都会影响设备的评估价值。

2-1 习题训练:
项目2 随堂练习一

2-2 微课视频:
认知机器设备评估

三、机器设备评估的经济管理

(一) 机器设备的磨损

机器设备在使用或闲置过程中,会逐渐发生磨损而降低价值。机器设备的磨损主要分为有形磨损和无形磨损两种。

1. 有形磨损

有形磨损是指机器设备在实物形态上的磨损。其分为两种。第一种有形磨损是由于发生摩擦、振动、腐蚀和疲劳等产生的磨损,与使用时间和使用强度有关。第二种有形磨损是设备在闲置过程中由于自然力的作用腐蚀,或由于管理不善和缺乏必要的维护自然丧失精度和工作能力。机器设备遭受有形磨损,在一定程度上与闲置时间和保管条件有关。

2．无形磨损

无形磨损是指科学技术进步、工艺改进或生产规模扩大致使原有设备价值贬值。其也分为两种。第一种无形磨损是工艺改进等引起的相同结构设备重置价值降低,导致投资成本超支。第二种无形磨损是不断出现性能更加完善、生产效率更高的设备,致使原有设备价值降低,导致运营成本超支。

（二）机器设备的利用率

机器设备的利用率是指每年度设备实际使用时间占计划用时的百分比,是反映设备工作状态及生产效率的技术经济指标。常用的设备利用率指标有时间利用率和能力利用率。

1．时间利用率

为了分析设备的时间利用情况,可对设备时间作如下划分:日历时间、制度时间、计划工作时间和实际工作时间。日历时间指按日历日数计算的时间。制度时间是日历时间扣除节假日、公休日及不工作的上班时间后设备正常工作的时间。其计算公式为:

$$时间利用率 = 实际工作时间 \div 计划工作时间 \times 100\%$$

$$日历时间利用率 = 实际工作时间 \div 日历时间 \times 100\%$$

2．能力利用率

能力利用率可以用来反映生产设备能力的利用情况。能力利用率是指单位时间内平均实际产量与设备在单位时间内最大可能产量之比。其计算公式为:

$$能力利用率 = 单位时间内平均实际产量 \div 单位时间内最大可能产量 \times 100\%$$

（三）机器设备的维护、检查、修理、更新与技术改造和报废

（1）机器设备的维护是指为保持设备良好工作状态,延长其使用寿命所进行的日常工作,包括清理擦拭、润滑涂油、检查调校,以及补充能源、燃料等。机器设备的维护分为日常维护和定期维护两种。

（2）机器设备的检查是指按规定的标准、周期和检查方法,对设备的运行情况、技术状况、工作精度和零部件老化程度等进行检查的技术活动。机器设备的检查分为日常检查、定期检查、性能检查和精度检查等。

（3）机器设备的修理是指通过修复或更换磨损零件,调整精度,排除故障,恢复设备原有功能而进行的技术活动。机器设备的修理分为预防性修理、事后修理、改善修理和质量修理等。

（4）机器设备的更新与技术改造是指用技术性能更高、经济性更好的新型设备代替原有的落后设备,或者运用现代科学技术的新成果,对旧设备结构进行局部改革,使设备的技术性能得到改进。

（5）机器设备的报废是指因有形磨损、无形磨损或其他因素而不能继续使用并

退役的机器设备。机器设备报废的原因有长期使用磨损,人为事故或自然灾害导致设备损坏,耗能高、污染严重等被国家要求强制淘汰。

(四) 机器设备的寿命

机器设备的寿命是指机器设备从开始使用到被淘汰所经历的时间期限,可分为自然寿命、经济寿命和技术寿命。

(1) 机器设备的自然寿命是指机器设备从开始使用到因自然磨损不能正常使用所经历的时间。机器设备因自然磨损无法使用而报废导致自然寿命的终结。

(2) 机器设备的经济寿命是指从机器设备开始使用到因遭受有形磨损和无形磨损,继续使用在经济上已经不合理而被淘汰的时间期限。

(3) 机器设备的技术寿命是指从开始使用到因技术进步导致其功能落后被淘汰的时间期限。技术寿命主要是由其无形磨损决定的,一般要短于自然寿命,而且科学技术进步越快,技术寿命越短。当然,通过实施现代化改造,可延长机器设备的技术寿命。

💡 想一想:机器设备的自然寿命、经济寿命和技术寿命哪个长?哪个短?

四、机器设备评估的程序

(一) 接受委托,明确评估目的

机器设备是企业价值或其他整体资产组合评估的组成部分,其评估目的服从于企业价值的评估目的,如企业改制、企业股权转让、收购或兼并、机器设备或机器设备组合出资、抵押、转让、保险、涉讼、涉税或以财务报告为目的公允价值计量、资产减值测试等。

(二) 评估准备

1. 要求委托方提供基础资料

基础资料包括机器设备评估申报明细表、被估设备的购货合同与发票、运输安装调试费用发票及其他必要的经济技术资料和证明文件等。

【心灵启迪】

机器设备评估工作必须严格遵循相关的法律法规,如《资产评估法》和《公司法》等,确保评估活动合法合规。

2. 确定价值类型

(1) 作为整体资产组成部分的机器设备。采用资产基础法评估整体企业价值时,机器设备所能够实现的价值取决于其自身对该整体企业价值的贡献程度,所以,对机器设备的评估依据是替代原则。机器设备的价值是指按原来的用途与其他资产一起持续使用条件下的使用价值,即续用价值。

(2) 脱离整体资产而独立存在的机器设备。如果一台或几台机器设备与整体资产分割开,则其所能实现的价值可能只是变现价值。在这种情况下,机器设备的市场价值一般是指其在二手设备市场所能实现的价值,即变现价值。

(3) 交易受到限制的机器设备。其评估价值一般指清算价值,分为快速清算价值、有序清算价值和原地复用清算价值。快速清算价值也就是拍卖价值,是强制性的快速变现。有序清算价值是指资产所有者被允许有一个适当的时限,将资产进行宣传推销,选择买主变现资产的价值。原地复用清算价值是指以原地持续使用为处置条件所能实现的资产清算价值。

3. 明确评估假设

在明确评估目的后,要根据机器设备的预期用途来明确评估假设。评估假设包括**持续使用**和变现,持续使用既可分为按现行用途持续使用和改变用途持续使用两种情况,又可分为原地使用和移地使用两种情况。评估假设的类型如图 2-1 所示。

图 2-1 评估假设的类型

💡 **想一想**:原地使用和移地使用会对机器设备的评估价值产生怎样的影响?

4. 明确评估对象和评估范围

机器设备评估的评估对象,有时是整体企业,有时是机器设备组合,有时则是单台机器设备。机器设备组合的价值不必然等于单台机器设备价值的简单相加。当一台机器设备作为机器设备组合的一个组成部分时,它所能够实现的价值与它作为单项资产所能够实现的价值是不同的。

机器设备的评估范围包括机器设备本体、设备基础、附属设施等。特别需要注意的是,有些设备基础与建筑物密不可分,也有一些机器设备包括一些附属设施等。另外,还要关注评估对象是否包括操作软件、技术数据和专利等无形资产。

5. 制订具体的评估工作计划

评估工作计划包括设计机器设备的评估思路、落实评估人员、聘请有关专家、安排评估进度、规定评估作业完成时间等。

(三) 评估估算

1. 确定评估方法

评估机构及其评估专业人员根据评估目的、评估对象、价值类型和资料收集情况等具体情况,分析成本法、市场法和收益法三种资产评估基本方法评估设备的适用性,恰当选择评估方法。

(1) 在评估机器设备的清算价值时一般不采用成本法和收益法。

(2) 对于不具有独立获利能力,或获利能力无法量化的机器设备,一般不采用收益法。

(3) 对于市场上独一无二的设备,或市场交易不够活跃的机器设备,一般不宜采

术语解析:持续使用假设是指机器设备未来将按某种特定的用途持续使用。评估机构及其评估专业人员对一个持续经营的企业进行整体企业价值评估时,一般适用持续使用假设。

用市场法。

> 【心灵启迪】
>
> 在机器设备评估中,要充分考虑用户需求和利益,确保评估结果能够真实反映机器设备的价值和性能,为用户提供更加优质的服务和支持。

2. 清查核实

清查核实的内容包括微观调查、宏观调查及法律权属资料情况三个方面:

(1) 微观调查以单台设备为调查对象,调查机器设备的基础信息和安装使用情况,如机器设备名称、制造厂家、品牌、规格型号、序列号、主要技术参数、出厂日期(役龄)、购置日期、附件及软件、安装状态、使用情况、维护保养情况等。

(2) 宏观调查主要调查所服务的企业整体情况,包括企业名称地址、产品及生产工艺、生产能力、机器设备等固定资产建设情况、设备维护政策、生产经营情况、案例环保情况等。

(3) 法律权属资料情况是指机器设备的所有权情况、是否存在抵(质)押、融资租赁等。

清查核实的方法有逐项调查或抽样调查两种。对于数量较大的机器设备,可以采用抽样方法进行现场调查。对机器设备的清查核实通常可以借鉴设备使用单位提供的设备档案资料,利用专业机构出具的检测或鉴定意见,对设备进行现场观察。

3. 评定估算

评估机构及其评估专业人员根据选定的评估方法进行评定估算,估测每台设备的重置价值,并对单台设备评估值汇总,得出总的评估结果,填写机器设备评估作业分析表、机器设备评估明细表和机器设备评估汇总表等。

4. 出具评估报告

评估机构及其评估专业人员在评估完成后,进行自查,对设备的评估假设和参数等再进行一次全面核对,再拟定评估报告书及评估说明,出具完整的评估报告。

2-3 微课视频:
机器设备评估的一般流程

2-4 习题训练:
项目2 随堂练习二

任务2　评估机器设备

一、机器设备评估流程

资产评估师在进行机器设备的评估时一般按照如图2-2所示的流程进行。

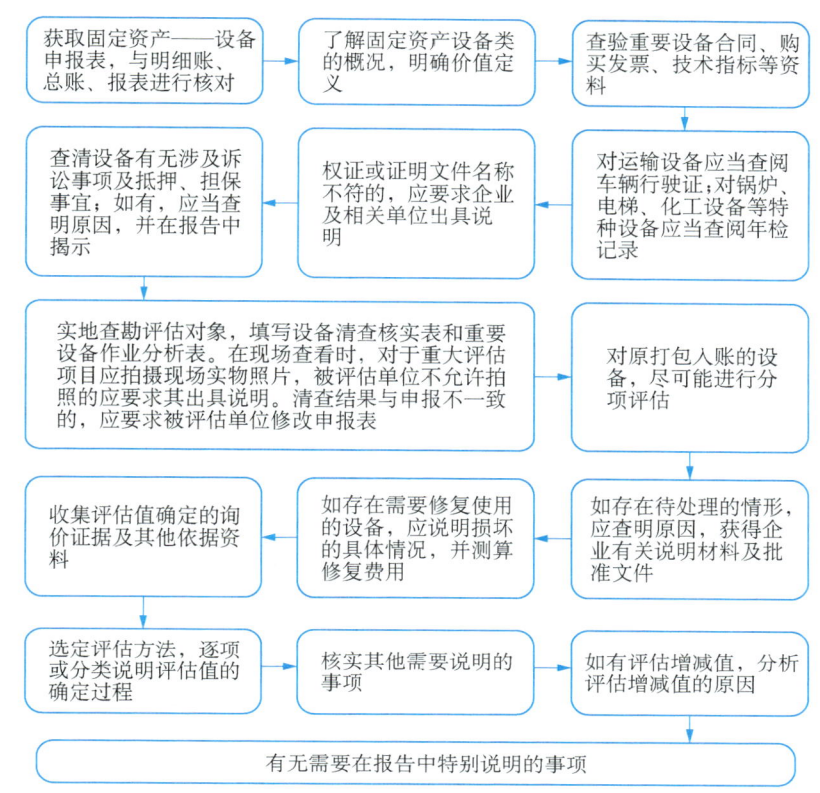

图 2-2 机器设备评估流程图

二、重置成本法

(一) 重置成本法的概念

重置成本法是指通过估算机器设备的重置成本,扣减其在使用过程中自然磨损贬值、技术进步贬值或外部经济环境导致的贬值,即实体性贬值、功能性贬值、经济性贬值后,测算出机器设备评估价值的方法。

其计算公式为:

$$\text{机器设备评估值} = \text{重置成本} - \text{实体性贬值} - \text{功能性贬值} - \text{经济性贬值}$$

表达式为:$P = RC - D_p - D_f - D_e$

式中 P——评估值。

RC——重置成本。

D_p——实体性贬值。

D_f——功能性贬值。

D_e——经济性贬值。

(二)重置成本的估算

1. 重置成本的构成

机器设备的重置成本包括购置或购建设备所发生的、必要的、合理的直接成本、间接成本和因资金占用所发生的其他合理成本,具体见图2-3。

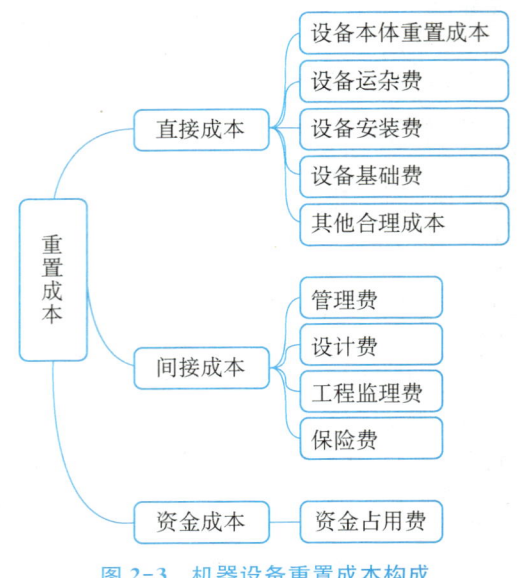

图2-3 机器设备重置成本构成

2. 设备本体重置成本的估算

设备本体重置成本不包含运输、安装等费用。一般的计算方法有市场询价法、物价指数调整法、重置核算法、综合估价法、重量估价法和类比法六种。

1)市场询价法

市场询价法是指根据市场交易价格资料直接确定设备本体重置成本的方法。市场询价法是最简单、有效、可信的方法,其适用范围是大部分通用设备。获取市场价格的方法有:

(1)市场询价。资产评估人员直接从市场了解到的相同机器设备的现行市场销售价格。一般情况下,如市场有出厂价、市场销售价等几种不同价格,需选择可能获得的最低售价。

💡 **想一想**:你认为一般情况下谁提供的价格是最低价格?

【实务要求2-2】 王师傅要求陈虹对牵经机进行评估,牵经机购置于2020年,账面价值是105 000元,陈虹该如何评估该牵经机。

实务处理:陈虹认为,该牵经机属于通用设备,可以采用市场询价法进行评估,于是,她开始进行市场询价,得知该设备市场销售价格为98 000元,同一生产厂家的出厂价格为90 000元。按最低价格为重置成本的原则,她认为该设备的重置成本为90 000元。

【实战训练2-1】 2025年4月,陈虹跟王师傅对浙江和风机械有限公司的一套机床进行评估,该机床购置于2017年,账面价值为130 000元,经过市场询价,该设备

> **特别提示**:对于专用设备和特种设备,一般没有公开的市场价格,所以可向生产厂家询价,并向近期购买同类产品的其他客户了解实际成交价。

市场销售价格为 120 000 元,同一生产厂家出厂价格为 110 000 元,陈虹该采用什么价格作为机床重置成本?

解:该机床为通用机床,其机器本体重置成本可采用市场询价法获得,并按所得最低价格作为其重置成本,所以,应该按 110 000 元作为重置成本。

(2) 使用价格资料。使用价格资料最需要注意的是数据的有效性、地域性和可靠性。它包括经销商提供的价格目录、报纸杂志上的广告、出版的机电产品价格目录、机电产品价格数据库、生产厂家提供的产品目录或价格表等。

2) 物价指数调整法

物价指数调整法是指以设备的历史成本为基础,根据同类设备的价格上涨指数,确定机器设备本体的重置成本的方法。有些设备无法取得现行购置价格或建造成本,也无法取得同类设备重置成本,可采用物价指数调整法进行估测。因此,此类方法适用于对技术进步速度不快、技术进步因素对设备加工影响不大的设备进行重置成本的估测。物价指数分为定基物价指数和环比物价指数两种。

(1) 定基物价指数。定基物价指数是以固定时期为基期的指数,用百分比可表示为:

定基物价指数=评估日物价指数÷基年物价指数×100%

重置成本=原始成本×定基物价指数

【实务要求 2-3】 自动化生产线购建于 2021 年,账面价值是 280 000 元,因是定制生产线,没有市场同类产品价格可参考,王师傅要陈虹对它进行评估。

实务处理: 陈虹经过研究,发现该自动化生产线没有同类产品价格可参考,但可以采用物价指数调整法进行评估。当年物价指数为 110%,而评估日价格指数为 120%,所以:

定基物价指数=120%÷110%×100%≈109.09%

重置成本=280 000×109.09%≈305 452(元)

【实战训练 2-2】 2025 年 4 月,陈虹跟王师傅对浙江和风机械有限公司的一套全自动生产线进行评估,该全自动生产线购建于 2022 年,其账面原值为 3 000 000 元,该全自动生产线没有同类设备价格可参考,当年物价指数为 120%,评估时,该类资产的价格指数为 130%,陈虹该如何对该全自动生产线进行评估?

解:分析该全自动生产线的情况,陈虹选择采用定基物价指数调整法进行评估。

定基物价指数=130%÷120%×100%≈108.33%

重置成本=3 000 000×108.33%≈3 249 900(元)

(2) 环比物价指数。环比物价指数是以上期为基期的指数,环比期以年为单位。环比物价指数表示该类产品当前年比上年的价格变动幅度,用百分比可表示为:

某年环比物价指数=第二年物价指数÷基年物价指数×100%

某年环比物价指数用 P_n^{n-1} 表示,则有:

特别提示: 物价指数可从以下途径获得:国家统计局定期发布的工业生产者出厂价格指数;专业评估数据库提供的中外机器设备出厂价格指数等。

$$总的环比指数 = P_1^0 \times P_2^1 \times \cdots \times P_n^{n-1}$$

【**实战训练 2-3**】 承[实战训练 2-2]，若王师傅告诉陈虹 2022—2025 年的物价指数分别为 120%、125%、128% 和 130%，并要求陈虹按环比物价指数进行试评估，陈虹该如何对该生产线进行评估？

解：根据每年的物价指数，可算出环比价格变动指数：

2023 年的环比物价指数 $(P_{2023}^{2022}) = 125\% \div 120\% \times 100\% \approx 104.17\%$

2024 年的环比物价指数 $(P_{2024}^{2023}) = 128\% \div 125\% \times 100\% = 102.4\%$

2025 年的环比物价指数 $(P_{2025}^{2024}) = 130\% \div 128\% \times 100\% \approx 101.56\%$

总的环比物价指数 $= (P_{2023}^{2022}) \times (P_{2024}^{2023}) \times (P_{2025}^{2024})$

$\quad\quad\quad\quad\quad\quad\quad = 104.17\% \times 102.4\% \times 101.56\%$

$\quad\quad\quad\quad\quad\quad\quad \approx 108.33\%$

重置成本 $= 3\,000\,000 \times 108.33\% = 3\,249\,900$（元）

采用物价指数调整法进行估算时，应注意以下问题：

一是选取的物价指数应与评估对象相配比，一般采用某一类产品的综合物价指数，而不是某个设备的物价指数。

二是审查历史成本的真实性。企业账面的设备历史成本往往包含了运杂费、安装费、基础费及其他费用。这些费用的物价指数与设备价格的物价指数是不一样的，应分开计算。

三是物价指数调整法只能用于确定设备的复原重置成本，不能用于确定更新重置成本。

四是进口设备应使用进口国的分类物价指数。

五是购买时间较长、采用综合物价指数或对高通货膨胀设备进行物价指数法评估时，应相当谨慎，尽量用其他方法校核。

💡**想一想**：你认为采用定基物价指数和环比物价指数进行估算，哪个更精准？

3）重置核算法

重置核算法是指分别测算机器设备的各项成本费用来确定设备本体重置成本的方法。它一般用于确定非标的、自制的、专用的机器设备本体重置成本。用此方法估算，需要根据每个零部件及工序分别计算材料及制造费用，所以，较难达到精确，一般依据设备材料费用和人工费用来确定设备的本体重置成本。

4）综合估价法

综合估价法是根据设备的主材费和主要外购件的价格与设备成本费用的比例关系，来计算设备的完全制造成本，并考虑企业利润和设计费等费用，从而确定设备本体的重置成本的方法。即：

非标设备的本体重置成本 = 主材费(不含主要外购件) + 外购件费 + 非标设备设计费 + 利润 + 税金

主材费(不含主要外购件费)用 C_{m1} 表示，是在设备中所占的重量和价值比例大的一种或几种材料费用,主材费可按图纸分别计算出各种主材的净消耗量,然后根据各种主材的利用率求出它们的总消耗量,并按材料的市场价格计算每一种主材的材料费用。

非标设备的本体重置成本的计算公式也可写为：

$$S = (C_{m1} \div K_m + C_{m2}) \times (1+K_p) \times (1+K_t) \times (1+K_d \div n)$$

式中　S——非标设备的本体重置成本。

　　　C_{m1}——主材费(不含主要外购件费)。

　　　K_m——不含主要外购件费的成本主材费率。

　　　C_{m2}——主要外购件费。

　　　K_p——成本利润率。

　　　K_t——销售税金率。

　　　K_d——非标设备设计费率。

　　　n——非标设备生产数量。

【实务要求 2-4】 陈虹对自动化生产线采用物价指数调整法进行评估,得到王师傅的肯定,但她认为可以更加精确一点,陈虹可以用什么办法进行评估？

实务处理：陈虹重新对自动化生产线进行了仔细的研究,该自动化生产线在建设时使用钢材 8 吨,其他机配件等外购件 208 000 元,主材费利用率为 95%,不含主要外购件费的成本主材费率为 70%,成本利润率为 15%,设计费率为 8%,当时生产了两条自动化生产线,税费率为 8%,评估日每吨钢材价格为 2 300 元,陈虹决定用综合估价法再进行评估。具体如下：

主材费(不含主要外购件费)＝(8÷95%÷70%)×2 300＝27 669.17(元)

主要外购件费＝208 000(元)

总的成本＝208 000＋27 669.17＝235 669.17(元)

设备的重置成本＝235 669.17×(1＋15%)×(1＋8%)×(1＋8%÷2)

　　　　　　　＝304 409.15(元)

【实战训练 2-4】 2025 年 4 月,陈虹跟王师傅对浙江和风机械有限公司的一套自制设备进行评估,该设备自制于 2015 年,当时制造该设备用钢材 4 吨,其他机配件等外购件共计 20 800 元,该设备的主材费利用率为 90%,成本主材费率为 60%,成本利润率为 18%,设计费率为 9.5%,当时只生产了一台设备,税费率为 10%,2020 年 1 月,评估日每吨钢材价格为 2 500 元。陈虹该如何运用综合估价法进行试评估？

解：主材费(不含主要外购件费)＝(4÷90%÷60%)×2 500＝18 518.52(元)

主要外购件费＝20 800(元)

总的成本＝18 518.52＋20 800＝39 318.52(元)

设备的重置成本＝39 318.52×(1＋18%)×(1＋10%)×(1＋9.5%÷1)

　　　　　　　＝55 883.8(元)

5) 重量估价法

重量估价法是假设人工费、车间经费、企业管理费及设计费是设备材料费的线性函数,根据相似设备的统计资料计算出单位重量的综合费率,以设备重量乘以综合费率,并考虑利润和税金,根据设备的复杂系数进行适当调整后,确定设备的本体重置成本。

其计算公式为:

$$S = W \times R_w \times K \times (1 + r_p) \div (1 - r_t)$$

式中　S——非标设备的本体重置成本。
　　　W——设备的净重。
　　　R_w——综合费率。
　　　K——调整系数。
　　　r_p——利润率。
　　　r_t——综合税率。

该方法的适用范围为设备的成本与其重量密切相关、材料单一、制造简单、技术含量低的设备评估。

6) 类比法

类比法又称指数估价法,是根据相似设备的价格来确定重置成本的方法。其计算公式为:

$$RC = (A_1 \div A_2)^x \times S_2$$

式中　RC——设备的本体重置成本。
　　　A_1——被评估设备的生产能力。
　　　A_2——参照物设备的生产能力。
　　　S_2——参照物设备的价格。
　　　x——规模指数。

规模指数又称规模经济效益指数,是一个重要参数,取值一般在 0.4~1.2。

[实战训练2-5]　承[实战训练2-2],陈虹发现该全自动生产线的年生产能力为 20 万件,市场上已没有同类设备出售,但年生产能力为 30 万件的设备市场售价为 420 万元,该类设备的规模经济效益指数为 0.65。陈虹该如何运用类比法进行评估?

解:$RC = (20 \div 30)^{0.65} \times 420 \approx 322.69$(万元)

3. 设备运杂费的估算

运杂费可分为国产设备的运杂费和进口设备的运杂费两类。

(1) 国产设备的运杂费。国产设备的运杂费包含从生产厂家到安装使用点所发生的全部装卸、运输、采购、保管、保险及其他有关费用。国产设备的运杂费可按设备的生产地点、使用地点以及体重、体积、运输方式等根据运费计费标准计算,也可按设备本体重置成本的一定比率计算。

(2) 进口设备的运杂费。进口设备的运杂费是指从出口国运抵我国后,从到达的港口、车站、机场等到设备安装使用点所发生的港口费用、装卸费、运输费、保管费和国内运输保险费等,不包括运输超限设备时发生的特殊措施费。其计算公式为:

进口设备国内运杂费 = 进口设备到岸价 × 进口设备国内运杂费率

4. 设备安装费的估算

安装费是指为安装设备而发生的人工费、材料费、机械费及全部取费。

（1）国产设备安装费。国产设备安装费的估测，若有取费标准，可以直接按照取费标准估测；若有安装费率，通常按照设备原价乘以安装费率计算。

（2）进口设备安装费。其计算公式为：

$$进口设备安装费 = 相似国产设备原价 \times 国产设备安装费率$$

或 $$进口设备安装费 = 进口设备到岸价 \times 进口设备安装费率$$

5. 设备基础费的估算

设备的基础是指安装设备而建造的特殊构建物。设备的基础费是指为建造设备基础所发生的人工费、材料费、机械费等全部费用。

（1）国产设备基础费。其计算公式为：

$$国产设备基础费 = 国产设备原价 \times 国产设备基础费率$$

（2）进口设备基础费。

$$进口设备基础费 = 相似国产设备原价 \times 国产设备基础费率$$

或 $$进口设备基础费 = 进口设备到岸价 \times 进口设备基础费率$$

> **想一想**：需要安装且安装调试期很长的机器设备，其重置成本除设备本体成本外，还包含调试安装费、运输费、资金成本和维修费用吗？

6. 进口设备从属费用的估算

进口设备的从属费用包括国外运费、国外运输保险费、关税、消费税、增值税、银行财务费用、公司代理手续费等，如果是车辆，还包括车辆购置税等。具体计算办法如表 2-3 所示。

表 2-3　　　　　　　　进口设备从属费用估测法

费用种类	计算公式
国外运费	海运费＝离岸价(FOB)×海运费率（海运费率：远洋一般取 5%～8%，近洋一般取 3%～4%）
国外运输保险费	国外运输保险费＝(FOB＋海运费)×保险费率
关税	关税＝设备到岸价×关税税率
消费税	消费税＝(关税完税价＋关税额)÷(1－消费税税率)×消费税税率
增值税	增值税＝(关税完税价＋关税额＋消费税)×增值税税率
银行财务费用	银行财务费＝离岸价(FOB)×银行财务费率（我国现行银行财务费率一般为 0.4%～0.5%）
公司代理手续费	手续费＝到岸价(CIF)×公司代理手续费率（目前我国进出口公司的进口费率一般在 1%～1.5%）
车辆购置税	车辆购置税＝(到岸价人民币数＋关税＋消费税＋增值税)×车辆购置税税率

特别提示：国产设备安装费率、基础费率，可以按所在行业颁布的概算指标中规定的费率计算。

特别提示：进口设备安装费率、基础费率一般低于国产设备，可按相同类型国产设备的 30%～70%选取。

【实务要求2-5】 王师傅要求陈虹对浙江众泰纺织有限公司的片梭织机进行评估。该机器2012年从德国进口,离岸价格为2.5万美元,境外运费为0.5万美元,境外保险费率为0.4%,原值折合人民币41.92万元,现行进口关税税率为30%,增值税税率为13%,银行财务费率为0.5%,国内运输及安装费需2.5万元人民币。评估基准日美元同人民币的比价为1∶6.88。陈虹该如何测算该设备的重置成本呢?

实务处理: 保险费=(2.5+0.5)×0.4%=0.012(万美元)

到岸价格=2.5+0.5+0.012=3.012(万美元)

折合人民币=3.012×6.88≈20.72(万元)

进口关税=20.72×30%=6.22(万元)

进口增值税=(20.72+6.22)×13%≈3.50(万元)

银行财务费=2.5×6.88×0.5%=0.086(万元)

进口设备重置成本=20.72+6.22+3.50+0.086+2.5=33.026(万元)

7. 机器设备重置成本确定需注意的问题

一是在已发生技术进步的情况下,更新重置的设备成本更低、性能更好。

二是对于大多数通用设备,应按市场售价作为确定重置成本的基础。

三是根据市场价格得到的更新重置成本一般低于设备的复原重置成本,但根据替代产品的价格确定的更新重置成本有时并不低于复原重置成本,甚至还有所提高。因为新设备性能提高、使用寿命延长、能耗降低,综合表现为性能价格比的提高。

四是替代产品的价格,既有重置因素,又有升级的因素,新产品在性能上一般都会比老产品有所提高。在更新重置成本时,需要分析新老设备的性能差异,不可忽视功能性贬值因素。

五是用物价指数法调整得到的重置成本是复原重置成本,因为物价指数没有考虑技术进步的因素,它只反映物价水平的变化。

六是更新重置成本是以替代性原则为基础的,如果两种产品功能相同,其中一种的市场价格低于另外一种,那么市场倾向于价格低而功能相同的产品。

【心灵启迪】

机器设备重置成本绝非简单的数字计算,它在企业经济决策中扮演着举足轻重的角色。在未来的商业实践中,应该做出更理性的投资选择,为企业节约成本、提高效率,这不仅是为企业创造价值,更是为整个社会的经济可持续发展贡献力量,帮助企业在激烈的市场竞争中保持优势,推动产业的升级和创新,最终实现经济的繁荣与稳定。

(三)实体性贬值的估算

机器设备在使用过程中,磨损、冲击、振动或交变载荷会使零部件产生磨损、疲劳等破坏;在闲置过程中,会出现腐蚀、老化、生锈和变质等现象,这些磨损称为有形磨损,由此引起的设备的生产能力下降或使用价值降低称为实体性贬值。前一种损耗(第Ⅰ种实体性损耗)与工作负荷、工作条件和维修保养等有关;第二种损耗(第Ⅱ种实体性损耗)与设备闲置存放时间、环境和条件有关。

1. 成新率

设备的实体性贬值程度可用设备的价值损失与重置成本之比来反映,称为实体性贬值率,用 α_P 表示。其计算公式为:

$$\alpha_P = D_P \div RC \times 100\%$$

式中　α_P——实体性贬值率。

D_P——实体性贬值。

RC——设备的重置成本。

成新率是反映机器设备新旧程度的指标,是机器设备现实状态与设备全新状态的比率。成新率与实体性贬值率是同一设备的两面,两者的关系为:

$$成新率 = 1 - 实体性贬值率$$

2. 估算办法

实体性贬值率或成新率的估测常采用观察法、使用年限法和修复费用法三种。

1) 观察法

观察法就是资产评估专业人员通过现场观察设备的整体状态,查阅机器设备的历史资料,了解设备使用状况、磨损情况、维修保养情况、工作负荷和工作精度等,并向操作人员询问设备的使用情况、使用精度和故障率,对所获得的有关设备状况的信息进行分析、归纳和综合,依据经验判断设备的磨损程度及贬值率的方法。这是最常用的实体性贬值判断使用方法。

2) 使用年限法

使用年限法又称寿命比率法,是从设备使用寿命角度来估算其贬值程度的方法。它假设机器设备在整个使用寿命期间,设备的价值与使用寿命成正比关系,因此,设备的贬值可以用使用寿命的消耗量表示,实体性贬值率也可以用使用寿命消耗量与总使用寿命之比来表示。其计算公式为:

$$\alpha_P = L_1 \div L$$

式中　L_1——使用寿命消耗量。

L——总使用寿命。

该使用寿命通常由设备的自然寿命决定,确定使用寿命的方式有时间单位、工作量、使用次数和其他单位等。时间单位一般用工作小时来表示;工作量、使用次数一般用设备加工工件的件数或使用次数来表示;其他单位如汽车的使用寿命可用行驶里程来表示等。

【实务要求2-6】 王师傅要求陈虹对众泰纺织全顺汽车进行评估,该汽车总的使用寿命为50万千米,实际已经行驶了12万千米,该汽车的重置成本为150 000元,陈虹该如何计算该车的成新率呢?

实务处理: 实体性贬值率 $\alpha_P = 12 \div 50 \times 100\% = 24\%$

成新率 $= 1 - 24\% = 76\%$

汽车评估价 $= 150\,000 \times 76\% = 114\,000$(元)

3) 修复费用法

修复费用法假设设备所发生的实体性损耗是可补偿的,则设备的实体性贬值就应该等于补偿实体性损耗所发生的费用。比如,一部汽车的发动机坏了,要修复汽车必须更换发动机,如果该汽车不存在其他贬值,则更换发动机的费用就是该汽车的实体性贬值。因此,评估人员要区分可补偿性损耗和不可补偿性损耗。可补偿性损耗指修复在经济上是合理可行的,不考虑技术上的可行性;不可补偿性损耗则是不管技术上是否可行,在经济上进行不合理的修复。所以,评估人员要区分这两种损耗。

【实务要求2-7】 众泰纺织有一台整形机,该机器重置成本为12万元,已使用3年,其经济使用寿命为15年,现该机器加热驱动器损坏,需重新更换新的驱动器,更换新的需要1.5万元,其他部分工作正常。王师傅问陈虹应如何对该机器进行评估?

实务处理: 该设备存在可补偿性损耗和不可补偿性损耗,其计算如下:

重置成本 $= 12$(万元)

可补偿性损耗引起的贬值 $= 1.5$(万元)

不可补偿性损耗引起的贬值 $= (12 - 1.5) \div 15 \times 3 = 2.1$(万元)

总体实体性贬值 $= 1.5 + 2.1 = 3.6$(万元)

贬值率 $= 3.6 \div 12 \times 100\% = 30\%$

成新率 $= 1 - 30\% = 70\%$

评估价 $= 12 \times 70\% = 8.4$(万元)

(四)功能性贬值的估算

技术发展等引起的设备贬值,我们称为功能性贬值。它包括超额投资成本造成的功能性贬值和超额运营成本造成的功能性贬值。

1. 超额投资成本(第Ⅰ种功能性贬值)

超额投资成本引起的功能性贬值主要是新技术、新工艺、新材料等引起的相同功能的新设备的制造成本比旧设备低,即更新重置成本低于复原重置成本。超额投资成本引起的贬值就是设备的复原重置成本与更新重置成本的差额。

【实战训练2-6】 承[实战训练2-2],陈虹跟王师傅在浙江和风机械有限公司评估时进一步调研发现,2022年购建的全自动生产线,当时耗费材料成本为200万元,人工费用为8万元,利润为12%。如果评估基准日更新,由于工艺进步,材料成本减少10%,人工成本降低35%,王师傅要求陈虹不按物价指数调整法评估,重新考虑其功能性贬值,陈虹应该如何计算?

解:复原重置成本 $= (200 + 8) \times (1 + 12\%) = 232.96$(万元)

更新重置成本=[200×(1−10%)+8×(1−35%)]×(1+12%)=207.424(万元)
超额投资成本引起的功能性贬值=232.96−207.424=25.536(万元)

在实际评估过程中,如果可以直接确定设备的更新重置成本,则不需要再计算复原重置成本,超额投资成本引起的功能性贬值也不需要计算。

2. 超额运营成本(第Ⅱ种功能性贬值)

超额运营成本是指由于技术进步使得新设备在运营成本上低于老设备运营成本的差额价值,它是设备未来超额运营成本的折现值。

分析超额运营成本应考虑的因素有:

(1) 生产效率是否提高。
(2) 维修保养费用是否降低。
(3) 材料消耗是否降低。
(4) 能源消耗是否降低。
(5) 操作工人数量是否变少。

计算超额运营成本引起的功能性贬值的步骤如下:

(1) 分析比较机器设备的超额运营成本因素。
(2) 确定被评估设备的尚可使用寿命,计算每年的超额运营成本。
(3) 计算净超额运营成本。
(4) 确定折现率,计算超额运营成本的折现值。

【实战训练2-7】 承[实战训练2-6],陈虹发现该全自动生产线如果采用新的全自动生产线在各项能耗上比旧全自动生产线低。新设备每年少消耗8 000度电,每度0.8元,因生产效率提高,每年可节省人工成本10万元,预计该生产线尚可使用15年,折现率为8%,该企业所得税税率为25%,则陈虹应该如何计算该生产线的总体功能性贬值呢?

解:每年超额运营成本=8 000×0.8+100 000=106 400(元)
税后净超额运营成本=106 400×(1−25%)=79 800(元)
净超额运营成本的折现值=79 800×(P/A,8%,15)
=79 800×8.559=683 008.2(元)

所以,该全自动生产线超额投资成本引起的功能性贬值为255 360元,运营成本引起的功能性贬值为683 008.2元,总计功能性贬值为938 368.2元。

(五) 经济性贬值的估算

经济性贬值是因外界因素影响而引起的设备贬值。引起经济性贬值的因素有市场竞争加剧对产品需求减少导致设备开工不足、生产能力相对过剩;原材料、能源等提价而产品售价没有变化;政府有关环保等法律政策变化导致的产品生产成本提高或设备正常使用寿命缩短或强制报废;通货膨胀、高利率因素等。按此影响因素,经济性贬值分为以下三种。

1. 使用寿命缩短引起的经济性贬值

使用寿命缩短往往是由外部因素引起的。其计算公式为:

经济性贬值率＝缩短的使用寿命÷总寿命

经济性贬值＝重置成本×经济性贬值率

【实务要求 2-8】 陈虹跟王师傅到众泰纺织评估时发现该公司的定型机在正常情况下可使用 15 年。但是，按国家新出台的能耗使用政策，该类设备最多只可使用 9 年。该机器重置成本为 120 万元，则该设备总体贬值为多少？

实务处理： 陈虹认为国家政策引起的贬值称为经济性贬值。预计使用年限由原来的 15 年减少到 9 年，实际减少了 6 年，相关计算如下：

经济性贬值率＝6÷15×100％＝40％

经济性贬值＝120×40％＝48（万元）

实际评估价＝120－48＝72（万元）

2. 运营费用增加引起的经济性贬值

引起机器设备运营成本增加的外部因素包括原材料成本增加、能源成本增加等，会导致运营费用的提高。它是指设备未来净超额运营成本的折现值。

3. 市场竞争加剧引起的经济性贬值

市场竞争加剧引起的产品销售数量减少，会引起设备开工不足，生产能力过剩，从而出现经济性贬值。其贬值额或贬值率的计算可参照前面介绍的类比法进行。

三、市场法

市场法是指根据当前公开市场上与被评估对象相似的或可比的参照物的价格来确定被评估对象的价格的方法。如果两者不完全相同，则需进行调整。

（一）市场法的适用范围和条件

使用市场法的前提条件如下：

第一，公开市场。公开市场的标志有：

（1）买卖双方都出于各自的动机，是充分自愿的，无任何强迫。

（2）双方已对标的有充分的了解，并且按照他们的最佳利益决策行事。

（3）在开放的市场中，允许一段合理的时间用于披露信息。

（4）价格表示设备交易的正常货币价格，设备交易按正常的方式结算，不受特殊付款方式或销售优惠的影响。

第二，市场有效。市场有效的前提是：

（1）市场所提供的信息是真实可靠的。

（2）评估参照物在市场上的交易是活跃的。

第三，评估对象与市场参照物是相似或可比的。

（1）这里的相似是指评估对象和参照物之间在物理特征、交易特征和市场特征等方面是相似的，如果两者的特征差异较大可能会增加评估误差。

（2）这里的可比是指评估对象和参照物之间有共同的特征可以比较，对评估对象和参照物之间的比较是通过比较因素来进行的。

特别提示： 使用市场法的基本前提条件，符合公开市场条件、市场有效、评估对象与市场参照物是相似或可比。

（二）市场法的评估步骤

市场法的评估分为四步：

（1）对评估对象进行勘查，获取评估对象的基本资料。

（2）进行市场调查，选取市场参照物。

（3）确定适当的比较因素，进行差异调整。

（4）计算评估值。

（三）市场法的比较因素

比较因素是指可能影响机器设备市场价值的因素，可分为个别因素、交易因素、时间因素和地域因素四类。

（1）个别因素。个别因素是从不同方面描述机器设备的指标，反映设备的"量"与"质"，包括名称、型号规格、生产能力、制造厂家、技术指标、附件、设备的出厂日期、役龄、安装方式和实体状态等。

（2）交易因素。交易因素是指交易动机、背景等对价格的影响。比如，以清算、快速变现、带有一定优惠条件出售等方式交易会影响设备价格，交易数量也是影响设备售价的因素。

（3）时间因素。不同交易时间的市场供求关系、物价水平等会影响价格，评估专业人员往往选择与评估基准日最接近的交易案例，并对参照物的时间影响因素做出调整。

（4）地域因素。由于不同地区市场供求条件不同，设备价格也会不同。评估人员需对评估对象与参照物的地区差异进行调整。

（四）市场法的评估方法

市场法是根据目前市场上与被评估对象相似或可比的参照物的价格来确定被评估对象的价格的方法，一般有直接比较法、相似比较法和比率估价法三种。

1. 直接比较法

直接比较法是根据与评估对象基本相同的市场参照物，通过直接比较来确定评估对象价值的评估方法。其计算公式为：

$$V = V' \pm \Delta_i$$

式中 V——评估值。

V'——参照物的市场价值。

Δ_i——差异调整。

该方法的特点是直接简单，对市场反应最客观，要求参照物与被评估对象基本相同，且差异影响可直接确定，应用受局限。

【实务要求 2-9】 王师傅让陈虹对众泰纺织的剑杆机进行评估，陈虹在进行市场调研时发现另一台机器当前市价是 6.2 万元，它与众泰的剑杆机在机器型号、购置年月、使用状况等基本相同。不同之处是，众泰的剑杆机另外配有价值 3 000 元的轴头两个。陈虹应该如何评估？

术语解析：在评估实务应用中，比较因素是一个指标体系，它要全面反映影响设备价值的因素，不全面的或仅使用个别指标所做出的评估是不合理的。

实务处理： 该剑杆机的评估可采用直接比较法进行。其计算为：

评估价＝6.2＋0.3×2＝6.8(万元)

2. 相似比较法

相似比较法是将与评估对象相似的市场参照物作为评估的基础，通过比较、调整评估对象与市场参照物之间的因素差异确定评估对象价值的评估方法。其计算公式为：

$$V = V' \times 差异修正系数$$

相似比较法的特点是差异因素分析调整，工作量大，但只要求相似性，适用范畴广。

相似比较法的关键点在于差异调整。一般应把握的调整比较原则有：

(1) 尽可能是相同制造商生产的产品。
(2) 尽可能是相同规模型号的产品。
(3) 出厂日期和投入使用时间比较接近。
(4) 销售时间与评估基准日期接近。
(5) 交易位置接近。
(6) 安装方式接近。
(7) 随机附件、备件完备情况接近。
(8) 实体状态接近。
(9) 交易背景相似。
(10) 交易方式一致。
(11) 尽量选择同一个市场。

3. 比率估价法

比率估价法是在市场上无法找到基本相同或相似的参照物时，利用从大量市场交易中统计分析的同类型设备使用年限与售价的关系，确定评估对象价值的评估方法。其计算公式为：

$$评估值 = 全新设备的价格 \times 变现系数$$

这种方法基于同类型设备的贬值程度与使用年限之间存在基本相同函数关系的统计规律。若为不同类型设备的话，则需要判断相关比率是否适合评估对象。

四、收益法

收益法是通过预测设备的获得能力，对未来带来的净利润或净现金流量按一定折现率折为现值，作为机器设备的评估价值的方法。

(一) 使用收益法的前提条件

使用收益法的前提条件为：①要能够确定机器设备的获利能力，如净利润或净现金流量。②能够确定合理的折现率。③能够合理确定获利时间。

单项设备通常不采用收益法评估。对于生产线、成套设备等具有独立获利能力的机器设备可以使用收益法评估。另外,在使用成本法评估整体企业价值时,收益法也经常作为一种补充方法,用来判断机器设备是否存在功能性贬值和经济性贬值。

💡**想一想**:为什么单项机器设备不采用收益法评估?

(二) 收益法的使用方法

用收益法评估租赁设备,步骤如下:

(1) 对租赁市场上类似设备的租金水平进行市场调查,分析市场参照物设备的租金收入,经过比较调整后确定机器设备的预期收益。调整的因素一般包括时间、地点、规格和役龄等。

(2) 根据被评估机器的状况,估计其剩余使用寿命,作为确定收益年限的依据。

(3) 根据类似设备的租金及市场售价确定折现率,并根据被评估设备的收益年限运用公式计算评估值。

2-5 习题训练:
项目2 随堂练习三

2-6 素养引领:
思政案例——这样的机器设备评估合理吗?

2-7 素养引领:
情景剧——如何保护评估双方的利益?

任务3 机器设备评估报告

一、机器设备评估报告格式

财政部制定了《资产评估报告基本内容与格式的暂行规定》,对于资产评估报告作了较为统一的规定。该规定具体包括封面及目录、摘要、正文、备查文件、评估报告装订等,正文包含了首部、绪言、委托方与资产占有方简介、评估目的、评估范围与对象、评估基准日、评估原则、评估依据、评估方法、评估过程、评估结论、特别事项说明、评估基准日后重大事项、评估报告法律效力、尾部等内容。

二、机器设备评估报告撰写的特殊要求

机器设备评估报告撰写的特殊要求包含:

(1) 应总体介绍机器设备的特点、购置日期、类别、工艺流程、技术水平状况和日常管理制度。

(2) 应说明评估原值的构成及其来源与依据。

(3) 应说明设备成新状况,或增值贬值因素,并介绍进行量化的方法及依据。对于待修理设备,应说明修复的可能性及预计费用。

(4) 对于精密、大型、高价的设备,应说明已进行技术检测,并介绍检测情况。

(5) 对于报废的设备,应特别提示,并说明检测的状况及继续使用的可能性。

特别提示:对于租出的设备,其租金收入就是收入,设备的评估值为:
$P=A(P/A,r,n)$

(6) 对于能够用于独立经营并可单独计算获利的机器设备，一般应说明其收益状况及收益额。

(7) 大型或重型设备的建筑基础，按房屋建筑物的评估要求进行。

(8) 举例说明应选择金额大、技术典型的设备。

(9) 举例设备应包括进口设备、国产设备、专用设备，国产设备应包括一般生产设备（机器）、运输设备和电子设备等不同类型，如有自制设备，应予以举例说明。

三、机器设备清查评估报告

机器设备资产评估报告的核心内容是机器设备清查评估明细表，具体可分为机器设备评估结果汇总表（表2-4）、固定资产——机器设备（境内采购）评估计算表（表2-5）、固定资产——机器设备（境外采购）评估计算表（表2-6）、固定资产——车辆作业分析表（表2-7）等。

表2-4　　　　　　　　机器设备评估结果汇总表　　　　　　索引号：
被评估单位：　　　　　　评估基准日：　年　月　日　　　　金额单位：人民币元

内容	账面净值	评估净值	净值增减值	评估增减值分析
合计				
备注：				

评估人员：　　　　　　　　　　　　复核人：

表2-5　　　　　固定资产——机器设备（境内采购）评估计算表　　　　索引号：
被评估单位：　　　　　　评估基准日：　年　月　日　　　　金额单位：人民币元

序号	机器设备名称	购置价	取价依据	运输费率	基础费率	安装调试费率	资金成本率	其他费用率	重置全价	经济寿命（年）	已使用年限（年）	尚可使用年限（年）	年限成新率	观察成新率	成新率	评估值	交叉索引号	备注

清查日：　年　月　日　　　评估人员：　　　　　　　复核人：

表 2-6　　　　　　固定资产——机器设备(境外采购)评估计算表　　　　索引号：

被评估单位：　　　　　　　　　评估基准日：　年　月　日　　　　　　　金额单位：人民币元

序号	名称	购置价(FOB)	购置价(CIF)	取价依据	进口环节税率	增值税税率	国内运输费率	外贸银行手续费率	安装调试费率	资金成本率	其他费用率	重置全价	经济寿命(年)	已使用年限(年)	尚可使用年限(年)	年限成新率	观察成新率	成新率	评估值	交叉索引号	备注

清查日：　年　月　日　　　评估人员：　　　　　复核人：

表 2-7　　　　　　　固定资产——车辆作业分析表　　　　　　　索引号：

被评估单位：　　　　　　　　　评估基准日：　年　月　日

明细表序号			车辆牌照号	
车辆名称及规格型号			生产厂家	
账面原值		账面净值		
项目	费用标准	计算式	金额	备注及索引
车辆购置价				
车辆购置税				
保险牌照费				
重置全价				
寿命年限		已使用年限		年限法成新率
理论行驶里程		已行驶里程		工作量法成新率
综合成新率				
评估值		重置全价×综合成新率		

评估日：　年　月　日　　　评估人员：　　　　　复核人：

【实务要求 2-10】 对众泰纺织机器设备的评估基本完成后，王师傅让陈虹完成机器设备的评估报告。

实务处理： 陈虹根据评估情况初步撰写了机器设备的评估报告，具体如下。

浙江众泰纺织有限公司机器设备评估报告
ZT 评报字〔2025〕18 号

估价项目名称：浙江众泰纺织有限公司机器设备评估

估价委托人：浙江众泰纺织有限公司

估价机构：浙江宏华资产评估事务所

注册不动产估价师：王　华　陈　虹

估价作业日期：2025 年 5 月 12 日至 2025 年 5 月 26 日

估价报告出具日期：2025 年 5 月 28 日

估价报告编号：ZT 评报字〔2025〕18 号

目 录

一、声明

二、浙江众泰纺织有限公司机器设备评估（评估报告摘要）

三、浙江众泰纺织有限公司机器设备评估（评估报告书）
 （一）委托方与资产占有方简介
 （二）评估目的
 （三）评估范围和对象
 （四）评估基准日
 （五）评估原则
 （六）评估依据
 （七）评估方法
 （八）评估过程
 （九）评估结论
 （十）特别事项说明
 （十一）评估基准日后的重大事项
 （十二）评估报告的法律效力
 （十三）评估报告提出日期

四、评估报告附件

声　明

　　我们在执行本资产评估业务中,遵循相关法律法规和资产评估准则,恪守独立、客观和公正的原则;根据我们在执业过程中收集的资料,评估报告陈述的内容是客观的,并对评估结论合理性承担相应的法律责任。

　　评估对象涉及的资产清单由委托方、被评估单位(或者产权持有单位)申报并经其签章确认;所提供资料的真实性、合法性、完整性,恰当使用评估报告是委托方和相关当事方的责任。

　　我们与评估报告中的评估对象没有现存或者预期的利益关系;与相关当事方没有现存或者预期的利益关系,对相关当事方不存在偏见。

　　我们已对评估报告中的评估对象及其所涉及资产进行现场调查;我们已对评估对象及其所涉及资产的法律权属状况给予必要的关注,对评估对象及其所涉及资产的法律权属资料进行了查验,对已经发现的问题进行了如实披露,且已提请委托方及相关当事方完善产权以满足出具评估报告的要求。

　　我们出具的评估报告中的分析、判断和结论受评估报告中假设和限定条件的限制,评估报告使用者应当充分考虑评估报告中载明的假设、限定条件、特别事项说明及其对评估结论的影响。

浙江宏华资产评估事务所
2025 年 5 月 28 日

浙江众泰纺织有限公司机器设备评估
（评估报告摘要）

ZT 评报字〔2025〕18 号

　　浙江宏华资产评估事务所接受浙江众泰纺织有限公司的委托，根据有关法律法规和资产评估准则、资产评估原则，采用重置成本法，按照必要的评估程序，对浙江众泰纺织有限公司的机器设备等在 2021 年 7 月 31 日所表现的市场价值进行了评估，如表 2-8 所示。

表 2-8　　　　　　　　　机器设备评估汇总表　　　　　索引号：2025(18)-1

被评估单位：浙江众泰纺织有限公司　　评估基准日：2025 年 5 月 28 日　　金额单位：万元

内容	账面净值	评估净值	净值增减值	评估增减值分析
片梭织机	41.92	41.195	−0.725	−1.73%
牵经机	10.5	9	−1.5	−14.29%
自动化生产线	28	28.44	0.44	1.57%
全顺汽车	15	11.4	−3.6	−24%
整形机	12	8.4	−3.6	−30%
定型机	120	72	−48	−40%
剑杆织机	7	6.8	−0.2	−2.86%
合计	234.42	177.235		
备注：				

评估人员：王　华　　陈　虹　　　　　复核人：潘超风

　　本报告有效期自评估基准日 2025 年 5 月 28 日起计算，1 年内有效。
　　本评估项目的报告日为 2025 年 5 月 28 日。
　　以上内容摘自评估报告正文，欲了解本评估项目的详细情况，应当阅读评估报告正文，并关注特别事项说明。

浙江众泰纺织有限公司机器设备评估
（评估报告书）

ZT 评报字〔2025〕18 号

浙江众泰纺织有限公司：

　　浙江宏华资产评估有限公司接受贵公司的委托，根据有关法律法规和资产评估准则，遵循独立、客观、公正的原则，采用重置成本法，按照必要的评估程序，对浙江众泰纺织有限公司的机器设备在 2025 年 5 月 28 日的市场价值进行了评估。现将资产评估情况报告如下。

（一）委托方与资产占有方简介

委托方：浙江众泰纺织有限公司

资产占有方：浙江众泰纺织有限公司

住所：略

法定代表人：略

注册资本：略

经营范围：略

（二）评估目的

　　浙江众泰纺织有限公司拟资产重组，对公司所属机器设备进行评估，本次评估目的是为浙众江泰纺织有限公司的机器设备提供价值参考依据。

（三）评估范围和对象

　　评估范围包括浙江众泰纺织有限公司的机器设备和汽车，与本次委托方委托评估对象一致。

（四）评估基准日

　　本评估项目基准日是 2025 年 5 月 28 日。

（五）评估原则

　　根据国家资产评估的有关规定，本公司及评估人员遵循以下原则进行评估：

　　1. 坚持独立性、客观性、公正性、科学性、合理性的评估原则。

　　2. 坚持预期和公开市场的操作原则。在本次资产评估过程中，本公司评估人员按照国家有关国有资产管理及资产评估的有关法律法规以及《资产评估操作规范意见（试行）》《资产评估报告基本内容与格式的暂行规定》的要求，遵循以上基本原则，对委估资产进行评估，合理确定资产的技术状态和参数，以保证客观、公正地反映评估对象的现时公允价值。

（六）评估依据

　　1. 中国资产评估协会中评协〔1996〕3 号文颁发《资产评估操作规范意见（试行）》。

　　2.《资产评估报告基本内容与格式暂行规定》和财企〔2004〕20 号《资产评估准

则——基本准则》及《资产评估职业道德准则——基本准则》。

3.《中华人民共和国公司法》。

4. 资产评估业务约定书和资产占有方法人营业执照。

5. 评估人员现场勘查记录等。

（七）评估方法

本次评估根据评估目的、评估对象、价值类型和资料收集情况等相关条件，采用重置成本法进行评估。

（八）评估过程

本次评估于2025年5月12日至2025年5月26日，包括接受委托、现场调查、评定估算和提交报告等全过程。其主要步骤为：

1. 接受委托：我公司于2025年5月1日接受浙江众泰纺织有限责任公司的委托，正式受理了该项资产评估业务。我公司与委托方就评估目的、评估对象和评估范围、评估基准日等评估业务基本事项，以及各方的权利、义务等达成协议，并与委托方协商拟定了相应的评估计划。

2. 现场调查：2025年5月12日至2025年5月26日，项目评估人员对评估的机器设备进行了现场调查、取证等。

3. 评定估算：评估人员针对资产类型，依据评估现场勘察等情况，选择评估方法，收集市场信息，评定估算委托评估资产的评估值。

4. 提交报告：评估人员对待评资产进行评定估算，得出评估结果，撰写评估报告。

（九）评估结论

本次评估根据有关法律法规和资产评估准则，遵循独立、客观、公正的原则，采用重置成本法，按照必要的评估程序，对浙江众泰纺织有限公司在2025年5月28日的市场价值进行了评估，得出如表2-9至表2-12所示的评估结论。

表2-9　　　　　　　　　　机器设备评估汇总表　　　　　　索引号：2025(18)-1

被评估单位：浙江众泰纺织有限公司　　评估基准日：2025年5月28日　　金额单位：万元

内容	账面净值	评估净值	净值增减值	评估增减值分析
片梭织机	41.92	41.195	-0.725	-1.73%
牵经机	10.5	9	-1.5	-14.29%
自动化生产线	28	28.44	0.44	1.57%
全顺汽车	15	11.4	-3.6	-24%
整形机	12	8.4	-3.6	-30%
定型机	120	72	-48	-40%
剑杆织机	7	6.8	-0.2	-2.86%
合计	234.42	177.235		
备注：				

评估人员：王　华　陈　虹　　　　　　复核人：潘超风

表2-10　　固定资产——机器设备(境内采购)评估计算表　　索引号:2025(18)-2

被评估单位:浙江众泰纺织有限公司　　评估基准日:2025年5月28日　　金额单位:人民币万元

序号	设备名称	购置价	取价依据	重置全价	经济寿命(年)	已使用年限(年)	尚可使用年限(年)	成新率	评估值
1	牵经机	10.5	账面价值	9	10	4	6		9
2	自动化生产线	30	账面价值	30.44	10	3	7		30.44
3	整形机	12	账面价值	8.4	15	3	12	70%	8.4
4	定型机	120	账面价值	72	9	1	8		72
5	剑杆织机	7	账面价值	6.8	10	3	7		6.8
	合计	179.5		128.08					128.08

清查日:2025年5月28日　　　评估人员:王华、陈虹　　　复核人:潘超风

表2-11　　固定资产——机器设备(境外采购)评估计算表　　索引号:2025(18)-3

被评估单位:浙江众泰纺织有限公司　　评估基准日:2025年5月28日　　金额单位:人民币万元

序号	名称	购置价(FOB)	进口环节税率	增值税税率	国内运输费	外贸银行手续费率	其他费用率	重置全价	经济寿命(年)	已使用年限(年)	尚可使用年限(年)	评估值
1	片梭织机	41.92	30.00%	13.00%	2.5	0.50%		41.195	15	9	6	41.195

清查日:2025年5月28日　　　评估人员:王华、陈虹　　　复核人:潘超风

表2-12　　固定资产——车辆作业分析表　　索引号:2025(18)-4

被评估单位:浙江众泰纺织有限公司　　评估基准日:2025年5月28日　　金额单位:万元

明细表序号		车辆牌照号	浙A×××××
车辆名称及规格型号	全顺汽车	生产厂家	
账面原值	15	账面净值	
重置全价	11.4		
理论行驶里程	50万千米	已行驶里程	12万千米	工作量法成新率	76%
综合成新率	76%		
评估值	11.4		

评估日:2025年5月28日　　　评估人员:王华、陈虹　　　复核人:潘超风

本报告有效期自评估基准日2025年5月28日起计算,1年内有效。

本评估项目的报告日为2025年5月28日。

（十）特别事项说明

1. 本次评估结果，是反映评估对象在本次评估目的下，根据公开市场原则确定的现行公允市价，没有考虑将来可能承担的特殊交易方式可能追加付出的价格等对其评估价值的影响，也未考虑国家宏观经济政策发生变化以及遇有自然力和其他不可抗力对资产价格的影响。

2. 本次评估结果，未考虑现在或将来委估资产发生或可能发生的抵押对评估值的影响，提请报告使用者关注。

（十一）评估基准日后的重大事项

1. 在评估基准日后、有效期以内，如果资产数量及作价标准发生变化时，委托方在资产实际作价时应给予充分考虑，进行相应调整。

2. 评估基准日后至评估报告提交之前，未有对本次评估结果产生重大影响的事项。

（十二）评估报告的法律效力

1. 本报告所称"评估价值"是指所评估资产在现有不变并继续经营或转换用途继续使用，以及在评估基准日的状况和外部经济环境前提下，即资产在市场上可以公开买卖的假设条件下，为本报告书所列明的目的而提出的公允估价意见。

2. 本报告的附件是构成报告的重要组成部分，与报告书正文具有同等的法律效力。

3. 本评估结论按现行规定有效期为1年，即评估目的在评估基准日后的1年内实现时，可以此评估结果作为底价或作价依据。超过1年，需重新进行评估。

4. 本评估结论仅供委托方为评估目的使用和送交财产评估主管机关审查使用，评估报告书的使用权归委托方所有，未经委托方许可，评估机构不得随意向他人提供或公开。

5. 本次评估是在独立、公开、科学、客观的原则下做出的，我公司参加评估人员与委托方无任何利害关系，评估工作置于法律监督之下，评估人员恪守职业道德和规范。

6. 报告所涉及的有关法律证明文件，由委托方提供，其真实性由委托方负责。

7. 本报告仅用于为委托方对外投资提供价值依据，不得用于其他用途，也不视为对被评估单位日后偿债能力做出的保证。委托人或其他第三者因使用评估报告不当所造成的后果与注册评估师及评估机构无关。

（十三）评估报告提出日期

本报告提出日期为2025年5月28日。

评估报告附件

(1) 资产评估委托方承诺函(复印件)。
(2) 资产占有方营业执照(复印件)。
(3) 评估机构营业执照(复印件)。
(4) 评估机构资格证(复印件)。
(5) 注册评估师资格证(复印件)。
(6) 机器设备实物图。

注册资产评估师:王华
注册资产评估师:潘超凤
浙江宏华资产评估事务所
2025 年 5 月 28 日

【知识地图】

- 项目2 机器设备评估
  - 任务1 认知机器设备评估
    - 一、机器设备的定义和分类
    - 二、机器设备评估的定义和特点
    - 三、机器设备评估的经济管理
    - 四、机器设备评估的程序
  - 任务2 评估机器设备
    - 一、机器设备评估流程
    - 二、重置成本法
      - (一) 重置成本法的概念
      - (二) 重置成本的估算
        - 1. 重置成本的构成
        - 2. 设备本体重置成本的估算
          - 市场询价法
          - 物价指数调整法
          - 重置核算法
          - 综合估价法
          - 重量估价法
        - 3. 设备运杂费的估算
        - 4. 设备安装费的估算
        - 5. 设备基础费的估算
        - 6. 进口设备从属费用的估算
        - 7. 机器设备重置成本确定需注意的问题
      - (三) 实体性贬值的估算
        - 1. 成新率
        - 2. 估算办法
          - 观察法
          - 使用年限法
          - 修复费用法
      - (四) 功能性贬值的估算
        - 1. 超额投资成本（第Ⅰ种功能性贬值）
        - 2. 超额运营成本（第Ⅱ种功能性贬值）
      - (五) 经济性贬值的估算
        - 1. 使用寿命缩短引起的经济性贬值
        - 2. 运营费用增加引起的经济性贬值
        - 3. 市场竞争加剧引起的经济性贬值
    - 三、市场法
      - (一) 市场法的适用范围和条件
      - (二) 市场法的评估步骤
      - (三) 市场法的比较因素
      - (四) 市场法的评估方法
        - 1. 直接比较法
        - 2. 相似比较法
        - 3. 比率估价法
    - 四、收益法
      - (一) 使用收益法的前提条件
      - (二) 收益法的使用方法
  - 任务3 机器设备评估报告
    - 一、机器设备评估报告格式
    - 二、机器设备评估报告撰写的特殊要求
    - 三、机器设备资产评估报告

机器设备评估

【考证直通】

2-8 考证园地： 2-9 考证园地： 2-10 考证园地：
机器设备 机器设备评估 机器设备评估
评估考点归纳 考证题库及答案 考证辅导视频

【辅教导学】

2-11 习题训练： 2-12 习题训练： 2-13 拓展阅读： 2-14 拓展阅读： 2-15 素养引领：
机器设备评估 机器设备评估随堂 机器设备评估 资产评估准则 思政案例
课后作业 练习及课后作业答案 教学课件 （机器设备） 分析题

项目 3 不动产评估

【知识目标】

1. 理解不动产评估的特点；
2. 掌握不动产评估的基本步骤；
3. 掌握不动产评估的方法及适用范围。

【技能目标】

1. 能根据不动产判断使用恰当的方法评估；
2. 能够运用市场法评估不动产；
3. 能够运用收益法评估不动产；
4. 能够运用成本法评估不动产；
5. 能够运用假设开发法评估不动产；
6. 能够完成不动产评估报告。

【素养目标】

1. 树立规范评估的职业道德意识；
2. 坚持科学评估、实事求是的原则；
3. 培养热爱专业的情感及团队协作的能力。

【引导案例】

2025年5月,资产评估专业学生周萍开始在浙江正一资产评估事务所实习。2025年6月,该事务所接受浙江四海八方机电设备有限公司的委托,对其厂房及其相应的土地使用权进行抵押价值评估。周萍跟着王师傅一起学习评估,评估先进行信息收集,确定评估对象。评估对象的具体信息如表3-1所示。

表3-1 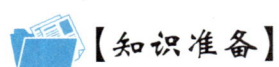浙江四海八方机电设备有限公司厂房土地一览表

评估对象	总层数	面积(平方米)	用途	结构	建成年份
厂房	2	1 899		钢混	2006
土地		1 108	工业用地		

【知识准备】

任务1 认知不动产评估

一、不动产的定义、特点及分类

(一)不动产的定义

《资产评估执业准则——不动产》第二条规定,不动产是指土地、建筑物及其他附着于土地上的定着物,包括物质实体及其相关权益,不包含海域、林木等。本教材中的不动产定义与《资产评估准则》一致。

土地是指地球陆地表面及其地上、地下一定范围内的空间,具有不可移动性。

广义的建筑物包括房屋和构筑物;狭义的建筑物仅指房屋,不包括构筑物。房屋是指由围护结构组成的,能够为人遮风挡雨,进行生产、生活或其他活动的空间场所,如住宅、商场、办公、酒店等。构筑物是指房屋以外的建造物,如烟囱、水井、道路、桥梁、隧道、水坝等。

其他附着于土地上的定着物是指长期、稳定、密切地附着于土地上的定着物,包含地上定着物和地下定着物。

想一想: 在现实中,其他地上定着物有哪些呢?

房地产是指可开发的土地及其地上定着物、建筑物,包括物质实体和依托于物质实体上的权益。它是**实物**、**权益**、**区位**三者的综合体,由于其不可移动性等特点在经济学上又被称为不动产。

从物质形态上来讲,房地产指房产和地产的总称,包括土地、建筑物及其地上定着物。房地产有单纯土地、单纯建筑、土地和建筑(即房地)三种基本存在形态,其中,

术语解析: 实物是指房地产中看得见、摸得着的部分。例如,建筑物的结构、设备、装修外观,土地的形状、平整程度、基础设施完备程度等。

术语解析: 权益是房地产中无形的、不可触摸的部分,包括权利、利益和收益。例如,所有权、使用权、租赁权、抵押权、典权、地役权等。

单纯土地又分为无建筑的单纯土地和有建筑的单纯土地（图3-1）。

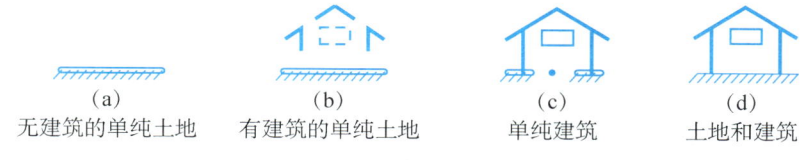

图 3-1　房地产形态

💡 **想一想**：不动产与房地产存在什么关联呢？

（二）不动产的特点

1. 不可移动性

土地的不可移动性决定了不动产的不可移动性。不可移动性还体现为不动产的个别性、独特性和唯一性，是不同于其他财产的主要特点。

2. 独一无二性

不动产的不可移动性体现了其独一无二性。由于这一特性，不动产评估需要实地勘查。

3. 价值高大性

与一般物品相比，不动产不仅单价高，而且总价也高。

4. 数量有限性

土地是不可再生的稀缺资源，土地面积的供给在一定时期和一定范围内是有限的，特定地区、不同用途的土地面积也是有限的。

5. 寿命耐久性

从自然属性看，在合理利用条件下，土地的生产力可以自我恢复，并不会因使用时间的延长而减少。因此，在正常情况下，不动产的使用寿命长达几十年甚至上百年。

从不动产价值的角度来看，土地又是有"寿命"的。比如，以出让方式取得的土地使用权是有期限的。

根据我国《城镇国有土地使用权出让和转让暂行条例》（国务院令第55号）第十二条规定，土地使用权出让最高年限按下列用途确定：①居住用地70年。②工业用地50年。③教育、科技、文化、卫生、体育用地50年。④商业、旅游、娱乐用地40年。⑤综合或者其他用地50年。

6. 用途多样性

从经济角度来看，土地用途多样，土地利用选择的一般顺序是商业、办公、居住、工业、耕地、牧场、森林和荒地。由此，不动产也存在多样用途，如居住、工业和商业等。同时，土地用途也受到城市规划和土地用途管制等制约。

7. 相互影响性

不动产涉及社会多方面，一方面，其价值受周围环境、开发利用等外界因素影响；另一方面，不动产业的产业关联度高，不动产的开发直接影响其他行业（如钢铁、原材料、装修、家电、银行等关联行业）的发展。

8．权益受限性

权益可以区分为私人所有权和公共所有权。公共所有权是指政府力量执行的权利，如征收或征用权、管制权、征税权和充公权。我国不动产相关权利包括土地所有权、土地使用权、房屋所有权、共有权、租赁权、地役权、承包经营权、抵押权和担保权等。

9．难以变现性

不动产具有不可移动性、独一无二性和价值高大性等特性，因此，不动产难以在短时间内交易完成变现。

影响不动产变现能力的因素主要有该不动产的通用性、独立使用性、价值量大小、可分割转让性、开发程度、区位和市场状况等。

10．保值增值性

保值是指不动产能抵御通货膨胀，具体地说，是能保证投资一段时间后所抽回的资金，完全能够购买到当初的投资额可以购买到的同等商品或服务。

增值指不动产在面积不增加的情况下，因城市基础设施不断完善、人口聚集、经济发展等因素，其价值随着时间推移而增加。

引起不动产价格上涨的原因主要有：

（1）不动产本身进行投资改良，如重新进行装饰装修。

（2）需求增加导致稀缺性增加。

（3）外部经济影响，如周边环境改善，政府进行道路和公园建设等。

（4）不动产使用管制改变，如将原工业用途改变为居住用途或商业用途，增加容积率等。

（5）通货膨胀。通货膨胀引起的不动产价格上涨，不是真正的不动产增值，而是不动产保值。

由此，由需求增加导致稀缺性增加、外部经济、不动产使用管制改变所引起的不动产价格上涨，是真正的不动产自然增值。

💡**想一想：** 由不动产本身进行投资改良引起的不动产价格上涨为什么不属于自然增值？

（三）不动产的分类

（1）按照物质形态，划分为土地、房屋、构筑物、土地定着物、在建工程等。

（2）按照开发程度，划分为生地、毛地、熟地、在建工程、现房等。

生地是指完成土地征用，未经开发，不可直接作为建筑用地的农用地或荒地。

毛地是指在城市旧区范围内，尚未经过拆迁安置补偿等土地开发过程，不具备基本建设条件的土地。

熟地是指经过开发，具备一定通平条件或已经拆迁完毕，可供直接建设的土地。三通一平是指在土地开发时进行的通电、通路、通水及场地平整。五通一平是指土地开发时进行的通电、通路、通给水、通排水、通信及场地平整。七通一平主要包括通电、通路、通给水、通排水、通信、通燃气、通热力及场地平整。

在建工程是指正在建设，尚未竣工投入使用的在建项目。

现房是指已经完成建设并竣工投入使用的房屋建筑物。

（3）按照用途，划分为居住、商业、农业、工业、综合、特殊等。

（4）按照经营使用方式，划分为出租型不动产、销售型不动产、自用型不动产、承租不动产和投资性不动产。

二、影响不动产价格的因素

（一）不动产价格的分类

（1）按照实物形态不同，不动产价格可以分为土地价格、房屋建筑物价格和房地合一价格。

（2）按照权益用途不同，不动产价格可以分为所有权价格、租赁权价格、抵押权价格和典权价格等。

（3）按照价格形成基础不同，不动产价格可以分为理论价格、市场价格、评估价格和成交价格。

（4）按照计价单位不同，不动产价格可以分为总价和单价。其中，土地有两种单价形式，一种是土地单价，即根据土地总面积确定的单价；另一种是楼面地价，即根据建筑面积确定的单价。

楼面地价与土地单价的关系为：

$$土地单价 = 楼面地价 \times 容积率$$

式中　容积率——项目规划用地范围内总建筑面积与总建设用地面积之比。

想一想：楼面地价与土地单价，哪一个更能说明土地价格水平高低？

（二）不动产价格的影响因素

不动产价格受到市场供求关系、政策、制度等多种因素影响，综合起来，影响不动产价格的因素分为自身因素、外部因素和其他因素等。

1. 自身因素

影响不动产价格的自身因素是指构成不动产的区位因素、实物因素和权益因素，自身因素直接关系不动产价格的高低。具体如表3-2所示。

表3-2　　　　　　　影响不动产价格的自身因素

因素构成	内容	对不动产价格的影响
区位因素	包括位置、坐落、临街、方位、距离、交通、配套、景观、环境； 其中，环境既包括自然因素，也包括社会因素；既包括以大气、光照、水、土壤、植物、动物、微生物等为内容的物质因素，也包括以观念、制度、行为准则等为内容的非物质因素； 不动产评估中所指的环境主要是人文环境和区域环境。人文环境包含人文态度、观念、信仰、认知环境等。区域环境指一定地域范围内的自然和社会因素的总和	不动产的位置的好坏不仅决定其价格的高低，而且还决定了其价格变动的抗跌能力

术语解析：投资性不动产是指为赚取租金或资本增值，或两者兼有而持有的不动产。

特别提示：

$$土地单价 = \frac{土地总价}{土地总面积}$$

$$楼面地价 = \frac{土地总价}{建筑总面积}$$

$$容积率 = \frac{总建筑面积}{总建设用地面积}$$

所以：土地单价＝楼面地价×容积率

(续表)

因素构成	内容	对不动产价格的影响
实物因素	土地实物因素包括土地面积、形状、地势地形、土壤、四至、地基、土地条件等；建筑物实物因素包括建筑面积、质量、高度、外观、结构、楼层、层高、装修设备设施、布局、公摊、间距、朝向、光照、建筑年代等	土地形状规整、地形平整、地势平缓、土壤水肥条件好、土地承载力好，土地价值较高；布局合理、建筑物质量好；设备设施越先进、越完备，外观优美、装修豪华；公摊越小、间距越大、光照充足、层高越高，维护保养越好，则不动产价格越高；钢筋结构优于砖混结构优于砖木结构；朝阳面的不动产价格高于朝阴面的不动产价格；建筑年代越久，不动产价格越低（文物古迹除外）
权益因素	包括土地所有权、土地使用权取得方式（划拨、出让、租赁）、权证（合同）、剩余年限、土地管制（规划设计条件、用途管制）、规划、查封、保全、征收、相邻关系等	不动产权属越完善，价格越高；不动产（土地）规划、用途管制的限制越多，价格越低；设定了他项权利的不动产价格低于未设定他项权利的不动产价格

💭 **想一想**：什么是设定了他项权利的不动产？

【**实务要求 3-1**】 王师傅要求周萍分析浙江四海八方机电设备有限公司的评估对象有无设定他项权利。

实务处理：周萍经过询问浙江四海八方机电设备有限公司相关负责人，并查看了委托方提供的权利证书等资料之后发现，评估对象处于自用状态，自评估基准日并未设定他项权利。

2. 外部因素

不动产外部因素包括政策因素、政治因素、经济因素、社会因素等，具体如表 3-3 所示。

表 3-3　　　　　　　　　　　影响不动产价格的外部因素

因素构成	内容
政策因素	城市发展政策、土地政策、住房政策和税收政策等
政治因素	国际因素与国内政局。国际因素包含世界经济状况、国际竞争、国际政治和军事冲突等
经济因素	经济发展状况、居民收入水平、城市化水平、利率、汇率和物价等；一般来讲，经济发展水平高、城市化水平高、居民收入水平高，会增加对不动产的需求，引起不动产价格上升
社会因素	社会治安状况、人口和教育等

3. 其他因素

影响不动产价格的其他因素包括心理因素和不动产投机等。

心理因素对不动产的价格影响也是不可忽视的，主要有购买或出售心态、个人欣赏趣味、时尚风气、风水等。

不动产投机是指利用不动产价格的涨落变化,在不同时期买卖不动产,以期从价差中获利的行为。

投机建立在对未来不动产价格预期的基础上。预期价格上涨,则会买入。

一般来说,不动产投机对不动产价格的影响可能出现三种情况:①引起不动产价格上涨。②引起不动产价格下跌。③稳定不动产价格。

至于房地产投机具体会导致怎样的结果,要看当时的多种条件,包括投机者的心理等。

【实务要求3-2】 王师傅要求周萍分析影响不动产价格的因素。

实务处理:周萍分析确定影响不动产价格的因素主要有不动产自身因素、外部因素和其他(如心理因素)等。其中,不动产自身因素包含区位因素(如位置交通)、实物因素和权益因素。外部因素有政策因素、政治因素、经济因素和社会因素等。

3-1 习题训练:
项目3 随堂练习一

三、不动产的评估程序

(一)接受委托,明确评估目的

不同的评估目的,所评估的价值也有不同。不动产评估主要有土地使用权出让评估、不动产转让价值评估、不动产租赁价值评估、不动产抵押评估、不动产保险评估、征地和房屋拆迁补偿评估、企业改制行为及企业股权转让行为涉及的不动产评估等。

(二)明确评估对象

明确评估对象,即明确被评估不动产的实物状况、区位状况和权益状况。

(三)明确评估基准日

确定被评估对象的评估时点,通常以公历年、月、日表示。

(四)现场勘查评估对象

为了核实不动产的实物状况、区位状况、权益状况,必须对不动产进行现场勘查。为了避免遗漏,可以制作评估对象现场勘查记录表。

1. 实物状况

现场勘查的主要内容包括评估对象名称、坐落、四至、面积、用途、建筑结构、楼层、层高、装修、朝向、新旧程度、设施设备、周围环境、临街状况、基础设施、公共配套、维护保养和物业管理等。

2. 区位状况

现场勘查的主要内容包括了解不动产所在区域(行政区、功能区);所处地段(微观坐落、临街状况);周边环境(邻里、污染、商业氛围、产业聚集);基础设施及配套(交通、通信、供暖、燃气）。现场勘查还要了解分析已建成同类物业的租售情况,现有及在建同类物业情况,空置率、交易结构和交易趋势等信息。

3. 权益状况

核实权益状况应关注以下权属资料：土地出让合同、划拨批准文件；土地权属登记资料、土地使用权转让合同、规划条件、土地使用限制；房屋权属登记资料、不动产权证、房屋销售/购买合同、房屋转让合同等。

（五）整理收集评估所需资料

整理收集评估资料为确定评估方法和撰写评估报告奠定基础。所需资料一般包括：

（1）反映评估对象状况的基础资料,如实物照片、产权证书和平面图等。

（2）对评估对象价格有普遍影响的资料,如国家、地方相关政策和法规等。

（3）对评估对象所在地区的不动产价格有影响的资料,如环境因素和区域因素等。

（4）与评估对象有关的不动产市场资料,如市场交易状况、建造成本和租售价格等实例资料。

想一想：收集评估所需资料的途径有哪些？

【实务要求3-3】 王师傅要求周萍对浙江四海八方机电设备有限公司的评估对象进行现场勘查。

实务处理：周萍根据自己的分析,认为现场勘查的事项包括对评估对象实物状况、区位状况、权益状况的调查。勘查状况如表3-4所示。

表3-4　　　　　　　　现场勘查评估对象状况

区位状况	评估对象位于绍兴市文景路20号（工业园区内）,周边为中小企业厂区
实物状况	建筑物总层数为2层,建筑面积为1 899平方米,建成于2006年,钢混结构,其中1、2层层高分别约为4.2米和3.3米。外墙为墙砖,地面为地砖、水泥砂浆,内墙粉白,天棚为扣板吊顶、白灰粉刷。该房屋维护状况较好,房屋完损等级评定为完好房,成新率为8.6成新。 土地使用权面积共1 108平方米。该宗地形状较规则,地势平坦,环境一般,基础设施一般,地质、水文状况一般,土地利用较合理,红线内外四通一平（通路、通电、通信、通水；场地平整）
权益状况	土地用途为工业用地,地号略,土地取得方式为出让,土地使用权终止日期为2065年6月12日

（六）评估估算

1. 确定评估方法

根据评估目的、评估对象、资料收集等具体情况,分析评估方法的适用性,恰当选择评估方法。

（1）对于市场交易不够活跃的不动产,一般不宜采用市场法。

（2）对于不具有独立获利能力,或获利能力无法预测量化的不动产,一般不宜采用收益法。

2. 清查核实

清查核实的方法有逐项调查和抽样调查两种。在一般情况下，应当对不动产进行现场逐项调查，明确不动产的存在状态并关注其权属。对于数量较大的不动产，可以采用抽样方法进行现场调查。

清查核实的手段包括目测观察、询问、借阅不动产使用单位提供的档案资料、利用专业机构出具的鉴定意见等。

3. 评定估算

根据选定的评估方法进行评定估算，确定不动产估价结果。

4. 出具评估报告

评估完成后，进行自查，对计算过程、基础数据及参数选取等进行核实，再拟定评估报告书及评估说明，出具完整的评估报告。

3-2 习题训练：
项目3 随堂练习二

3-3 微课视频：
认知不动产

3-4 素养引领：情景剧——
现场勘查不可少

任务2 评估不动产

一、不动产评估流程

评估人员在进行不动产评估时，一般流程如图3-2所示。

二、不动产评估方法

（一）市场法

1. 基本原理

市场法是不动产评估方法中最常用的评估方法之一。其含义是，依据替代原则，将评估对象与类似不动产进行比较，对这些类似不动产的已知价格作适当的修正，以此估算评估对象在评估基准日的价值的方法。

根据其原理定义，市场法的基本计算公式是：

$$\text{被估不动产价值} = \text{可比交易实例价格} \times \text{交易情况修正系数} \times \text{交易日期修正系数} \times \text{不动产状况修正系数}$$

其中，不动产状况修正包含区域状况修正、实物状况修正和权益状况修正。

运用市场法的关键是能够取得类似不动产交易实例，所以，归纳起来需要满足的条件是：

特别提示：在评估实践中，一般通过目测观察现场了解不动产的外观、使用状态。对于必须进行的某些特殊鉴定，则要聘请有资格的专业机构进行。

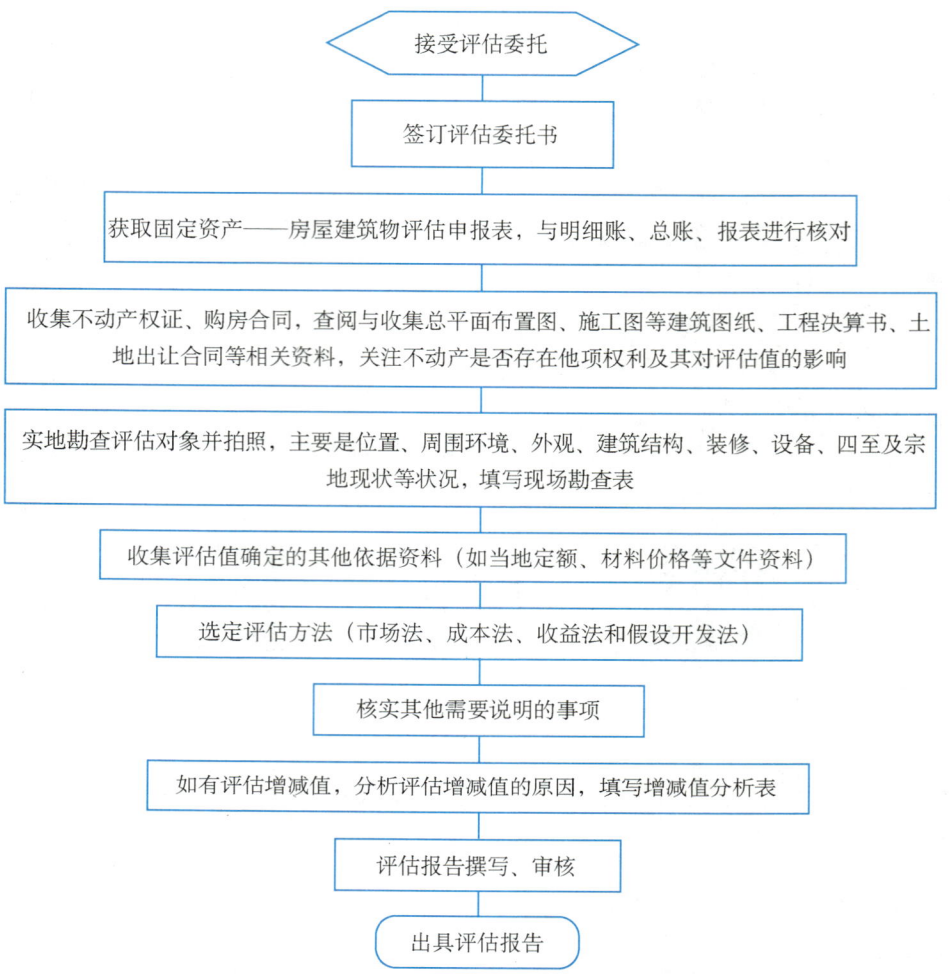

图 3-2 不动产评估流程图

（1）需要有一个充分发育的、活跃的、公平的资产交易市场。

（2）被评估不动产的市场参照物（类似不动产）及其相比较的指标、技术参数等资料是可以收集的。

市场法适用于不动产交易市场发达、活跃和完善的地区，与被评估不动产类似的不动产交易越多，市场法应用越有效。市场法一般不适用于下列情况：

（1）某些类型很少见的不动产或交易实例很少的不动产，如古建筑等。

（2）很难成为交易对象的不动产，如教堂和寺庙等。

（3）风景名胜区土地、图书馆、体育馆和学校用地等。

（4）其他没有发生不动产交易或不动产交易发生较少的地区。

【实务要求 3-4】 王师傅要求周萍确定浙江四海八方机电设备有限公司的评估对象的评估方法。

实务处理：周萍经过实地勘查，结合资料分析评估对象所在区域的工业土地的成交比较频繁，符合市场法的应用条件，拟采用市场法评估土地价值。

2. 评估方法

运用市场法评估不动产一般分为下列七个步骤：①收集交易实例。②选取可比实例。③建立比较基础。④进行交易情况修正。⑤进行交易日期修正。⑥进行不动产状况修正。⑦求取比准价格，确定不动产价值。

第一步，收集交易实例。

对于评估工作而言，收集交易实例是一项日积月累，需要时刻关注不动产市场变化，随时收集有关不动产交易实例的经常性工作。一般可以通过以下途径获取交易实例的信息：①查阅政府有关部门的不动产交易登记等资料。②向不动产交易当事人、金融机构和司法机关等调查了解。③参加不动产交易博览会，了解不动产价格行情，收集价格信息。④其他途径。需要特别说明的是，收集的交易实例应是实际成交的真实案例。

收集的交易实例内容至少应包括交易双方的基本情况及交易目的、付款方式、成交日期、成交价格和不动产基本状况等。

第二步，选取可比实例。

在运用市场法进行不动产价值评估时，需要从所收集的交易实例中选择 3 个（含 3 个）以上符合一定条件的交易实例作为比较参照的可比实例。选取可比实例应符合下列要求：

(1) 选取的实例是评估对象的<u>类似不动产</u>。
(2) 成交日期与评估基准日相近，不宜超过 1 年。
(3) 成交价格为正常价格或可修正为正常价格。

想一想：可比实例与交易实例有什么关联吗？

【**实务要求 3-5**】 王师傅要求周萍选取浙江四海八方机电设备有限公司的评估对象土地的可比实例。

实务处理：周萍认为，选取可比实例应该满足以下条件：可比实例应是评估对象的类似不动产；成交日期与评估基准日相近，不宜超过 1 年；成交价格为正常价格或可修正为正常价格。所以，周萍决定在与评估对象同一工业园区内，并在用途、规模、档次和建筑结构等方面与评估对象相同或相近的不动产交易实例中选取。

第三步，建立比较基础。

在选取了可比实例后，应分析可比实例的成交价格，建立价格可比基础，统一其内涵和表达方式。具体需要统一的内容包括：

(1) 统一付款方式。通常以一次性全额付款为标准进行"折算"，将分期付款的可比实例的成交价格折算为在其成交日期时一次付清的价值。

(2) 统一计价单位和币种。确定可比实例成交价格是采用单价还是总价，币种一般采用人民币。

(3) 统一面积内涵和面积单位。套内使用面积是指房屋户内全部实际可供使用的空间，按房屋的内墙线水平投影计算。套内建筑面积是指套内使用面积、套内墙体

术语解释：类似不动产是指与估价对象处于同一供求圈内，并在用途、规模、档次、建筑结构等方面与评估对象相同或相近的不动产。

特别提示：收集交易实例、选取可比实例、建立比较基础是不动产市场法评估最重要的步骤，也是采用市场法评估成败的关键。

面积及套内阳台建筑面积之和。在实际评估中,需要确定可比实例面积的内涵及计量单位并"折算"为一致。面积内涵通常换算为建筑面积,面积单位通常换算为平方米。

(4) 统一财产范围。确定可比实例的成交价是否包含债权债务,是否包含不动产以外的其他资产或权益,是房地合一还是房地分离,与评估对象不动产是否一致或存在差异。如存在差异,需要"折算"为一致。

第四步,进行交易情况修正。

交易情况修正是指剔除交易行为中的特殊因素所造成的可比实例成交价格偏差,将可比实例的成交价格调整为正常价格。

造成成交价格偏差的原因主要有以下几种:

(1) 有特殊利害关系人之间的交易,如亲友之间、公司与本单位职工之间,通常都会以低于市场价格进行交易。

(2) 受债权、债务关系影响的交易。

(3) 交易双方或某一方有特别动机或偏好的交易,如急于出售或急于购买的交易。

(4) 采取拍卖、挂牌、协议等不同交易方式,往往使不动产交易表现出不同的价格。

(5) 交易双方或一方对不动产市场信息了解不充分。

(6) 交易税费非正常负担的交易。

(7) 相邻不动产的合并交易。

(8) 特殊政策造成不动产价格的偏差。比如,不动产开发土地出让中,包含保障性住房的相关条款。

交易情况修正将可比实例价格修正为正常交易情况下的价格。其计算公式为:

交易情况修正后的正常价格＝可比实例价格×交易情况修正系数
　　　　　　　　　　　＝可比实例价格×(正常情况指数÷可比实例情况指数)
　　　　　　　　　　　＝可比实例价格×100÷( )

式中　可比实例情况指数——参照可比实例交易价格确定。如果可比实例交易时的价格低于正常情况下的交易价格,则可比实例情况指数小于100;反之,则大于100。

分母的括号——代表可比实例情况指数的分值。

想一想:可比实例价格需要修正的情况主要有哪些?

第五步,进行交易日期修正。

交易日期修正是指将可比实例在其成交日期时的价格调整为在评估基准日的价格的过程。在可比实例成交日期与评估基准日这段期间,不动产市场不断发生变化,不动产价格可能升高或下降,由此需要进行交易日期修正。

交易日期修正实质是对市场状况修正,具体修正方法有利用不动产价格指数进行修正和利用价格变动率进行修正。

(1) 利用定基价格指数进行交易日期修正的计算公式为：

评估基准日价格＝可比实例价格×评估基准日价格指数÷可比实例交易时价格指数

(2) 利用环比价格指数进行交易日期修正的计算公式为：

$$\text{评估基准日价格} = \text{可比实例价格} \times \text{成交日期的下一时期的价格指数} \times \text{再下一时期的价格指数} \times \cdots \times \text{在评估时点时的价格指数}$$

(3) 利用逐期递增或递减的价格变动率进行交易日期修正的计算公式为：

$$\text{评估基准日价格} = \text{可比实例价格} \times (1 \pm \text{价格变动率})^{\text{期数}}$$

【实战训练 3-1】 周萍跟着王师傅一起评估浙江平方实业集团有限公司一间商铺于 2025 年 4 月末的价格，选取了下列可比实例：成交价格 7 000 元/平方米，成交日期 2024 年 5 月末。另调查获知，该类不动产价格 2024 年 1 月末至 2024 年 9 月末每月比上月上涨 1.5%，2024 年 9 月末至 2025 年 4 月末每月比上月上涨 2%。则修正到 2025 年 4 月的价格应为多少？

解：周萍经过分析，决定对该可比实例进行交易日期修正，即：

该可比实例在 2025 年 4 月末的价格 $= 7\,000 \times (1+1.5\%)^4 \times (1+2\%)^7$

$\approx 8\,534$（元/平方米）

(4) 利用期内平均上升或下降的价格变动率进行交易日期修正的计算公式为：

评估基准日价格＝可比实例价格×(1±价格变动率×期数)

【实战训练 3-2】 在［实战训练 3-1］中，若王师傅告诉周萍 2024 年 1 月末至 2025 年 4 月末，当地该类不动产价格平均每月上涨 3%，则可比实例修正到 2025 年 4 月的价格应为多少？

解：该可比实例在 2025 年 4 月末的价格 $= 7\,000 \times (1+3\% \times 11)$

$= 9\,310$（元/平方米）

第六步，进行不动产状况修正。

不动产状况修正包括区域状况修正、实物状况修正、权益状况修正。经过修正，使得可比实例价格成为评估对象不动产状况下的价格。

(1) 区域状况修正。区域状况修正的主要内容包括位置交通、繁华程度、公共服务设施及基础设施水平、区域环境条件和产业集聚程度等。在评估实践中，区域因素的影响依赖于评估专业人员的经验与判断，一般将修正的区域因素列表，采取分别打分的方法进行，具体修正方法有直接比较法和间接比较法。

一是直接比较法。一般是以评估对象的区域因素为基准，分值设定为 100。若可比实例的区域因素优于评估对象，则得分高于 100；反之，则可比实例得分低于 100。

区域因素修正后的可比实例价格
＝可比实例价格×区域因素修正系数
＝可比实例价格×评估对象区域因素分值÷可比实例区域因素分值
＝可比实例价格×100÷（　　）

特别提示：关注价格变动率的说法：①逐期递增的价格变动率，如每月比上月上涨 1%，即为每月环比价格变动指数；②期内平均上升，如"平均每月上涨 1%"，则评估值＝可比实例价值×(1＋1%×间隔月份数)

特别提示：评估实践中，在进行因素修正时，单项修正幅度一般不超过 20%，综合修正幅度一般不超过 30%；修正后的可比实例价格最高价与最低价之比不应大于 1.2。

式中　分母的括号——代表经过实地勘察后可比实例区域因素的分值。

二是间接比较法。间接比较法是先设定一宗标准不动产,以标准不动产的区域因素为基准,基准分为100。然后将评估对象与可比实例的区域因素分别与标准不动产的区域因素比较,并逐项打分。当评估对象与可比实例的区域因素优于该标准时,得分高于100;反之,则得分低于100。

$$\text{区域因素修正后的可比实例价格} = \text{可比实例价格} \times \left[\frac{\text{标准不动产区域因素分值}}{\text{可比实例区域因素分值}}\right] \times \left[\frac{\text{评估对象区域因素分值}}{\text{标准不动产区域因素分值}}\right]$$

$$= \text{可比实例价格} \times 100 \div (\quad) \times (\quad) \div 100$$

式中　分母的括号——代表实地勘察后可比实例区域因素的分值。
　　　分子的括号——代表实地勘察后评估对象区域因素的分值。

（2）实物状况修正。实物状况修正的主要内容包括不动产的建筑面积、建筑结构、用途、装修情况、楼层、层高、成新状况和物业管理等。其修正方法与区域因素修正方法一样,有直接比较法和间接比较法,也采用逐项打分。

（3）权益状况修正。权益状况修正的主要内容包括土地使用权性质、土地使用权年限和规划限制条件,如容积率等。

第七步,求取比准价格,确定不动产价值。

每个可比实例的成交价格经过上述各项修正、调整之后,得出相应的比准价格,最后将这些比准价格综合处理成一个最终的比准价格,作为市场法的最终测算结果。综合处理的方法主要有下列四种:

（1）求取平均数。求取平均数可以取简单算术平均数和加权算术平均数。

（2）求取中位数。求取中位数是把修正、调整出的各个价格按照高低顺序排列,当项数为奇数时,位于中间位置的价格为中位数;当项数为偶数时,位于中间位置的两个价格的简单算术平均数为中位数。

（3）求取众数。众数是一组数值中出现频率最高的数值。

（4）其他方法。如分别去掉一个最高价格和一个最低价格,将余下的价格求取简单算术平均数。

【实务要求3-6】王师傅要求周萍对浙江四海八方机电设备有限公司的评估对象土地进行交易情况、交易日期和不动产状况修正,并求取土地的价值。

实务处理:周萍经过现场勘查,收集交易实例,确定可比实例之后,制作了比较因素说明表(表3-5)、比较因素调整说明表(表3-6)、比较因素指数表(表3-7)。

表3-5　　　　　　　　　　比较因素说明表

比较因素	可比实例A	可比实例B	可比实例C	评估对象
位置	工业园区	工业园区	工业园区	工业园区绍兴市文景路20号

(续表)

	比较因素	可比实例A	可比实例B	可比实例C	评估对象
	土地单价（元/平方米）	1 083	1 065	1 071	待估
	交易情况	正常	正常	正常	正常
	交易日期	2025-1	2024-11	2024-12	2025-6
区域因素	距区域中心距离	距区域中心1千米	距区域中心1千米	距区域中心1千米	距区域中心1千米
	土地等级	十级	十级	十级	十级
	工业集聚度	工业集聚度一般	工业集聚度一般	工业集聚度一般	工业集聚度一般
	道路通达度	区内有交通型主干道，可通多个方向	区内有交通型主干道，可通多个方向	区内有交通型主干道，可通多个方向	区内有交通型主干道，可通多个方向
	交通便捷度	交通便捷度一般	交通便捷度一般	交通便捷度一般	交通便捷度一般
	基础设施状况	四通	四通	四通	四通
	公共设施状况	公共设施配套一般	公共设施配套一般	公共设施配套一般	公共设施配套一般
	环境优劣度	无污染，环境一般	无污染，环境一般	无污染，环境一般	无污染，环境一般
	周边土地利用方式	周边土地利用以工业为主	周边土地利用以工业为主	周边土地利用以工业为主	周边土地利用以工业为主
实物因素	宗地面积（平方米）	976	1 203	1 102.5	1 108
	土地用途	工业用地	工业用地	工业用地	工业用地
	剩余使用年限（年）	40	40	40	40
	取得方式	出让	出让	出让	出让
	宗地形状	规则	规则	规则	较规则
	开发程度	场地平整	场地平整	场地平整	场地平整
	宗地地势	平坦	平坦	平坦	平坦
	地质条件	一般	一般	一般	一般
	临路状况	两面临路	一面临路	两面临路	两面临路
权益因素	容积率	1.6	1.6	1.6	1.6
	规划限制	符合当地规划，对土地利用无不利影响	符合当地规划，对土地利用无不利影响	符合当地规划，对土地利用无不利影响	符合当地规划，对土地利用无不利影响

表 3-6　　　　　　　　　　　比较因素调整说明表

	交易情况	评估对象与可比实例 A、可比实例 B、可比实例 C 的交易情况均属正常,不需系数调整
	交易日期	通过对当地近期土地市场的调查分析,了解到当地工业用地价格整体较为平稳,月上涨幅度为 0.3%～0.9%,考虑评估对象实际情况,月上涨幅度取 0.7%
区域因素	距区域中心距离	评估对象与可比实例 A、可比实例 B、可比实例 C 均位于工业园区,离区域中心距离相近,不需系数调整
	土地等级	评估对象与可比实例 A、可比实例 B、可比实例 C 的土地等级相同,不需系数调整
	工业集聚度	评估对象与可比实例 A、可比实例 B、可比实例 C 的工业集聚度相同,不需系数调整
	道路通达度	评估对象与可比实例 A、可比实例 B、可比实例 C 的道路情况类似,不需系数调整
	交通便捷度	评估对象与可比实例 A、可比实例 B、可比实例 C 的交通便捷度相同,不需系数调整
	基础设施状况	评估对象与可比实例 A、可比实例 B、可比实例 C 的情况类似,不需系数调整
	公共设施状况	评估对象与可比实例 A、可比实例 B、可比实例 C 的公共配套相同,不需系数调整
	环境优劣度	评估对象与可比实例 A、可比实例 B 和可比实例 C 的情况类似,不需系数调整
	周边土地利用方式	评估对象与可比实例 A、可比实例 B 和可比实例 C 的周边土地利用方式相同,不需系数调整
实物因素	宗地面积	土地面积分为 10 亩(1 亩=667 平方米)以下,10～15 亩、15～20 亩、20～25 亩、25 亩以上四个等级,每相差一个等级则修正系数±2。评估对象与可比实例 A、可比实例 B、可比实例 C 的土地面积在同一个等级,不需系数调整
	土地用途	评估对象与可比实例 A、可比实例 B 和可比实例 C 的用途相同,不需系数调整
	土地剩余使用年限(年)	可比实例 A、B、C 的土地剩余使用年限与评估对象一致,不需系数调整
	取得方式	评估对象与可比实例 A、可比实例 B 和可比实例 C 的情况相同,不需系数调整
	宗地形状	宗地形状分为非常不规则、不规则、较规则、规则四个档次,每相差一个档次则修正系数±2
	开发程度	评估对象与可比实例 A、可比实例 B 和可比实例 C 的情况类似,不需系数调整

特别提示:可比实例 A 的交易日期修正系数为:1+0.7%×5=1.035
可比实例 B 的交易日期修正系数为:1+0.7%×7=1.049
可比实例 C 的交易日期修正系数为:1+0.7%×6=1.042

(续表)

实物因素	宗地地势	评估对象与可比实例A、可比实例B和可比实例C的情况类似，不需系数调整
	地质条件	评估对象与可比实例A、可比实例B和可比实例C的情况类似，不需系数调整
	临路状况	临路状况分为一面临路、二面临路、三面临路、四面临路四个等级，每相差一个等级则修正系数±2
权益因素	容积率	评估对象与可比实例A、可比实例B、可比实例C的法定容积率相同，不需系数调整
	规划限制	评估对象与可比实例A、可比实例B和可比实例C的情况类似，不需系数调整

（注：1亩=667平方米）

表3-7　　　　　　　　　　　比较因素指数表

比较因素		可比实例A	可比实例B	可比实例C	评估对象
位置		工业园区	工业园区	工业园区	工业园区绍兴市文景路20号
土地单价（元/平方米）		1 083	1 065	1 071	待估
交易情况		100	100	100	100
交易日期		103.5	104.9	104.2	100
区域因素	距区域中心距离	100	100	100	100
	土地等级	100	100	100	100
	工业集聚度	100	100	100	100
	道路通达度	100	100	100	100
	交通便捷度	100	100	100	100
	基础设施状况	100	100	100	100
	公共设施状况	100	100	100	100
区域因素	环境优劣度	100	100	100	100
	周边土地利用方式	100	100	100	100
实物因素	宗地面积	100	100	100	100
	土地用途	100	100	100	100
	剩余使用年限	100	100	100	100
	取得方式	100	100	100	100
	宗地形状	102	102	102	100

(续表)

比较因素		可比实例A	可比实例B	可比实例C	评估对象
实物因素	开发程度	100	100	100	100
	宗地地势	100	100	100	100
	地质条件	100	100	100	100
	临路状况	100	98	100	100
权益因素	容积率	100	100	100	100
	规划限制	100	100	100	100

求取土地比准价格：

(1) 可比实例A：

可比价格A = 可比实例成交价格 × 交易情况修正系数 × 交易日期修正系数 × 不动产状况修正系数

= 1 083×(100÷100)×(103.5÷100)×(100÷102)

≈ 1 098.93(元/平方米)

(2) 可比实例B：

可比价格B = 可比实例成交价格 × 交易情况修正系数 × 交易日期修正系数 × 不动产状况修正系数

= 1 065×(100÷100)×(104.9÷100)×(100÷100)

≈ 1 117.19(元/平方米)

(3) 可比实例C：

可比价格C = 可比实例成交价格 × 交易情况修正系数 × 交易日期修正系数 × 不动产状况修正系数

= 1 071×(100÷100)×(104.2÷100)×(100÷102)

≈ 1 094.1(元/平方米)

(4) 求取土地比准价格：

由以上计算过程得出三个比准单价相差不大，本次评估时，采用三者算术平均数作为评估对象单价，即：

土地比准价格 =（可比实例A＋可比实例B＋可比实例C）÷3

= (1 098.93＋1 117.19＋1 094.1)÷3 ≈ 1 103(元/平方米)

评估对象土地容积率为1.6，则：

楼面地价 = 1 103÷1.6 ≈ 689(元/平方米)(取整)

3-5 习题训练：
项目3 随堂练习三

3-6 习题训练：
项目3 随堂练习四

3-7 微课视频：
市场法之交易实例与
可比实例的关系

(二) 成本法

1. 基本原理

成本法的评估原理是建立在重置成本的理论基础之上的。成本法是求取评估对象在评估基准日时的重置价格,然后扣除折旧,以此估算评估对象的客观合理价格或价值的方法。

成本法的基本公式如下:

$$不动产估算价格 = 重置成本 - 折旧$$

在实际评估中,需区分新开发的土地、新建的不动产和旧的不动产来进行计算。

从销售方的角度来看,成本法的理论依据是生产费用价值论,即不动产的价格是根据其"生产费用"来计算的,所以采用成本法评估时,要求被评估不动产具备以下前提条件:

(1) 被评估不动产应当具备可利用的历史资料,且现时不动产与历史资料要具有相同性或可比性。

(2) 不动产建造过程中的工程量是可以计量的,且该类不动产可以大量重复"生产"。

(3) 被评估不动产处于继续使用状态或被假定处于继续使用状态,被评估不动产的实体特征、内部结构及其功能必须与假设的重置全新不动产具有可比性。

(4) 随着时间的推移,不动产具有一定损耗特性。

成本法一般适用于市场发育不成熟,成交实例不多,获利能力无法确定,无法利用市场法、收益法等方法进行评估的情况。其主要适用于新近开发建造的不动产;化工厂、电厂、钢厂、油田、码头、机场等只针对个别客户的特殊需要而开发建造的不动产;特别适用于既无收益又很少有交易情况的学校、政府办公楼、医院、图书馆、军队营房、机场、博物馆、纪念馆、公园等特殊性不动产。

想一想:商场适合用成本法评估吗?

【实务要求 3-7】 王师傅要求周萍分析浙江四海八方机电设备有限公司的评估对象是否能采取成本法评估。

实务处理:周萍根据现有资料分析土地取得成本已利用市场法求取,建筑物的重置价格也可以获得,故拟采用成本法评估不动产价值。

2. 评估方法

运用成本法评估不动产价值,一般经过下列程序:①收集资料。即收集有关不动产开发的成本、税费、利润等资料,包括土地取得成本的资料。②估算不动产重置成本。③估算折旧。④求取积算价格。

3. 新开发土地的评估

运用成本法评估土地价值的计算公式为:

$$土地使用权价格 = 土地取得成本 + 土地开发费用 + 利息 + 利润 + 税费 + 土地增值收益$$

土地取得成本是为取得土地而向原土地使用者支付的费用,分为三种情况:

(1)市场购买下的土地取得成本。这部分按照土地使用权购买价格计算。

(2)国家征收集体土地而支付给集体土地所有者的成本,包括土地补偿费、安置补助费、地上附着物和青苗补偿费、新菜地开发建设基金等。其具体含义及补偿标准如表3-8所示。

表3-8　　土地取得成本具体含义及补偿标准

费用构成	含义	补偿标准
土地补偿费	包含一定的级差地租	参照《中华人民共和国土地管理法》
安置补助费	保证被征地农业人口在失去其生产资料后的生活水平不降低而设立的	
地上附着物和青苗补偿费	对被征地单位已投入土地而未收回的资金的补偿	
新菜地开发建设基金	征收城市郊区的菜地	国家有关规定

(3)取得已利用城市土地而向原土地使用者支付拆迁补偿费用。这部分是对原城市土地使用者在经济上的补偿,各地对补偿标准有具体规定。

土地开发费用包括基础设施配套费、公共事业建设配套费、小区开发配套费等。具体内容如表3-9所示。

表3-9　　土地开发费用具体内容

费用构成	内容
基础设施配套费	"三通一平"和"七通一平"
公共事业建设配套费	指邮电、图书馆、学校、公园、绿地等设施的费用
小区开发配套费	同公共事业建设配套费类似,根据各地用地情况确定合理的项目标准

特别提示: 不管自有资金还是借入资金,都要计算利息;利息的计算采用复利,而不是单利。

利息即资金成本是土地建设中占用资金的时间价值,主要包括土地取得费利息和土地开发费利息。

土地取得成本在土地开发动工前全部支出,在开发完成销售后才能收回,由此,这部分利息以整个土地取得成本为基数,计息期为整个开发期和销售期。

土地开发费用在开发过程中逐步投入,在开发完成销售后才能收回,其利息的计算与土地开发费用投入方式有关,需要分清期初一次性投入、均匀投入和分段均匀投入。

(1)若期初一次性投入,以整个土地开发费用为基数,全期计息。

(2)若均匀投入,计息期为开发期的一半。

(3)若分段均匀投入(例如,第一年投入30%,第二年投入70%),计息期为投入当年时间按照一半计算,附加剩余占用期间。

利润计算的关键是确定利润率或投资回报率。计算利润率的基数根据所用利润率的内涵,可以是土地取得成本和土地开发费用,也可以是开发后土地的地价。即:

投资利润＝(土地取得成本＋土地开发费用)×合理的利润率

税费是指土地取得和开发过程中所必须支付的税赋和费用。

土地增值主要是由土地的用途改变或土地功能变化而引起的。由于农地转变为建设用地,新用途的土地收益将远高于原用途土地,必然会带来土地增值收益。土地增值收益率应通过实际调查测算取得,也可以根据当地政府或国土资源管理部门的相关规定确定。

土地使用权价格的计算公式为:

土地使用权价格＝土地取得成本＋土地开发费用＋利息＋利润＋税费＋土地增值收益

根据上述公式计算出的土地使用权价格,在经过年期修正和其他因素修正后,最终得出土地使用权评估值。

【实战训练3-3】 周萍跟着王师傅继续评估浙江平方实业集团有限公司的一块土地,土地位于经济技术开发区内,土地面积为15 000平方米,该地块的土地征地费用(含安置、拆迁、青苗补偿费和耕地占用税)为150元/平方米,土地开发费为200元/平方米,土地开发周期为2年,第一年投入资金占总开发费用的35%,开发商要求的投资回报率为10%,当地土地出让增值收益率为10%,银行贷款年利率为6%。试评估该土地的价值。

解:

(1) 计算土地取得成本:

土地取得成本＝150(元/平方米)

(2) 计算土地开发费:

土地开发费用＝200(元/平方米)

(3) 计算利息。土地取得成本的计息期为2年,土地开发费为分段均匀投入:

土地取得费利息＝$150\times[(1+6\%)^2-1]=18.54$(元/平方米)

土地开发费利息＝$200\times35\%\times[(1+6\%)^{1.5}-1]+200\times65\%\times[(1+6\%)^{0.5}-1]$

$\approx 6.39+3.84=10.23$(元/平方米)

(4) 计算开发利润:

开发利润＝[(1)+(2)]×10%＝35(元/平方米)

(5) 计算土地价值:

土地单价＝[(1)+(2)+(3)+(4)]×(1+10%)

＝(150+200+18.54+10.23+35)×(1+10%)

≈ 455.15(元/平方米)

土地总价＝455.15×15 000＝6 827 250(元)

该宗地单价为455.15元/平方米,总价为6 827 250元。

4. 新建不动产的评估

对于正常的新建不动产,评估时可以不考虑损耗,其重置成本的计算公式如下:

$$新建不动产价值 = 土地取得成本 + 开发成本 + 管理费用 + 销售费用 + 投资利息 + 销售税费 + 开发利润$$

式中 土地取得成本——指取得不动产开发用地的必要支出。土地取得的途径有三种:购买、征收和拆迁改造等,根据取得土地的不同途径,分别测算取得土地的成本,包括有关土地取得的手续费及税金。

开发成本主要由五个方面组成,如表3-10所示。

表3-10　　　　　　　　　　开发成本的具体内容

内容	具体含义
勘察设计和前期工程费	包括临时用地、水、电、路、场地平整费,工程勘察测量及工程设计费,城市规划设计、咨询、可行性研究费,建设工程许可证执照费等
建筑安装工程费	包括建造不动产所发生的土建工程费用、安装工程费用、装饰装修工程费用等
基础设施建设费	包括由开发商承担的红线内外的自来水、雨水、污水、煤气、热力、供电、电信、道路、绿化、环境卫生、照明等建设费用
公共配套设施建设费	包括由开发商支付的非经营性用房、附属工程、文教卫系统等所用房的建设费用
开发期间税费	包括开发期间政府或其他部门收取的费用,如工程招标管理费、建筑工程标底编制费、城市道路占用费、市容环保费、建筑工程规划许可证费等

管理费用是指为了组织和管理不动产开发经营过程活动所必需的费用,包括开发商的人员工资及福利费、办公费用和差旅费等,可按土地取得成本与开发成本之和的一定比例计算。

销售费用是指销售不动产所发生的广告宣传费、销售人员工资和委托销售代理费等,一般按照不动产市场价值的一定比例计算。

投资利息是资金耗用的成本,是不动产开发完成或实现销售之前所有必要支出产生的利息。计息基数一般为土地取得成本、开发成本、管理费用和销售费用。

销售税费主要包括增值税、城市维护建设税、教育费附加、其他销售税费,如印花税、交易手续费、产权转移登记费等,按照当地不动产销售税费征缴规定标准来计算。

开发利润即为承受一定的开发投资风险,所需要获得的报酬。利润率一般根据开发类似不动产的平均投资利润率来确定。利润的计算基数根据利润率含义的不同而不同。投资利润率的计算基数为土地取得成本、开发成本和管理费用之和。

需要注意的是,在建不动产可以按照已建成不动产的价值乘以完工率来确定,即:

在建工程价值＝(土地取得成本＋开发成本＋管理费用＋销售费用＋投资利息　　　　　＋销售税费＋开发利润)×完工率

5. 旧不动产的评估

第一,旧不动产成本法评估的基本公式。

特别提示:投入资金无论是自有还是借贷的,都需要考虑货币时间价值。

特别提示:利润率的表达方式有几种,如直接成本利润率、成本利润率、投资利润率、销售利润率等。

对于旧不动产,评估时应当考虑损耗。其基本公式为:

旧不动产评估值＝重置成本－建筑物折旧

建筑物折旧＝建筑物重置成本×(1－成新率)

【实务要求 3-8】 王师傅确定了浙江四海八方机电设备有限公司的评估对象适用成本法评估,要求周萍计算不动产(房地)的重置成本。

实务处理: 周萍结合调查获取的资料,确定工业用房不动产重置成本的计算内容如下:

(1) 土地取得成本。土地取得成本已利用市场法求取为 689 元/平方米。

(2) 开发成本。一是建筑安装工程费。结合委托方提供的资料及自身的经验,同时参照当地建筑市场行情确定该建筑物的建筑安装工程费为 630 元/平方米。其中,土建工程费为 500 元/平方米,安装工程费(包括水、电、消防等)为 80 元/平方米,装饰装修工程费为 50 元/平方米,则:

建筑安装工程费＝土建工程费＋安装工程费＋装饰装修工程费＝630(元/平方米)

二是勘察设计等前期工程费。勘察设计及前期费用主要包括可行性研究、工程勘察、环境影响评价、规划及建筑设计、施工的通水、通电、通路及临时用房等开发项目前期工作的必要支出。

根据当地工程造价概预算的一般标准及政府的有关收费规定,按建筑安装工程费的8%计算。

勘察设计及前期费用＝建筑安装工程费×8%＝630×8%≈50(元/平方米)(取整,下同)

三是基础设施建设及公共配套设施建设费。基础设施建设及公共配套设施建设费包括红线内道路、围墙、路灯、泵房和排水及污水处理等。周萍参照类似工业不动产开发项目以及结合评估对象的具体状况,确定评估对象的基础设施建设及公共配套设施建设费为 100 元/平方米。

四是开发期间税费,包括工程监理费、竣工验收费、开发期间政府或有关部门收取的绿化建设费、人防工程费等,按房屋建筑安装工程费的2%计算。

开发期间税费＝630×2%≈13(元/平方米)

开发成本合计＝建筑安装工程费＋勘察设计及前期费用＋基础设施建设及公共配套设施建设费＋开发期间税费＝793(元/平方米)

(3) 管理费用。管理费用包括项目建设所需的项目管理人员工资和办公等费用,根据当地建设项目投资估算的一般标准,一般为土地取得成本和开发成本之和的 2%~3%。根据本次评估对象的规划建设项目特点和投资规模,管理费按3%计。

管理费用＝(土地取得成本＋开发成本)×3%＝(689+793)×3%≈44(元/平方米)

(4) 销售费用。销售费用是指预售或销售开发完成后的不动产的必要支出,包括广告费、销售资料制作费、销售人员费用等。按照通常情况,取开发完成后价值的3%(开发完成后价值设定为V)。

销售费用＝3%V

（5）投资利息。根据建设工期确定建造期为1年，利率取当年中国人民银行发布的1年期人民币贷款基准利率4.35%，土地费用于期初一次性投入，开发成本、管理费用、销售费用于建造期内均匀投入。

投资利息＝土地取得成本×[(1+4.35%)－1]＋(开发成本＋管理费用＋3%V)×[(1+4.35%)$^{0.5}$－1]

（6）销售税费。销售税费为开发完成后价值的5.6%。

销售税费＝5.6%V

（7）开发利润。根据当地工业不动产开发投资的成本利润水平，评估对象合理开发周期为1年，本次估价取直接成本利润率为10%。

开发利润＝(土地取得成本＋开发成本)×10%≈148(元/平方米)

（8）不动产（房地）重置成本。

V＝土地取得成本＋开发成本＋管理费用＋销售费用＋投资利息＋销售税费＋开发利润

$V=689+793+44+3\%V$
$\quad +689\times[(1+4.35\%)-1]+(793+44+3\%V)\times[(1+4.35\%)^{0.5}-1]+$
$\quad 5.6\%V+148$

求得：V≈1 885(元/平方米)

第二，确定成新率。

房屋建筑物的价值减损，一般是由三方面因素引起的，即物质折旧、功能折旧和经济折旧，具体如表3-11所示。

表3-11　　　　　　　　　房屋建筑物价值减损原因

因素（类型）	原因
物质折旧（或有形损耗）	房屋建筑物自然老化、正常使用磨损、意外的破坏损毁等
功能折旧（或无形损耗）	消费观念变更、设计更新、技术进步导致建筑设备陈旧落后、设计风格落后，功能不能满足需要
经济折旧（或外部性折旧）	包括供给过量、需求不足、自然环境恶化、噪声污染、空气污染、交通拥挤、城市规划改变和政府政策变化、住宅附近建工厂等造成其价值的损失

从房屋建筑物重置成本中扣除房屋建筑物损耗（折旧）即为房屋建筑物现值。所以房屋建筑物损耗（折旧）或者成新率的确定是不动产评估的关键，而建筑物的成新率可以根据建筑物的建成年代、新旧程度和功能损耗等确定。

💡 **想一想**：房屋建筑物的价值减损与会计上的折旧的内涵是否一致？

计算成新率可以采用年限法成新率和打分法成新率，再通过加权平均确定综合成新率，如表3-12所示。在评估实践中，评估人员可现场查勘房屋建筑物主体、工程质量、水电设施、装修等各方面保养情况，参照房屋完损等级评分标准和不同结构类型房屋成新率评分权重表来确定。

表 3-12　　　　　　　　房屋建筑物勘察成新率计算表

编制人：　　　　　　　　编制日期：　　年　月　日

建筑物名称			建筑结构	
房产证号			建筑面积	
耐用年限		已使用年限	层数	
项　目			标准分数	评定分数
结构部分 （G）	1. 地基基础		25	
	2. 承重结构		25	
	3. 非承重墙		15	
	4. 屋　盖		20	
	5. 楼地面		15	
	小计：(1+2+3+4+5)×权重[　　]=			
装修部分 （S）	6. 门　窗		25	
	7. 外粉刷		20	
	8. 内粉刷		20	
	9. 顶　棚		20	
	10. 细木装修		15	
	小计：(6+7+8+9+10)×权重[　　]=			
设备部分 （B）	11. 给排水		40	
	12. 电气照明		35	
	13. 暖　通		25	
	小计：(11+12+13)×权重[　　]=			
鉴定评定分数：G+S+B				
年限法评定：(总使用年限－已使用年限)÷总使用年限				
综合成新率：鉴定评定分数×60％+年限法评定分数×40％				

年限法计算成新率适用于单价价值较小、结构相对简单的房屋建筑物。其计算公式如下：

成新率＝尚可使用年限÷(尚可使用年限＋已使用年限)×100％

式中　尚可使用年限——按有关部门关于房屋建筑物耐用年限标准确定。

已使用年限——根据房屋建筑物建造年、月，计算得出。

成新率的确定也可采用打分法，打分法是通过现场勘查技术，并依据建设部有关鉴定房屋新旧程度的参考依据、评分标准来确定成新率。在评估实践中，评估专业人员现场勘查房屋建筑物结构部分、装修部分、设备部分，并结合工程资料来确定各部分的完好程度和分值，再根据不同结构类型房屋成新率评分权重表（表 3-13）对各部

分赋予权重,最终确定房屋建筑物的成新率。其计算公式如下:

成新率=(结构打分×评分修正系数+装修打分×评分修正系数
+设备打分×评分修正系数)÷100×100%

表 3-13　　　　　　　　不同结构类型房屋成新率评分权重表

结构类型	结构部分	单层	2~3层	4~6层	7层以上
钢筋混凝土结构	结构 G	0.85	0.80	0.75	0.80
	装修 S	0.05	0.10	0.12	0.10
	设备 B	0.10	0.10	0.13	0.10
混合结构	结构 G	0.70	0.60	0.55	
	装修 S	0.20	0.20	0.15	
	设备 B	0.10	0.20	0.30	
砖木结构	结构 G	0.80	0.70		
	装修 S	0.15	0.20		
	设备 B	0.05	0.10		
其他结构	结构 G	0.87			
	装修 S	0.10			
	设备 B	0.03			

综合成新率采用加权平均法,计算如下:

综合成新率=(年限法成新率×权数+打分法成新率×权数)÷总权数

通常,年限法权数取 0.4,打分法权数取 0.6。则有:

房屋建筑物评估值=房屋建筑物重置成本×综合成新率

【实务要求 3-9】 王师傅要求周萍用打分法计算厂房的成新率,并确定不动产的价值。

实务处理:周萍通过对房屋建筑物的现场勘查,结合相关资料,进行了现场打分。结构部分 90 分,装修部分 80 分,设备部分 60 分。再查表得出 2 层钢混结构的建筑物修正系数 $G=0.8, S=0.1, B=0.1$。各项内容求取的数值如表 3-14 所示。

表 3-14　　　　　　　　各项内容求取

	内容	数值
1	土地取得成本(元/平方米)	689
2	房屋建筑物重置成本(元/平方米)	1 196
2.1	开发成本(元/平方米)	793

(续表)

	内容	数值
2.1.1	建筑安装工程费(元/平方米)	630
2.1.2	勘察设计等前期工程费(元/平方米)	50
2.1.3	基础设施及公共配套设施建设费(元/平方米)	100
2.1.4	开发期间税费(元/平方米)	13
2.2	管理费用(元/平方米)	44
2.3	销售费用(元/平方米)	56
2.4	利息(元/平方米)	49
2.5	销售税费(元/平方米)	106
2.6	开发利润(元/平方米)	148
3	成新率	86%
4	建筑物价值(元)	1 954 071
5	土地价值(元)	1 308 411
6	评估对象总价(元)	3 262 482

成新率＝(90×0.8＋80×0.1＋60×0.1)÷100×100%＝86%
建筑物折旧＝建筑物重置成本×(1－成新率)
　　　　　＝(1 885－689)×(1－86%)≈167(元/平方米)
评估对象单价＝不动产(房地)重置成本－建筑物折旧
　　　　　　＝1 885－167＝1 718(元/平方米)
评估对象总价＝评估对象单价×建筑面积＝1 718×1 899＝3 262 482(元)

特别提示: 建筑物价值＝建筑物单价×建筑面积(1 885－689－167)×1 899＝1 954 071(元)
土地价值＝楼面地价×建筑面积＝689×1 899＝1 308 411(元)

3-8 习题训练：
项目3 随堂练习五

(三) 收益法

1. 基本原理

收益法是预计评估对象未来的正常净收益,选用适当的资本化率将其折现到评估基准日后累加以此估算评估对象的客观合理价格或价值的方法。

收益法是不动产评估最常用的方法之一。

假设净收益每年不变,资本化率固定,收益为无限年期。在满足三个假设的前提下,其计算公式为:

$$不动产价值 = 净收益 \div 资本化率$$

收益为有限年期的不动产价值计算公式为(即普通年金):

$$P = a \div r \times [1 - 1 \div (1+r)^n]$$

式中　P——评估对象价值。

　　　a——净收益。

　　　r——资本化率。

　　　n——收益年限。

此公式成立的条件为:①净收益 a 每年不变。②资本化率 r 固定且大于 0。③收益年期 n 有限。

在评估实践中,用收益法求取不动产的价值的基本思路是:首先确定净收益(通过总收益减去总费用);其次确定资本化率;最后选用适当的计算公式求得待估不动产的价值。

❓ 想一想:若净收益 a 每年不同,收益法的计算公式该如何变化?

运用收益法评估不动产,需满足三个前提条件,即 a, r, n 可以获取:

(1) a:不动产的未来收益必须是可以预测并可用货币来衡量的。

(2) r:收益期内,不动产权益拥有者获得未来预期收益所承担的风险可以预测,并可用货币来衡量。

(3) n:不动产预期获利年限可以预测。

收益法适用于经营性且有稳定收益的不动产价值评估,如写字楼、商场、旅馆、公寓等;对于未来无收益能力的,如政府机关、学校、公园等非经营性不动产大多不适用。

【实务要求3-10】 王师傅要求周萍分析浙江四海八方机电设备有限公司的评估对象是否适用收益法评估。

实务处理:周萍分析收益法适用于有收益或有潜在收益的不动产估价,此次浙江四海八方机电设备有限公司的评估对象具有潜在收益,可以根据周边类似房屋的出租市场价格进行相应调整,得出评估对象的客观收益,符合收益法的应用条件,可采用收益法作为一种评估方法。

2. 评估方法

收益法评估不动产价值的一般步骤如下:①收集有关不动产租赁及经营方面的合同及财务资料,获取有关不动产收入、成本、税费、利润等资料。②估算潜在毛收入,即假定不动产在充分利用、无空置状况下可获得的收入。③估算有效毛收入,即潜在毛收入扣除空置、拖欠租金等原因造成的收入损失所得到的收入。④估算运营费用。⑤确定不动产净收益,净收益由有效毛收入扣除运营费用所得。⑥确定不动产收益期限。⑦采用适当的收益法模型估算不动产收益价格。

第一,净收益的确定。

在确定净收益时,需要区分不动产的实际净收益和客观净收益。实际净收益是

特别提示:
收益为无限年期假设下(即永续年金),不动产价值=净收益÷资本化率

术语解析:运营费用即为维持不动产正常生产、经营或使用必须支出的费用。

指在现状下被评估不动产实际取得的净收益,实际净收益由于受到多种特殊的、偶然的因素的影响,会存在偏差,一般不能直接用于评估,只有正常的、客观的净收益才能作为评估的依据。

💡 **想一想**:在实际评估业务中,如何获得评估对象客观净收益?

(1) 客观净收益的含义。客观净收益是指正常的市场条件下不动产用于法律上允许的最佳利用方向上的净收益值,还应包含对未来收益和风险的合理预期。

(2) 客观净收益的计算。客观净收益为客观总收益扣除客观总费用,一般以年为单位。在求取总收益时,以客观收益即正常收益为基础,而不能以实际收益计算。

不动产所产生的正常收益必须是其处于最佳利用状态下的结果。最佳利用状态是指该不动产处于最佳利用方向和最佳利用程度。在现实经济中,应为正常使用下的正常收益。

同时,在评估实践中,由于现实经济过程的复杂,收益的确定过程较难,评估人员在确定客观总收益时需对不动产市场走势作准确的预测,必须考虑收益的风险性和可实现性,并以类似不动产的收益作比较。

必须注意的是,运用收益法评估不动产时,有租约限制的,租约期内的租金宜采用租约所确定的租金,租约期外的租金应当采用正常客观的租金,并在评估报告中恰当披露租约情况。

(3) **客观总费用**。总费用是指取得该收益所必需的各项(付现)支出,也就是为维持不动产正常生产、经营或使用必须支出的正常费用。总费用也应该是客观费用。客观总费用通常包括管理费、维修费、保险费、税金等,不包含折旧费。

> **特别提示**:客观总费用接近于财务管理中付现费用的概念。

💡 **想一想**:为什么客观总费用不包含折旧费?

在评估实践中,应该分析被估不动产的费用支出哪些是正常的,哪些是不正常的,进而剔除不正常的费用支出,选择正常支出作为费用。

【实战训练3-4】 承[实战训练3-1],周萍跟王师傅在浙江平方实业集团有限公司评估时进一步调研发现,商铺刚出租,具有收益能力,可以采用收益法评估,商铺的土地剩余使用年限为4年,可出租面积200平方米,从现在租赁出去,期限为2年,约定好月租金是180元/平方米,且每年不变,附近类似商铺的正常月租金是200元/平方米,报酬率是10%,运营费用率为30%,则周萍应如何确定商铺现在带租约出售时的正常价格?

解:商铺前2年有租约限制,租约期内的租金宜采用租约所确定的租金,租约期外的租金应当采用正常客观的租金,所以第一年和第二年的净收益均为:

$a_1 = 180 \times 200 \times 12 \times (1 - 30\%) = 30.24$(万元)

2年后租期到期,第三年和第四年的净收益均为:

$a_2 = 200 \times 200 \times 12 \times (1 - 30\%) = 33.6$(万元)

$P = a_1 \div (1 + 10\%) + a_1 \div (1 + 10\%)^2 + a_2 \div (1 + 10\%)^3 + a_2 \div (1 + 10\%)^4$
≈ 100.67(万元)

因此,该商铺现在带租约出售的正常价格为100.67万元。

第二,收益期限的确定。

收益期限的确定应根据具体的评估对象的寿命及评估时采用的假设条件等来确定。

单独的土地和单纯的建筑物作为评估对象,应分别根据土地使用权年限和建筑物经济寿命,扣减不动产开发建设及装修等期限来确定。

土地与建筑物合成体作为评估对象,应视具体情况而定:

(1)建筑物的经济寿命长于或等于土地使用权年限的,根据土地使用权年限,扣减不动产开发建设及装修等期限,确定未来可获收益的期限。

(2)建筑物的经济寿命短于土地使用权年限的,先根据建筑物的经济寿命,扣减不动产开发建设及装修等期限,确定未来可获收益的期限;再加上土地使用权年限超出建筑物经济寿命的土地剩余使用年限价值的折现值。

【实务要求3-11】 王师傅表扬了周萍,确定了评估对象可以适用收益法,要求周萍估算评估对象的客观年净收益。

实务处理: 周萍分析客观年净收益的求取分以下几个步骤:

- 求取年出租收入。

周萍对评估对象所在区域相似工业类不动产进行了租金调查,选取了三个可比实例(租金内含物业管理费,不含水费、电费等),如表3-15所示。

表3-15　　　　　　　　可比案例租金表　　　　　单位:元/(月·平方米)

序号	物业名称	租金
1	工业园区	9.21
2	工业园区	10.53
3	工业园区	12.08

周萍分析评估对象所处区域类似不动产的租金水平主要集中在9～12元/(月·平方米)。将评估对象与可比案例在相邻关系、空间位置、建成年代、建筑结构、档次标准等各方面分析比较、综合考虑,判定评估对象的租金为11.5元/(月·平方米)(含物业管理费,不含水费、电费等),则年租金收入为138元/平方米。

- 求取年净收益。

(1)年潜在毛收入。按照正常客观收益计算:

年潜在毛收入＝1 899×138＝262 062(元)

(2)年有效毛收入。根据当地同类型不动产确定平均出租率为85%,则:

评估对象有效毛收入＝潜在毛收入×出租率＝262 062×85%≈222 753(元)

(3)评估对象年总费用。

一是税费。出租房屋并取得收入涉及的税主要包括增值税、城市维护建设税、教育费附加、房产税等。其中,一般纳税人出租其2016年4月30日前取得的不动产,可以选择适用简易计税方法，按照5%的征收率计算增值税。

房产税＝年有效毛收入×12%≈26 730（元）

增值税＝年有效毛收入×5%≈11 138（元）

城市维护建设税＝增值税×7%≈780（元）

教育费附加＝增值税×3%≈334（元）

二是维修保养费。即指为保障房屋正常使用每年需支付的修缮费。根据评估对象不动产档次和房屋需维修保养的状况，按房屋重置价值的2%计算。

维修保养费＝1 196×1 899×2%≈45 424（元）

三是保险费。即指不动产所有人为使自己的不动产避免意外损失而向保险公司支付的费用。按房屋重置价值的0.2%计算则保险费为：

保险费＝1 196×1 899×0.2%≈4 542（元）

四是管理费。即指工作人员的工资、福利等经营管理所需的费用，一般为年有效毛收入的2%～3%，本次取值3%，则：

管理费＝222 753×3%≈6 683（元）

五是评估对象年总费用。评估对象年总费用为上述①～④项费用之和，则：

评估对象年总费用＝①+②+③+④=95 631（元）

（4）评估对象年净收益：

评估对象年净收益＝评估对象年总收益－评估对象年总费用
　　　　　　　＝222 753－95 631＝127 122（元）

第三，资本化率的确定。

资本化率又称还原利率。确定资本化率是一项复杂的工作，且资本化率的每个微小变动，都会使评估价值发生显著改变，在评估实践中需要具有较高的评估水平和丰富的经验的评估专业人员。

资本化率（r）和报酬率（y）都是将不动产的预期收益转换为价值的比率，但两者又有区别，具体如表3-16所示。

表3-16　　　　　　　资本化率（r）和报酬率（y）的关系

名称	适用方法	计算方法
资本化率（r）	直接资本化法	某种年收益与其价格的比率（通常用未来第一年的净收益除以价格来计算）； 仅仅表示从收益到价值的比率，并不明确地表示获利能力
报酬率（y）	报酬资本化法	求取未来各期净收益的现值的比率

资本化率实质上是一种投资的收益率，其大小同投资风险的大小成正相关的关系。一般来说，银行存款的风险很小，因而资本化率几乎都要比银行存款利率高。处于不同用途、不同性质、不同地区、不同时间的不动产的投资风险不同，资本化率也不同。求取资本化率的基本方法如下：

（1）市场提取法。市场提取法本质上是净收益与售价比率法，具体操作步骤为：

第一步,收集市场上近期交易的与被估不动产相同或相近似的不动产的净收益、售价等资料。

第二步,计算各个交易实例的净收益与售价比率(这实质上就是投资收益率),将其视作资本化率。

第三步,选取多个案例的资本化率取平均值来消除各种偶然因素的影响。具体可以根据实际情况,采取简单算术平均值或加权算术平均值。

(2) 安全利率加风险调整值法。此方法是在安全利率的基础上加上估计的风险调整值,在评估实践中通常选择银行中长期利率作为安全利率。其计算公式为:

$$资本化率 = 安全利率(银行中长期利率) + 风险调整值$$

式中 风险调整值——可以视为投资风险补偿率、管理负担补偿率、缺乏流动性补偿率三者之和再减去投资带来的优惠率。

(3) 各种投资收益率排序插入法。此方法按照以下步骤展开:

第一步,收集市场上各种投资的收益率资料,将各种投资收益率按大小排序。

第二步,将被估不动产投资与上述各项投资比较,按照投资风险的大小排序。

第三步,判断被估不动产在该风险排序中的位置。

第四步,根据风险排序结合相邻投资的收益率确定被估不动产资本化率的大小。

[实务要求 3-12] 王师傅要求周萍确定厂房评估适用的报酬率,并求取其收益价格。

实务处理: 周萍决定采用安全利率加风险调整值法确定报酬率。评估对象为已建成的不动产,具有不可移动性,且不动产政策变动较快,因此,不动产市场存在一定投资风险,综合分析工业用途不动产风险调整值在 3%~5%,本次评估风险调整值取其平均值 4%。安全利率取中国人民银行当年公布的 1 年期存款利息率 1.5%,故确定不动产报酬率为 5.5%,评估对象尚可取得收益年限 n 为 40 年,则评估对象不动产价值为:

$$不动产总价 = (127\ 122 \div 5.5\%) \times [1 - 1 \div (1 + 5.5\%)^{40}] \approx 2\ 039\ 815(元)$$

[实战训练 3-5] 承[实战训练 3-4],若周萍被告知该商铺租约尚有 2 年到期,在此最后 2 年的租期中,每年可收取净租金 30 万元,到期后要拆除作为工业用地。预计作为工业用地的价值为 95 万元,拆除费用为 5 万元,该类不动产的报酬率为 10%。则该如何评估商铺的价值?

解:该商铺 2 年内每年净收益 a 为 30 万元,2 年到期后价值为 90 万元(95 − 5),折现后相加得出该商铺的价值。该商铺的价值计算公式如下:

$$P = a \div y \times [1 - 1 \div (1+y)^n] + 2\ 年到期后价值 \div (1+y)^n$$
$$= 30 \div 10\% [1 - 1 \div (1+10\%)^2] + (95 - 5) \div (1+10\%)^2$$
$$= 52.07 + 74.38 = 126.45(万元)$$

根据不动产的三种物质形态,资本化率也可以分为综合资本化率、土地资本化率和建筑物资本化率三种,三者关系如表 3-17 所示。

表 3-17　　　　　三种资本化率的关系

种类	适用对象及计算公式	对应的净收益种类
综合资本化率 r	不动产整体的价值($L+B$) 不动产价值($L+B$)＝不动产净收益÷综合资本化率 r	房地合一的净收益
土地资本化率 r_1	求取土地自身的价值(L) 土地价值(L)＝土地净收益÷土地资本化率 r_1	土地自身的净收益
建筑物资本化率 r_2	评估建筑物的自身价值(B) 建筑物价值(B)＝不动产价值($L+B$)－土地使用权价值 L 或者： 建筑物价值(B)＝(不动产净收益－土地净收益)÷建筑物资本化率 r_2	建筑物自身所产生的净收益

【实战训练3-6】　承[实战训练3-5]，若该不动产商铺净收益每年为30万元，建筑物价值为80万元，建筑资本化率为12％，土地资本化率为20％，则周萍该如何评估该商铺的价值？

解：建筑物净收益＝建筑物价值×建筑物资本化率＝80×12％＝9.6(万元)

土地的净收益＝不动产净收益－建筑物净收益＝30－9.6＝20.4(万元)

土地价值＝土地净收益÷土地资本化率＝20.4÷20％＝102(万元)

不动产价值＝建筑物价值＋土地价值＝80＋102＝182(万元)

因此，该商铺的价值为182万元。

3-9　习题训练：
项目3　随堂练习六

（四）假设开发法

1. 基本原理

假设开发法又称剩余法，是将预测的评估对象未来开发完成后的价值，减去未来的正常开发成本、税费和利润等，以此求取评估对象的客观合理价格或价值的方法。

假设开发法的基本计算公式为：

待开发不动产价值＝开发完成后的不动产价值－续建开发成本－续建管理费用－续建投资利息－续建销售费用－续建销售税费－续建利润－投资者购买待开发不动产应负担的税费

💡想一想：假设开发法与成本法在评估思路上有何不同？？

运用假设开发法的前提条件是：

（1）根据合法原则和最高最佳使用原则，能够正确地判断不动产的最佳开发利用方式,包括用途、规模和档次等,这是假设开发法能够准确运用的关键因素之一。

(2) 根据当地不动产市场的供求状况,能够正确地预测未来开发完成后的不动产价值和各项成本,这是假设开发法能够准确运用的关键因素之一。

(3) 不动产开发必须有明确的规划,且规划应得到相关规划部门的批准,并在有效期内。

假设开发法适用于具有投资开发或再开发潜力的不动产的评估,具体包括:

(1) 待开发不动产的评估(假设开发)。

(2) 在建工程。

(3) 将生地开发成熟地的土地评估,用开发完成后的熟地价减去土地开发费用。

(4) 待拆迁改造的再开发地产的评估,这时的建筑安装费用还应包括拆迁费用。

(5) 可装修改造或可改变用途的旧房。

2. 评估方法

运用假设开发法评估不动产价值,一般经过以下步骤:

第一,调查不动产及其开发项目的整体情况。

调查不动产及其开发项目的整体情况,包括不动产及其开发项目的区域、实物和权利等状况。

第二,确定待估不动产最佳的开发利用方式。

根据调查的不动产市场及自身状况,在城市规划及法律法规等限制所允许的范围内,确定地块的最佳利用方式,包括确定用途、建筑规模档次、建筑容积率、土地覆盖率等。在选择最佳的开发利用方式中,最重要的是选择最佳的土地用途。

第三,合理估计开发经营期。

合理估计开发经营期比较关键,主要目的是把握建筑物的竣工时间,为预测建筑物竣工时的价格、建筑费用等的投入、利息的负担以及各项收入与支出的折现计算等服务。

开发经营期是指从取得土地使用权一直到不动产全部销售或出租完毕的时间。确定开发经营期的方法可采用类似于市场法的方法,即根据同一地区、相同类型、同等规模的类似开发项目已有的正常开发经营期来估计。有些不动产项目,因各种原因停工或延期,则需要扣除不正常的因素后,合理确定开发经营期。

同时,评估人员还必须估计出建设完成到租出或售出的时间。

第四,预测开发完成后的不动产价值。

开发完成后的不动产价值一般通过预测并根据所开发不动产的类型,选择一定的方法来求取。对于销售的不动产,通常可采用市场法确定开发完成后的不动产总价值。对于出租的不动产,先采用市场法,确定所开发不动产出租的净收益;再采用收益法将出租净收益转化为不动产总开发价值。具体确定时,需要把握以下几个关键参数:①当前市场情况下的市场租金和实际租约情况。②不动产出租的空置率。③不动产出租的相关税费。④不动产还原利率。⑤未来租金水平的变动趋势。

第五，估算续建开发成本。

估算续建开发成本需要根据不动产项目的实际开发进度，了解项目已投入成本情况并进行合理预测。续建开发成本构成及计算方法如表 3-18 所示。

表 3-18　续建开发成本构成及计算方法

续建费用构成	计算方法
续建建筑开发成本费用	可通过当地同类建筑物当前平均的建造成本来测算，具体可参照"成本法"中的相关内容
专业费用	包括建筑设计费、工程概预算费用等，一般采用建造成本的一定比率估算

第六，估算管理费用。

管理费用是指开办费和开发过程中管理人员工资等，一般根据开发成本的一定比率估算，参照成本法中相关内容。

第七，估算续建投资利息。

利息的计提基数应为开发项目全部投入的资本，包括需要求取的待开发不动产的价值、投资者购买待开发不动产应负担的税费、开发成本和管理费用、销售费用，在确定利息额时，根据各项投入额以及各自在开发过程中所占用的时间和当时的贷款利率进行计算。

第八，估算销售费用与销售税费。

销售费用包括广告费、销售代理费、销售人员工资、奖金及销售提成等，通常按照开发完成后的不动产价值的一定比率来计算。

销售税费包括销售税金及附加（即增值税、城市维护建设税、教育税附加）、土地增值税、其他销售税费（即应当由卖方负担的印花税、交易手续费、产权转移登记费等）。销售税费应依据当地政府的税收政策来估算，一般以开发完成后的不动产价值的一定比率来计算。

第九，估算利润。

利润一般根据不动产总价或投入资本的一定比例计算。利润的含义不同，计算基数也不同，销售利润率计算基数一般为开发完成后的不动产售价。

第十，投资者购买待开发不动产应负担的税费。

投资者购买待开发不动产应负担的税费包括投资者承担的契税和交易手续费等。

第十一，估算待开发不动产的价值。

根据相应的公式求取待开发不动产的价值：

待开发不动产的价值＝开发完成后的不动产价值－续建开发成本－续建管理费用－续建投资利息－续建销售费用－续建销售税费－续建利润－投资者购买待开发不动产应负担的税费

估算待估不动产价值分为动态法（折现方法）和静态法（传统方法）两种方法。考

特别提示：利息的计提基数不包括销售税费。

虑资金时间价值的计算称为动态法,而不考虑资金时间价值的计算称为静态法。

【实战训练 3-7】 周萍跟着王师傅继续评估浙江平方实业集团有限公司一宗七通一平的待开发建筑用地,土地面积为 2 500 平方米,建筑容积率为 2,拟开发建设写字楼,建设期为 2 年,建筑费用为 3 000 元/平方米,专业费为建筑费的 10%,建筑费和专业费在建设期内均匀投入。该写字楼建成后即出售,预计售价为 9 000 元/平方米,销售费用为楼价的 2.5%(假设销售费用不考虑计算利息),销售税费为楼价的 6.5%,当地银行年贷款利率为 6%,开发商要求的投资利润率为 10%。周萍该如何估算该宗地目前的单位地价和楼面地价。

解:

(1) 确定评估方法。现已知写字楼价值的预测值和各项开发成本及费用,可用剩余法(假设开发法)评估。其计算公式为:

待开发建筑用地地价 = 开发完成后的写字楼价值 − 建筑费 − 专业费 − 销售费用 − 销售税费 − 利润 − 利息

(2) 计算不动产楼价:

开发完成后的写字楼价值 = 2 500 × 2 × 9 000 = 45 000 000(元)

提示:容积率 = 建筑面积 ÷ 土地面积

(3) 计算建筑费和专业费:

建筑费 = 3 000 × 2 500 × 2 = 15 000 000(元)

专业费 = 建筑费 × 10% = 15 000 000 × 10% = 1 500 000(元)

(4) 计算销售费用和税费:

销售费用 = 45 000 000 × 2.5% = 1 125 000(元)

销售税费 = 45 000 000 × 6.5% = 2 925 000(元)

(5) 计算利润:

利润 = (地价 + 建筑费 + 专业费) × 10%

= (地价 + 16 500 000) × 10%

= 0.1 × 地价 + 1 650 000

(6) 计算利息:

利息 = 地价 × $[(1+6\%)^2 - 1]$ + (15 000 000 + 1 500 000) × $[(1+6\%)^1 - 1]$

= 0.1236 × 地价 + 990 000

提示:建筑费和专业费在建设期内均匀投入,所以,计息期按照建设期的一半计算。该案例中销售费用不计算利息。

(7) 求取地价:

待开发建筑用地地价 = 开发完成后的写字楼价值 − 建筑费 − 专业费 − 销售费用 − 销售税费 − 利润 − 利息

地价 = 45 000 000 − 15 000 000 − 1 500 000 − 1 125 000 − 2 925 000 −

0.1 × 地价 − 1 650 000 − 0.1236 × 地价 − 990 000

地价 = 21 810 000 ÷ 1.2236 ≈ 17 824 452(元)

(8) 评估结果：

单位地价＝17 824 452÷2 500≈7 130（元/平方米）

楼面地价＝7 130÷2＝3 565（元/平方米）

3-10 习题训练：
项目3 随堂练习七

任务 3　不动产评估报告

一、不动产评估报告的组成内容

根据 GB/T 50291—2015《房地产估价规范》第 7.0.1 和 7.0.2 条的要求，估价报告应采取书面形式，并应真实、客观、准确、完整、清晰和规范。一份完整的不动产估价报告通常由下列八个部分组成：①封面。②目录。③致估价委托人函。④估价师声明。⑤估价的假设和限制条件。⑥估价结果报告。⑦估价技术报告。⑧附件。

根据 GB/T 50291—2015《房地产估价规范》第 7.0.3 条的要求，不动产抵押贷款前估价报告，应包括估价对象变现能力分析与风险提示。

二、不动产评估报告撰写的要点

1. 封面

(1) 标题，指估价报告的名称，如不动产估价报告。

(2) 估价项目名称，说明该估价项目的全称，通常是采用估价对象的名称，如北京××广场 A 座不动产价格评估。

(3) 估价委托人，说明该估价项目的委托人的名称或者姓名。如果是某单位委托人，为该单位全称；如果是某个人，为其姓名。

(4) 估价机构，说明受理该估价项目的估价机构的全称。

(5) 注册房地产估价师。

(6) 估价作业日期，说明该估价项目估价的起止日期，即正式接受估价委托的日期至完成估价报告的日期。

(7) 估价报告编号，说明该估价报告在估价机构内的编号，以便于归档和今后的统计、查找等。

2. 目录

目录通常按照前后次序列出估价报告各个组成部分的名称及其对应的页码，以便委托人或估价报告使用者对估价报告的框架和内容有一个总体了解。

3. 致估价委托人函

致估价委托人函是正式地将估价报告呈送给委托人的信件，在不遗漏必要事项的基础上应尽量简洁。其内容一般包括下列几项：

(1) 致函对象,指委托人的名称或姓名。

(2) 致函正文,应说明估价目的、估价对象、估价时点、估价结果和估价报告有效期。另外,在函文中通常说明随此函附交一份估价报告。

(3) 致函落款,为估价机构的全称,加盖估价机构公章,并由法定代表人或负责该估价项目的估价师签名、盖章。

(4) 致函日期,指致函时的年月日,即正式出具估价报告的日期。

4. 估价师声明

估价报告中陈述的事实,是真实的和准确的。

估价报告中的分析、意见和结论,是估价人员自己公正的专业分析、意见和结论,但要受估价报告中已说明的假设和限制条件的影响。估价人员与估价报告中的估价对象没有任何(或有已载明的)利益关系,也与有关当事人没有(或有已载明的)个人利害关系和偏见。

估价人员依照中华人民共和国国家标准《房地产估价规范》的规定进行分析,形成意见和结论,撰写本估价报告。

估价人员××已对(或没有对)估价报告中的估价对象进行了实地查勘(如果不止一人签署该估价报告,应清楚地列出进行本次实地查勘的所有估价人员的姓名和没有对估价对象进行实地查勘的估价人员的姓名)。

估价人员在估价中没有得到他人的重要专业帮助(如果有例外,应说明提供了重要专业帮助者的姓名、专业背景及其所提供的重要专业帮助的内容)。

其他需要声明的事项可根据估价机构的职业惯例或项目特点酌情撰写。例如,"若未得到本公司的书面许可,任何机构或个人不得以任何形式刊载本报告的全文或部分内容于任何文件、通函或声明中"。又如,"本报告书仅供委托方使用,本公司不承担对任何第三者对本报告的全文或任何部分内容的任何责任"等。

5. 估价假设和限制条件

不动产估价报告中的估价假设和限制条件是说明估价的假设前提,未经调查确认或无法调查确认的资料数据,在估价中未考虑的因素和一些特殊处理及其可能的影响,估价报告使用的限制条件等。

例如,说明没有对估价对象进行面积测量,或者说明有关估价对象的资料来源被认为是可靠的(而实际上估价人员未去查证)。

在估价报告中陈述估价的假设和限制条件,一方面,是保护估价人员;另一方面,是告知、保护委托人和估价报告使用者,提醒他们在使用估价报告时注意。

6. 估价结果报告

(1) 估价委托人。

(2) 估价机构。

(3) 估价目的,说明本次估价的目的和应用方向,如"为××法院办理案件提供估价对象公开市场价值依据"。

特别提示：不动产抵押贷款前估价结果报告,还应包括估价对象变现能力分析与风险提示。

(4) 估价对象，概要说明估计对象的物质实体状况和权益状况。

(5) 估价时点，说明本次估价结果所对应的具体年月日。土地评估报告中为"估价基准日"。

(6) 价值类型，说明估价所采用的价值标准或价值内涵。

(7) 估价依据，说明估价所依据的法律法规、政策和技术标准、规范，委托人提供的有关资料，估价机构和估价人员掌握和收集的有关资料。

(8) 估价原则。

(9) 估价方法。

(10) 估价结果，主要说明本次评估的最终结果，分别列示总价和单价，并附大写金额。

(11) 估价人员，列出所有参加该估价项目的估价人员的姓名及其执业资格或专业技术职务等，并由本人签名、盖章。

(12) 估价作业日期，说明本次评估工作的起止日期。

(13) 估价报告应用的有效期，说明估价报告及估价结果的有效期限。

7．估价技术报告

估价技术报告详细介绍估价对象的区位、实物和权益状况，详细分析影响估价对象价值的各种因素，详细说明估价的思路和采用的方法及其理由，详细说明估价的测算过程，参数选取等，详细说明估价结果及其确定的理由。估值技术报告一般包括以下内容：

(1) 估价对象描述与分析，详细说明、分析估价对象的实物、权益和区位状况。

(2) 市场背景描述与分析，详细说明、分析所处区域类似不动产的市场状况，包括过去、现在和可预见的未来。

(3) 最高最佳利用分析，详细分析、说明估价对象最高最佳使用。

(4) 估价方法适用性分析。

(5) 估价测算过程，结合所选方法详细说明测算过程，参数确定等。

(6) 估价结果确定，详细说明估价结果及其确定的理由。

8．附件

附件通常包括估价对象的位置图，四至和周围环境图，土地形状图，建筑平面图，外观和内部照片，项目有关批准文件，产权证明，估价中引用的其他专用文件资料，估价机构资质证明、估价机构营业执照复印件，注册房地产估价师的注册证书复印件等。

【实务要求3-13】 基本完成浙江四海八方机电设备有限公司的厂房及其土地使用权的评估后，王师傅让周萍整理完成不动产的抵押价值评估报告。

实务处理：周萍根据评估情况初步撰写了不动产的抵押价值评估报告，具体如下。

不动产抵押估价报告
ZY 估字〔2025〕022 号

估价项目名称：浙江四海八方机电设备有限公司工业不动产抵押价值评估

估价委托人：浙江四海八方机电设备有限公司

估价机构：浙江正一资产评估事务所

注册房地产估价师：王小华　　谢　华

估价作业日期：2025 年 6 月 12 日至 2025 年 6 月 16 日

估价报告出具日期：2025 年 6 月 16 日

估价报告编号：ZY 估字〔2025〕022 号

目 录

一、致估价委托人函

二、估价师声明

三、估价假设和限制条件
 （一）假设条件
 （二）限制条件

四、估价结果报告
 （一）估价委托人
 （二）估价机构
 （三）估价目的
 （四）估价对象
 （五）估价时点
 （六）价值类型
 （七）估价依据
 （八）估价原则
 （九）估价方法
 （十）估价结果
 （十一）估价人员
 （十二）估价作业日期
 （十三）估价报告应用的有效期
 （十四）变现能力分析和风险提示

五、估价技术报告
 （一）估价对象描述与分析
 （二）市场背景描述与分析
 （三）最高最佳利用分析
 （四）估价方法适用性分析
 （五）估价测算过程
 （六）估价结果确定

六、评估报告附件

致估价委托人函

浙江四海八方机电设备有限公司：

承蒙委托，本公司对位于绍兴市文景路20号（工业园区内）的建筑面积为1 899平方米及其相应的1 108平方米（用途：工业用地；使用权类型：出让）土地使用权进行了抵押价值评估。

估价目的：为确定不动产抵押贷款额度提供参考依据而评估不动产抵押价值。

估价时点：2025年6月12日。

价值类型：假定未设立法定优先受偿权利下的市场价值减去房地产估价师知悉的法定优先受偿款的市场价值。

我公司估价人员根据估价对象的特点及本次估价目的，遵循独立、客观、公正、合法和谨慎的原则，按照估价程序，在认真勘察现场、查阅现有资料的基础上，通过对影响不动产价格因素的综合分析，选用成本法和收益法，综合评估出估价对象（表3-19）于估价时点的评估价值如下。

表3-19　　　　　　　评估对象具体信息

评估对象	总层数	面积（平方米）	用途	结构	建成年代	评估单价（元/平方米）	评估总价（万元）
厂房	2	1 899		钢混	2006	1 029	195.41
土地		1 108	工业用地			689	130.84
合计							326.25

第一，未设立法定优先受偿款的市场价值。

评估总价：RMB 326.25万元，折合平均单价为1 718元/平方米。

第二，需扣减的估价人员知悉的法定优先受偿款。

根据委托方提供资料及查勘掌握的情况，截止估价时点，估价人员知悉估价对象不存在特定的法定优先受偿款。

第三，抵押价值。

评估总价：RMB326.25万元，折合平均单价为1 718元/平方米。

大写：叁佰贰拾陆万贰仟伍佰元整。

本函仅为估价报告的内容摘要，欲了解估价的详细情况，请全面仔细地阅读报告全文。

浙江正一资产评估事务所
2025年6月16日

估 价 师 声 明

我们郑重声明：

我们在本估价报告中陈述的事实是真实的和客观的。

本估价报告的分析、意见和结论是我们自己公正的专业分析、意见和结论，但受到本估价报告中已说明的假设和限制条件的限制。

我们与本估价报告中的估价对象没有利害关系，也与有关当事人没有个人利害关系或偏见。

我们依照中华人民共和国国家标准 GB/T 50291—2015《房地产估价规范》进行分析，形成意见和结论，撰写本估价报告。

我们于 2025 年 6 月 12 日对估价对象进行了实地查勘，现场查勘人员为周萍。

估价人员对估价对象的现场勘察仅限于一般性的查勘，本次评估时假设估价对象符合我国的质量验收、消防标准、使用限制等相关政策法规。

没有人对本估价报告提供重要专业帮助。

本报告书仅供委托方使用，本公司不承担对任何第三方对本报告的全文或任何部分内容的任何责任。

估价师签章

中国注册房地产估价师　　　　　房地产估价师注册号　　　　签章

王小华

谢　华

估价假设和限制条件

（一）假设条件

（1）本次估价以估价对象能够持续使用为假设前提。

（2）任何有关估价对象运作方式、程序符合国家和地方法律法规。

（3）估价对象产权明晰，手续齐全，在估价时点不受任何权利限制，在公开市场可以合法地进行转让。

（4）在估价时点的不动产市场为公开、平等、自愿的交易市场。

（5）我们仅对估价对象不动产外观作一般性查看，并未对其结构、设备及装修等内在质量进行测试，故不能确定其有无内部缺陷。本次估价假设估价对象无基础、结构等方面的重大质量问题，其内部质量足以维持正常的使用寿命，并对此假设前提不承担相应责任。

（6）估价对象不动产的有关情况和资料（包括口头资料）由委托方提供，委托方应对所提供情况和资料的真实性、合法性和完整性负完全责任。本次评估时假设委托方提供的情况和资料真实、合法和完整。

（二）限制条件

（1）本估价报告所列结果是反映估价对象在本次估价目的和估价时点下，仅为委托方提供本次估价目的估价对象的价值参考，若改变估价目的则使用本报告无效。

（2）本估价报告的有效期为1年，如在此期间估价对象或国家经济形势、城市规划、不动产税费政策、金融政策等发生重大变化，市场价格变化较快而对估价结果产生明显影响时，委托方应及时聘请不动产估价机构对估价结果作相应调整或重新估价。

（3）本报告的评估结论是仅为委托方实现本次评估目的而提供的专业估价意见，这个意见本身并无强制执行的效力，我们只对结论本身合乎执业规范要求负责，而不对资产定价决策负责。

估价结果报告

(一) 估价委托人
名称:浙江四海八方机电设备有限公司。

(二) 估价机构
估价机构名称:浙江正一资产评估事务所。

住所:略。

法定代表人:略。

估价资质等级及证书编号:略。

(三) 估价目的
为确定不动产抵押贷款额度提供参考依据而评估不动产抵押价值。

(四) 估价对象

1. 权属登记状况

根据《房屋所有权证》(证号略),不动产坐落于绍兴市文景路20号(工业园区内),房屋所有权人为浙江四海八方机电设备有限公司,独有,中小企业房屋,房屋总建筑面积为1899平方米。根据《国有土地使用证》(证号略),土地使用权人为浙江四海八方机电设备有限公司,土地用途为工业用地,地号略,土地取得方式为出让,土地使用权终止日期为2065年6月12日,土地使用权面积为1108平方米。具体信息如表3-20所示。

表3-20　　　　　　　　　　评估对象信息

评估对象	总层数	面积(平方米)	用途	结构	建成年份
厂房	2	1899		钢混	2006
土地		1108	工业用地		

2. 现场查勘状况

现场查勘的事项包括对评估对象实物状况、区位状况、权益状况的调查。查勘状况如表3-21所示。

表3-21　　　　　　　　　评估对象现场查勘状况信息

区位状况	评估对象位于绍兴市文景路20号(工业园区内),周边为中小企业厂区
实物状况	建筑物总层数为2层,建筑面积为1899平方米,建成于2006年,钢混结构,其中1层和2层层高分别约为4.2米和3.3米。外墙为墙砖,地面为地砖、水泥砂浆,内墙粉白,天棚为扣板吊顶、白灰粉刷。 该房屋维护状况较好,房屋完损等级评定为完好房,成新率为8.6成新。 土地使用权面积共1108平方米。该宗地形状较规则,地势平坦,环境一般,基础设施一般,地质、水文状况一般,土地利用较合理,红线内外四通一平(通路、通电、通信、通水;场地平整)
权益状况	土地用途为工业用地,地号略,土地取得方式为出让,土地使用权终止日期为2065年6月12日

3. 他项权利状况

根据委托方提供的资料结合现场查勘知悉估价对象处于自用状态,至估价时点,估价对象未设定他项权利。

4. 估价对象范围

根据委托方要求,本次评估对象为:浙江四海八方机电设备有限公司所属位于绍兴市文景路20号(工业园区内)的建筑面积为1 899平方米及其相应的1 108平方米土地使用权(用途:工业用地;使用权类型:出让)。

(五)估价时点

现场查勘之日:2025年6月12日。

估价时点:2025年6月12日(以现场查勘之日作为估价时点)。

(六)价值类型

本次评估价值为估价对象于估价时点的不动产抵押价值,等于假定未设立法定优先受偿权利下的市场价值减去房地产估价师知悉的法定优先受偿款。

(七)估价依据

1. 法律法规

(1)《中华人民共和国民法典》。

(2)《中华人民共和国城市房地产管理法》。

(3)《中华人民共和国土地管理法》。

(4)《城市房地产抵押管理办法》。

2. 技术规程

(1)《房地产估价规范》。

(2)《城镇土地估价规程》。

(3)《房地产抵押估价指导意见》。

3. 权属资料

(1)《房屋所有权证》复印件。

(2)《土地使用权证》复印件。

4. 公司资料

(1)市场调查资料。

(2)现场查勘资料。

(八)估价原则

在独立、客观、公正的前提下,本报告遵循了合法原则、最高最佳使用原则、估价时点原则、替代原则、谨慎原则。

(九)估价方法

本次评估采用成本法、收益法分别进行测算,以上述两种估价方法得出的结果经定量和定性分析后,确定估价对象的最终价值。

(十)估价结果

我公司估价人员根据估价对象的特点及本次估价目的,遵循独立、客观、公正、合法和谨慎的原则,按照估价程序,在认真勘察现场、查阅现有资料的基础上,通过对影响不动产价格因素的综合分析,选用成本法(表 3-22)和收益法(表 3-23),综合评估出估价对象于估价时点的评估价值。

表 3-22　　　　　　　工业用房评估明细表(成本法)

	各项内容	金额 (元/平方米)	评估说明
1	土地取得成本	689	利用市场法求取
2	房屋建筑物重置成本	1 196	
2.1	开发成本	793	
2.1.1	建筑安装工程费	630	参照当地建筑市场行情确定该建筑物的建筑安装工程费为 630 元/平方米
2.1.2	勘察设计等前期工程费	50	根据当地工程造价概预算的一般标准及政府的有关收费规定,按建筑安装工程费的 8%计算
2.1.3	基础设施及公共配套设施建设费	100	参照类似工业不动产开发项目以及结合评估对象的具体状况,确定评估对象的基础设施建设及公共配套设施建设费为 100 元/平方米
2.1.4	开发期间税费	13	按房屋建筑安装工程费的 2%计
2.2	管理费用	44	一般为土地取得成本和开发成本之和的 2%～3%。根据本次评估对象的规划建设项目特点和投资规模,管理费按 3%计
2.3	销售费用	56	按照通常情况,取开发完成后价值的 3%
2.4	利息	49	根据建设工期确定建造期为 1 年,利率取当年中国人民银行发布的 1 年期人民币贷款基准利率 4.35%,土地费用于期初一次性投入,开发成本、管理费用、销售费用于建造期内均匀投入
2.5	销售税费	106	销售税费为开发完成后价值的 5.6%
2.6	开发利润	148	根据当地工业不动产开发投资的成本利润水平,本次估价取直接成本利润率为 10%
3	成新率	86%	
4	建筑物价值(元)	1 954 071	
5	土地价值(元)	1 308 411	
6	评估对象总价(元)	3 262 482	

表 3-23　　　　　　　　　工业用房评估明细表（收益法）

收益价格测算				评估说明
（一）年有效毛收益＝A×B×C	A	建筑面积（平方米）	1 899	根据《房屋所有权证》证载面积
		可出租面积比率	1%	按幢出租，可出租面积与《房屋所有权证》证载一致
		可出租面积（平方米）	1 899	
	B	年租金水平（元/平方米）	138	
	C	出租率	0.85	根据当地同类型房地产平均出租率确定
	年有效毛收益（元）		222 753	
（二）年总运营费用＝D+E+F+G+H+I+J	D	管理费	6 683	一般为年有效毛收入的2%～3%，遵循谨慎原则，本次取值3%
	E	房产税	26 730	年有效毛收入的12%
	F	增值税	11 138	年有效毛收入的5%
	G	城市维护建设税	780	增值税的7%
	H	教育费附加	334	增值税的3%
	I	保险费	4 542	房屋重置成本的0.2%
	J	维修费	45 424	房屋重置成本的2%
	年总运营费用（元）		95 631	
（三）年净收益 a=（一）-（二）			127 122	
（四）报酬率 y			5.5%	采用安全利率加风险调整值法确定
（五）可收益年限 n			40	通过对建筑物经济寿命及土地法定剩余年期综合确定
（六）计算公式（收益价值 P）			$P=a\div y[1-1\div(1+y)^n]$	
（七）计算结果（收益价值 P）（元）			2 039 815	

　　成本法是通过不动产各构成部分的价值累加，从而推算出估价对象客观合理的整体价值，其评估结果被认为是可靠的；而收益法一定程度上难以及时反映市场行情、不动产租金的增长速度远远低于不动产本身价值的增值速度、房屋的投资价值等实际情况，综合以上考虑，本次估价拟采用成本法测算结果为最终估价结果，如表 3-24 所示。

表 3-24　　　　评估结果汇总表(采用成本法测算结果为最终评估结果)

评估对象	总层数	面积 (平方米)	用途	结构	建成年份	评估单价 (元/平方米)	评估总价 (万元)
厂房	2	1 899		钢混	2006	1 029	195.41
土地		1 108	工业用地			689	130.84
合计							326.25

第一,未设立法定优先受偿款的市场价值。

评估总价:RMB 326.25 万元,折合平均单价为 1 718 元/平方米。

第二,需扣减的估价人员知悉的法定优先受偿款。

根据委托方提供资料及查勘掌握的情况,截止估价时点,估价人员知悉估价对象不存在特定的法定优先受偿款。

第三,抵押价值。

评估总价:RMB 326.25 万元,折合平均单价为 1 718 元/平方米。

大写:叁佰贰拾陆万贰仟伍佰元整。

(十一) 估价人员

中国注册房地产估价师　　　　　　房地产估价师注册号　　　　　　签章

王小华

谢　华

(十二) 估价作业日期

2025 年 6 月 12 日至 2025 年 6 月 16 日。

(十三) 估价报告应用的有效期

本估价报告应用的有效期为报告出具之日起 1 年内有效,即自 2025 年 6 月 16 日至 2026 年 6 月 15 日止。

(十四) 变现能力分析和风险提示

1. 变现能力分析

按照《房地产抵押估价指导意见》,我们主要从三个方面分析变现能力,即抵押不动产的通用性、独立使用性或可分割转让性。

估价对象为普通工业用房,建筑物形式、结构、布局较合理,厂房专业性一般,通用性一般。估价对象受周边不动产的影响较小,其独立使用性和分割转让性较好。

2. 风险提示

不动产价格由市场的供给与需求决定,影响供给与需求的因素不断发生变化,所以不动产抵押价值也处于变动之中。对可能导致不动产抵押价值变化的情况,我们预计有如下几种:

(1) 抵押期限内抵押人继续使用房屋,建筑物在使用过程中会发生物质磨损,这种磨损无法避免,其程度与使用年限、使用强度和使用情况有关。

(2) 不动产市场回归理性:由于投资或投机的影响,使得不动产市场价格偏离了正常价格,但是市场一旦回归理性,市场价格将会下跌。

估价技术报告

(一) 估价对象描述与分析

1. 实物状况描述与分析

估价对象建筑物总层数为2层,建筑面积为1 899平方米,建成于2006年,钢混结构,其中1、2层层高分别约为4.2米和3.3米。外墙为墙砖,地面为地砖、水泥砂浆,内墙粉白,天棚为扣板吊顶、白灰粉刷。

该房屋维护状况较好,房屋完损等级评定为完好房,成新率为8.6成新。

土地使用权面积共1 108平方米。该宗地形状较规则,地势平坦,环境一般,基础设施一般,地质、水文状况一般,土地利用较合理,红线内外四通一平(通路、通电、通信、通水;场地平整)。

2. 权益状况描述与分析

根据《房屋所有权证》(证号略),不动产坐落于绍兴市文景路20号(工业园区内),房屋所有权人为浙江四海八方机电设备有限公司,独有,中小企业房屋,房屋总建筑面积为1 899平方米。根据《国有土地使用证》(证号略),土地使用权人为浙江四海八方机电设备有限公司,土地用途为工业用地,地号略,土地取得方式为出让,终止日期2065年6月12日,土地使用权面积1 108平方米。

3. 区位状况描述与分析

评估对象位于绍兴市文景路20号(工业园区内),周边为中小企业厂区。

(二) 市场背景描述与分析

略。

(三) 最高最佳利用分析

遵循最高最佳使用原则,应以估价对象的最高最佳使用为前提估价。

估价对象规划用途为工业不动产,现状用途亦为工业不动产,根据委托方提供的资料、估价人员的现场查勘、对周边配套及不动产市场的调查和分析,估价人员认为估价对象的最高最佳用途为保持现状。

(四) 估价方法适用性分析

本次评估时,采用成本法、收益法分别进行测算,以上述两种估价方法得出的结果经定量和定性分析后,确定估价对象的最终价值。

(五) 估价测算过程(计算结果均四舍五入并取整)

1. 成本法

成本法计算公式为:

旧不动产评估值＝重置成本－建筑物折旧

建筑物折旧＝建筑物重置成本×(1－成新率)

第一,土地取得成本。

根据《房地产估价规范》，考虑到工业土地的成交比较频繁，拟采用市场比较法求取土地价值。

市场比较法计算公式为：

$$土地价值 = \frac{可比实例}{成交价格} \times \frac{交易情况}{修正系数} \times \frac{交易日期}{调整系数} \times \frac{不动产状况}{调整系数}$$

（1）可比实例选择。选取可比实例应该满足以下条件：可比实例应是估价对象的类似不动产，成交日期与估价时点相近，不宜超过1年，且成交价格为正常价格或可修正为正常价格，所以评估人员决定在与估价对象同一工业园区内，并在用途、规模、档次、建筑结构等方面与评估对象相同或相近的不动产交易实例中选取。

（2）比较因素说明。评估人员经过现场勘查，收集交易实例，确定可比实例之后，制作了比较因素说明表，如表3-25所示。

表3-25 比较因素说明表

	比较因素	可比实例A	可比实例B	可比实例C	评估对象
	位置	工业园区	工业园区	工业园区	工业园区 绍兴市文景路20号
	土地单价（元/平方米）	1 083	1 065	1 071	待估
	交易情况	正常	正常	正常	正常
	交易日期	2025-1	2024-11	2024-12	2025-6
区域因素	距区域中心距离	距区域中心1千米	距区域中心1千米	距区域中心1千米	距区域中心1千米
	土地等级	十级	十级	十级	十级
	工业集聚度	工业集聚度一般	工业集聚度一般	工业集聚度一般	工业集聚度一般
	道路通达度	区内有交通型主干道，可通多个方向	区内有交通型主干道，可通多个方向	区内有交通型主干道，可通多个方向	区内有交通型主干道，可通多个方向
	交通便捷度	交通便捷度一般	交通便捷度一般	交通便捷度一般	交通便捷度一般
	基础设施状况	四通	四通	四通	四通
	公共设施状况	公共设施配套一般	公共设施配套一般	公共设施配套一般	公共设施配套一般
	环境优劣度	无污染，环境一般	无污染，环境一般	无污染，环境一般	无污染，环境一般
	周边土地利用方式	周边土地利用以工业为主	周边土地利用以工业为主	周边土地利用以工业为主	周边土地利用以工业为主
实物因素	宗地面积（平方米）	976	1 203	1 102.5	1 108
	土地用途	工业用地	工业用地	工业用地	工业用地

(续表)

比较因素		可比实例A	可比实例B	可比实例C	评估对象
实物因素	剩余使用年限(年)	40	40	40	40
	取得方式	出让	出让	出让	出让
	宗地形状	规则	规则	规则	较规则
	开发程度	场地平整	场地平整	场地平整	场地平整
	宗地地势	平坦	平坦	平坦	平坦
	地质条件	一般	一般	一般	一般
	临路状况	两面临路	一面临路	两面临路	两面临路
权益因素	容积率	1.6	1.6	1.6	1.6
	规划限制	符合当地规划,对土地利用无不利影响	符合当地规划,对土地利用无不利影响	符合当地规划,对土地利用无不利影响	符合当地规划,对土地利用无不利影响

(3) 比较因素条件调整说明,如表3-26所示。

表3-26   比较因素调整说明表

交易情况	评估对象与可比实例A、可比实例B、可比实例C的交易情况均属正常,不需系数调整
交易日期	通过对当地近期土地市场的调查分析,了解到当地工业用地价格整体较为平稳,月上涨幅度为0.3%~0.9%,考虑评估对象实际情况,月上涨幅度取0.7%
距区域中心距离	评估对象与可比实例A、可比实例B、可比实例C均位于工业园区,离区域中心距离相近,不需系数调整
土地等级	评估对象与可比实例A、可比实例B、可比实例C的土地等级相同,不需系数调整
工业集聚度	评估对象与可比实例A、可比实例B、可比实例C的工业集聚度相同,不需系数调整
道路通达度	评估对象与可比实例A、可比实例B、可比实例C的道路情况类似,不需系数调整
交通便捷度	评估对象与可比实例A、可比实例B、可比实例C的交通便捷度相同,不需系数调整
基础设施状况	评估对象与可比实例A、可比实例B、可比实例C的情况类似,不需系数调整
公共设施状况	评估对象与可比实例A、可比实例B、可比实例C的公共配套相同,不需系数调整
环境优劣度	评估对象与可比实例A、可比实例B和可比实例C的情况类似,不需系数调整
周边土地利用方式	评估对象与可比实例A、可比实例B和可比实例C的周边土地利用方式相同,不需系数调整

(区域因素)

(续表)

实物因素	宗地面积	土地面积分为10亩以下、10～15亩、15～20亩、20～25亩和25亩以上四个等级，每相差一个等级则修正系数±2。评估对象与可比实例A、可比实例B、可比实例C的土地面积在同一个等级，不需系数调整
	土地用途	评估对象与可比实例A、可比实例B和可比实例C的用途相同，不需系数调整
	土地剩余使用年限（年）	可比实例A、B、C的土地剩余使用年限与评估对象一致，不需系数调整
	取得方式	评估对象与可比实例A、可比实例B和可比实例C的情况相同，不需系数调整
	宗地形状	宗地形状分为非常不规则、不规则、较规则、规则四个档次，每相差一个档次则修正系数±2
	开发程度	评估对象与可比实例A、可比实例B和可比实例C的情况类似，不需系数调整
	宗地地势	评估对象与可比实例A、可比实例B和可比实例C的情况类似，不需系数调整
	地质条件	评估对象与可比实例A、可比实例B和可比实例C的情况类似，不需系数调整
	临路状况	临路状况分为一面临路、二面临路、三面临路、四面临路四个等级，每相差一个等级则修正系数±2
权益因素	容积率	评估对象与可比实例A、可比实例B、可比实例C的法定容积率接同，不需系数调整
	规划限制	评估对象与可比实例A、可比实例B和可比实例C的情况类似，不需系数调整

（注：1亩＝667平方米）

（4）比较因素指数，如表3-27所示。

表3-27　　　　　　　　　　比较因素指数表

比较因素		可比实例A	可比实例B	可比实例C	评估对象
位置		工业园区	工业园区	工业园区	工业园区绍兴市文景路20号
土地单价(元/平方米)		1 083	1 065	1 071	待估
交易情况		100	100	100	100
交易日期		103.5	104.9	104.2	100
区域因素	距区域中心距离	100	100	100	100
	土地等级	100	100	100	100
	工业集聚度	100	100	100	100
	道路通达度	100	100	100	100
	交通便捷度	100	100	100	100
	基础设施状况	100	100	100	100
	公共设施状况	100	100	100	100

(续表)

比较因素		可比实例 A	可比实例 B	可比实例 C	评估对象
区域因素	环境优劣度	100	100	100	100
	周边土地	100	100	100	100
	利用方式	100	100	100	100
实物因素	宗地面积	100	100	100	100
	土地用途	100	100	100	100
	剩余使用年限	100	100	100	100
	取得方式	100	100	100	100
	宗地形状	102	102	102	100
	开发程度	100	100	100	100
	宗地地势	100	100	100	100
	地质条件	100	100	100	100
	临路状况	100	98	100	100
权益因素	容积率	100	100	100	100
	规划限制	100	100	100	100

(5) 求取土地比准价格：

可比实例 A：

可比价格 A＝可比实例成交价格×交易情况修正系数×交易日期修正系数×不动产状况修正系数＝1 083×100÷100×103.5÷100×100÷102≈1 098.93(元/平方米)

可比实例 B：

可比价格 B＝可比实例成交价格×交易情况修正系数×交易日期修正系数×不动产状况修正系数＝1 065×100÷100×104.9÷100×100÷100≈1 117.19(元/平方米)

可比实例 C：

可比价格 C＝可比实例成交价格×交易情况修正系数×交易日期修正系数×不动产状况修正系数＝1 071×100÷100×104.2÷100×100÷102≈1 094.1(元/平方米)

求取土地比准价格：

由以上计算过程得出三个比准单价相差不大，本次评估时，采用三者算术平均数作为估价对象单价，即

土地比准价格＝(可比实例 A＋可比实例 B＋可比实例 C)÷3
　　　　　　＝(1 098.93＋1 117.19＋1 094.1)÷3≈1 103(元/平方米)

评估对象土地容积率为 1.6，则楼面地价为 1 103÷1.6≈689(元/平方米)(取整)

第二，开发成本。

(1) 建筑安装工程费。结合委托方提供的资料及自身的经验，同时参照当地建筑市场行情确定该建筑物的建筑安装工程费为 630 元/平方米，其中土建工程费为

500元/平方米,安装工程费(包括水、电、消防等)80元/平方米,装饰装修工程费为50元/平方米,则:

建筑安装工程费＝土建工程费＋安装工程费＋装饰装修工程费＝630(元/平方米)

(2)勘察设计等前期工程费。勘察设计及前期费用主要包括可行性研究、工程勘察、环境影响评价、规划及建筑设计、施工的通水、通电、通路及临时用房等开发项目前期工作的必要支出。

根据当地工程造价概预算的一般标准及政府的有关收费规定,按建筑安装工程费的8%计算勘察设计及前期费用＝建筑安装工程费×8%＝630×8%≈50(元/平方米)(取整,下同)。

(3)基础设施建设及公共配套设施建设费。基础设施建设及公共配套设施建设费包括红线内道路、围墙、路灯、泵房、排水及污水处理等,评估人员参照类似工业不动产开发项目以及结合评估对象的具体状况,确定评估对象的基础设施建设及公共配套设施建设费为100元/平方米。

(4)开发期间税费。开发期间税费包括工程监理费、竣工验收费、开发期间政府或有关部门收取的绿化建设费、人防工程费等,按房屋建筑安装工程费的2%计。相关计算为:

开发期间税费＝630×2%≈13(元/平方米)

开发成本合计＝建筑安装工程费＋勘察设计及前期费用＋基础设施建设及公共配套设施建设费＋开发期间税费

≈793(元/平方米)

第三,管理费用。

管理费用包括项目建设所需的项目管理人员工资和办公等2%～3%的费用,根据当地建设项目投资估算的一般标准,一般为土地取得成本和开发成本之和的。根据本次评估对象的规划建设项目特点和投资规模,管理费按3%计。相关计算为:

管理费用＝(土地取得成本＋开发成本)×3%
　　　　＝(689＋793)×3%≈44(元/平方米)

第四,销售费用。

销售费用是指预售或销售开发完成后的不动产的必要支出,包括广告费、销售资料制作费、销售人员费用等。

按照通常情况,取开发完成后价值的3%(开发完成后价值设定为V)计算。

销售费用＝3%V

第五,投资利息。

根据建设工期确定建造期为1年,利率取当年中国人民银行发布的1年期人民币贷款基准利率4.35%,土地费用于期初一次性投入,开发成本、管理费用、销售费用于建造期内均匀投入。相关计算为:

投资利息＝土地取得成本×[(1+4.35%)−1]+(开发成本＋管理费用＋3%V)×[(1+4.35%)$^{0.5}$−1]

第六,销售税费。

销售税费为开发完成后价值的5.6%。

销售税费=5.6%V

第七,开发利润。

根据当地工业不动产开发投资的成本利润水平,评估对象合理开发周期为1年,本次估价取直接成本利润率为10%。相关计算为:

开发利润=(土地取得成本+开发成本)×10%≈148(元/平方米)

不动产(房地)重置成本:

V=土地取得成本+开发成本+管理费用+销售费用+投资利息
　　+销售税费+开发利润

V=689+793+44+3%V+689×[(1+4.35%)-1]+(793+44+3%V)
　　×[(1+4.35%)$^{0.5}$-1]+5.6%V+148

求得:V≈1885(元/平方米)

第八,成新率。

评估人员通过对房屋建筑物的现场勘查,结合相关资料,进行了现场打分。结构部分90分,装修部分80分,设备部分60分。再经查表得出2层钢混结构的建筑物修正系数G=0.8,S=0.1,B=0.1。

则成新率=(90×0.8+80×0.1+60×0.1)÷100×100%=86%

建筑物折旧=建筑物重置成本×(1-成新率)
　　　　　=(1885-689)×(1-86%)≈167(元/平方米)

第九,评估对象总价。

评估对象单价=不动产(房地)重置成本-建筑物折旧
　　　　　　=1885-167=1718(元/平方米)

评估对象总价=评估对象单价×建筑面积=1718×1899=3262482(元)

各项内容求取结果如表3-28所示。

表3-28　　　　　　　　　各项内容求取

	各项内容	数值
1	土地取得成本(元/平方米)	689
2	房屋建筑物重置成本(元/平方米)	1 196
2.1	开发成本(元/平方米)	793
2.1.1	建筑安装工程费(元/平方米)	630
2.1.2	勘察设计等前期工程费(元/平方米)	50
2.1.3	基础设施及公共配套设施建设费(元/平方米)	100
2.1.4	开发期间税费(元/平方米)	13
2.2	管理费用(元/平方米)	44

（续表）

	各项内容	数值
2.3	销售费用(元/平方米)	56
2.4	利息(元/平方米)	49
2.5	销售税费(元/平方米)	106
2.6	开发利润(元/平方米)	148
3	成新率	86%
4	建筑物价值(元)	1 954 071
5	土地价值(元)	1 308 411
6	评估对象总价(元)	3 262 482

2. 收益法

第一，年出租收入。

周萍对评估对象所在区域相似工业类不动产进行了租金调查，选取了三个可比实例（租金内涵：含物业管理费，不含水费、电费等），如表3-29所示。

表3-29　　　　　　　　可比案例租金表　　　　单位：元/(月·平方米)

序号	物业名称	租金
1	工业园区	9.21
2	工业园区	10.53
3	工业园区	12.08

评估人员分析评估对象所处区域类似不动产的租金水平主要集中在9~12元/(月·平方米)。将评估对象与可比案例在相邻关系、空间位置、建成年代、建筑结构、档次标准等各方面分析比较，综合考虑，判定评估对象的租金为11.5元/(月·平方米)，含物业管理费，不含水费、电费等，则年租金收入为138元/平方米。

第二，求取年净收益。

年潜在毛收入按照正常客观收益计算：年潜在毛收入＝1 899×138＝262 062(元)

年有效毛收入根据当地同类型不动产确定平均出租率为85%，则：

评估对象有效毛收入＝潜在毛收入×出租率＝262 062×85%≈222 753(元)

评估对象年总费用：

(1)税费。出租房屋并取得收入涉及的税主要包括增值税、城市维护建设税、教育费附加、房产税等。其中一般纳税人出租其2016年4月30日前取得的不动产，可以选择适用简易计税方法，按照5%的征收率计算增值税。

房产税＝年有效毛收益×12%≈26 730(元)

增值税＝年有效毛收益×5%≈11 138(元)

城市维护建设税＝增值税×7%≈780(元)

教育费附加＝增值税×3%≈334(元)

(2) 维修保养费,是指为保障房屋正常使用每年需支付的修缮费。根据评估对象不动产档次和房屋需维修保养的状况,按房屋重置价值的 2% 计算。

维修保养费 = 1316 × 1 899 × 2% ≈ 49 982(元)

(3) 保险费,是指不动产所有人为使自己的不动产避免意外损失而向保险公司支付的费用。按房屋重置价值的 0.2% 计算则保险费为:

保险费 = 1 196 × 1 899 × 0.2% ≈ 4542(元)

(4) 管理费,是指工作人员的工资、福利等经营管理所需的费用,一般为年有效毛收入的 2%～3%,本次取值 3%,则管理费为:

222 753 × 3% ≈ 6 683(元)

(5) 评估对象年总费用为上述(1)～(4)项费用之和,则:

评估对象年总费用 = (1) + (2) + (3) + (4) = 95 631(元)

评估对象年净收益

评估对象年净收益 = 评估对象年总收益 − 评估对象年总费用
$$= 222\,753 - 95\,631 = 127\,122(元)$$

第三,收益年限。

建筑物剩余经济寿命晚于建设用地使用权剩余期限结束。则估价对象可收益年限以建设用地土地使用权剩余使用年限为准,即 40 年。

第四,报酬率。

评估人员采用安全利率加风险调整值法确定报酬率。评估对象为已建成的不动产,具有不可移动性,且不动产政策变动较快,因此不动产市场存在一定投资风险,综合分析工业用途不动产风险调整值在 3%～5%,本次评估风险调整值取其平均值 4%。安全利率取中国人民银行近期公布的 1 年期存款利息率 1.5%,故确定不动产报酬率为 5.5%,评估对象尚可取得收益年限 n 为 40 年,则评估对象不动产价值为:

第五,工业用房收益价格的测算。

不动产总价 = 127 122 ÷ 5.5% × [1 − 1 ÷ (1 + 5.5%)^{40}] ≈ 2 039 815(元)

3. 不动产价格的确定

根据不动产估价规范及估价对象的具体情况,本次评估分别采用了成本法和收益法进行测算,通过成本法求得估价对象总价为 3 262 482 元,通过收益法求得估价对象的总价为 2 039 815 元,两种方法测算的结果差距较大。成本法是通过不动产各构成部分的价值累加,从而推算出估价对象客观合理的整体价值,其评估结果被认为是可靠的;而收益法由于难以及时反映市场行情、不动产租金的增长速度远远低于不动产本身价值的增值速度、房屋的投资价值等实际情况。综合以上考虑,本次估价拟采用成本法测算结果为最终估价结果。则:

估价对象总价 = 326.25(万元)

估价对象单价 = 326.25 ÷ 1 899 = 1 718(元/平方米)

(六) 估价结果确定

我公司估价人员根据估价对象的特点及本次估价目的,遵循独立、客观、公正、合法和谨慎的原则,按照估价程序,在认真勘察现场、查阅现有资料的基础上,通过对影响不动产价格因素的综合分析,选用成本法和收益法,综合评估出估价对象于估价时点的评估价值如表 3-30 所示。

表 3-30　　　　　　　　　　　评估对象评估结果表

评估对象	总层数	面积（平方米）	用途	结构	建成年份	评估单价(元/平方米)	评估总价（万元）
厂房	2	1 899		钢混	2006	1 029	195.41
土地		1 108	工业用地			689	130.84
合计							326.25

第一,未设立法定优先受偿款的市场价值。

评估总价:RMB 326.25 万元,折合平均单价为 1 718 元/平方米。

第二,需扣减的估价人员知悉的法定优先受偿款。

根据委托方提供资料及查勘掌握的情况,截至估价时点,估价人员知悉估价对象不存在特定的法定优先受偿款。

第三,抵押价值。

评估总价:RMB 326.25 万元,折合平均单价为 1 718 元/平方米。

大写:叁佰贰拾陆万贰仟伍佰元整。

评估报告附件

（1）《房屋所有权证》复印件。
（2）《土地使用权证》复印件。
（3）估价对象照片。
（4）估价人员资质证书复印件。
（5）估价机构资质证书复印件。
（6）估价机构营业执照复印件。

3-11 素养引领：
虚假抵押估价报告
骗取银行贷款不可为

【知识地图】

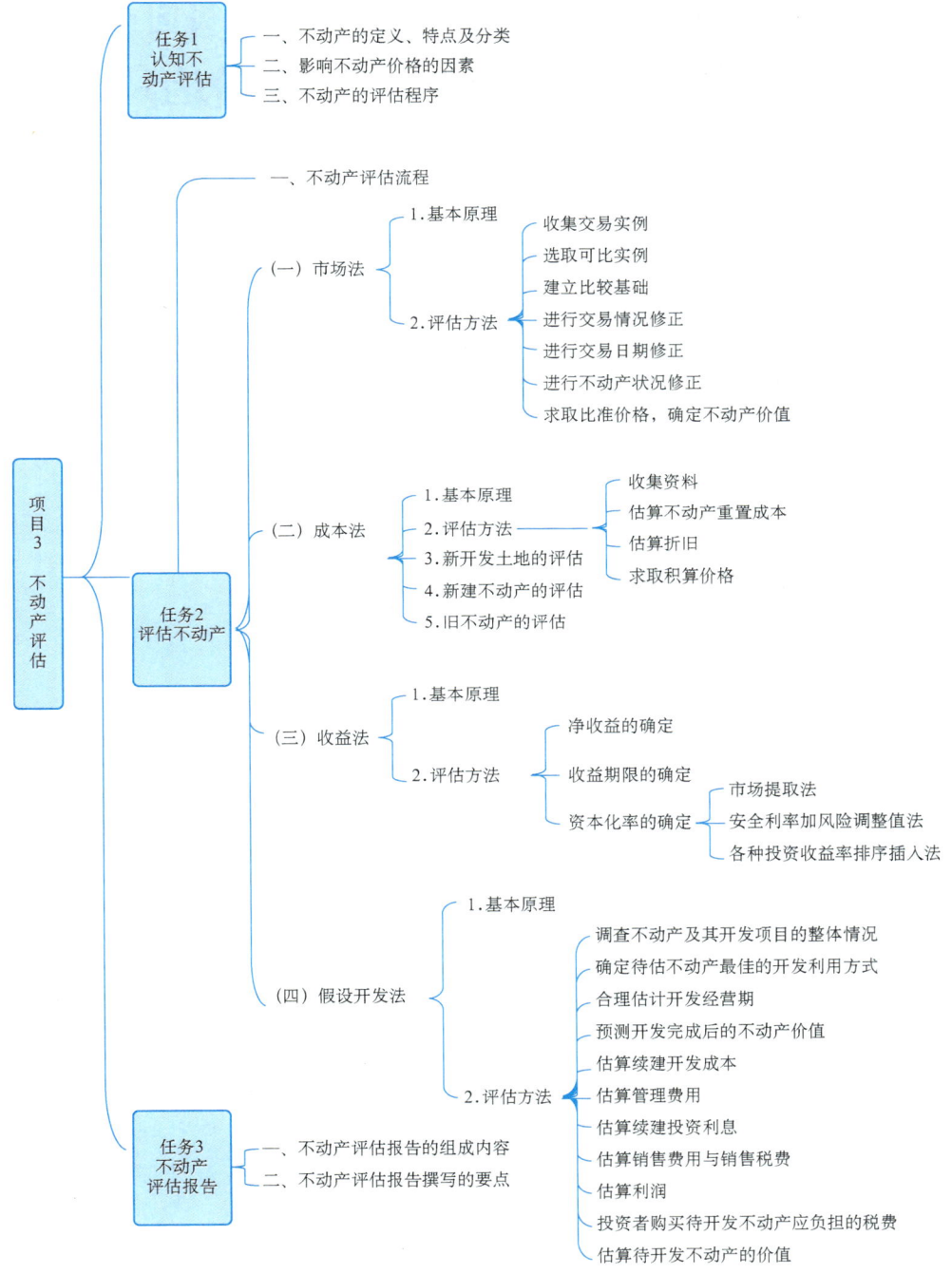

【考证直通】

3-12 考证园地：
不动产评估考点归纳

3-13 考证园地：
不动产评估考证
题库及答案

3-14 考证园地：
不动产评估考证
辅导视频

【辅教导学】

3-15 习题训练：
不动产评估
课后作业

3-16 习题训练：
不动产评估随堂练习
及课后作业答案

3-17 拓展阅读：
不动产评估
教学课件

3-18 拓展阅读：
房地产评估规范

3-19 素养引领：
思政案例分析题

项目 4 无形资产评估

【知识目标】

1. 理解无形资产评估的特点；
2. 掌握无形资产的定义和分类；
3. 掌握无形资产的评估方法和适用范围。

【技能目标】

1. 能根据不同种类的无形资产判断使用恰当的方法评估；
2. 能够运用收益法评估无形资产价值；
3. 能够运用市场法和成本法评估无形资产价值；
4. 能够运用收益法评估专利资产、商标资产、著作权资产和商誉价值；
5. 能够完成无形资产评估报告。

【素养目标】

1. 树立独立、客观和公正的基本原则，评估无形资产；
2. 培养廉洁自律的职业意识；
3. 树立知识产权意识。

【引导案例】

王子睿是资产评估专业的大三学生,2025 年 1 月开始进入浙江中信资产评估公司实习。2025 年 4 月,浙江中信资产评估公司接受浙江钢正有限责任公司的委托,要求对该公司的无形资产进行评估。评估基准日是 2025 年 4 月 5 日。浙江钢正有限责任公司是一家以钢铁为主、多业并举的融实业、影视和贸易为一体的公司集团。评估公司让王子睿跟着王慧师傅学习,参与本项评估。随后,王慧师傅带着王子睿入驻公司,并通过与财务人员沟通,获取无形资产明细账,整理得到浙江钢正有限责任公司无形资产明细表一份,具体如表 4-1 所示。

表 4-1　　　　　浙江钢正有限责任公司无形资产明细表　　　　　单位:万元

序号	名称	账面价值
1	一种减少焊缝的不锈钢生产工艺	364.21
2	品牌名称:钢正	2 585.34
3	钢正办公管理软件	17.28
4	商誉	无

【知识准备】

任务 1　认知无形资产评估

在知识经济时代,经济全球化进程在进一步加剧,应该承认的是无形资产的地位和作用有一个不断提升的过程,当市场竞争日趋激烈,企业的经营活动日趋复杂时,无形资产在不断增加,同时其地位和作用也趋向核心。无形资产评估的重要性日益凸显。

一、无形资产的定义和分类

(一)无形资产的定义

无形资产在会计学、经济学和资产评估等领域均被广泛使用。不同领域对无形资产有不同的叙述和界定。我国资产评估准则《资产评估执业准则——无形资产》(中评协〔2017〕37 号)第二条规定,本准则所称无形资产,是指特定主体拥有或者控制的,不具有实物形态,能持续发挥作用并且能带来经济利益的资源。比如,专利权、著作权、专有技术、销售网络、客户关系、特许经营权、合同权益、域名和商誉等无形资产。

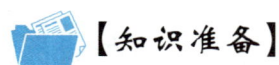想一想:资产评估中的无形资产定义与会计学中的无形资产定义有什么不同?

(二)无形资产的分类

无形资产可按不同分类标准分类,具体如下。

1. 按取得无形资产的方式分类

无形资产按取得方式不同，分为自创无形资产和外购无形资产两类。

（1）自创无形资产。自创无形资产是指本公司自行研制创造而获得的，如自创专利权、自创商标权和自创技术秘密等。

（2）外购无形资产。外购无形资产是指公司从外单位或个人购入的无形资产，如外购商标权和外购著作权等。

2. 按无形资产能否辨认及独立存在分类

无形资产按能否辨认及独立存在，分为可辨认无形资产和不可辨认无形资产两类。

（1）可辨认无形资产。可辨认无形资产是分割的，即可以单独对外出租、出售、交换而不须同时处置在同一获利活动中的其他资产的无形资产，包括专利权、商标权、著作权、专有技术和域名等。

（2）不可辨认无形资产。不可辨认无形资产是指不能分割的，不能单独取得或转让，也不能脱离公司的无形资产，如商誉。商誉的价值包含在企业整体价值之中，其评估通常需要基于企业整体价值评估而进行。

3. 按无形资产是否有专门法律保护分类

无形资产按是否有专门法律保护，分为有专门法律保护的无形资产和无专门法律保护或法律不保护的无形资产两类。

（1）有专门法律保护的无形资产。有专门法律保护的无形资产即法定无形资产，一般需要按照一定的法定程序才能取得，在一定期限内受到国家法律的保护。例如，经过国家专利部门批准公布的专利权、经商标管理部门批准的商标权等。

（2）无专门法律保护或法律不保护的无形资产。此类无形资产一般不受专门的法律保护，如专有技术（非专利技术）、经营秘密等。一旦该类无形资产被公开，便失去其原有的价值。

4. 按无形资产的性质和属性分类

无形资产按其性质和属性不同，可分为知识型无形资产、权利型无形资产、关系型无形资产和组合型无形资产四类。

（1）知识型无形资产。知识型无形资产通常是指通过人类智力劳动创造形成的成果，以及包含、凝结和体现人类智力劳动成果的无形资产。典型代表有知识产权范畴的无形资产。知识产权通常包括工业产权和著作权。

（2）权利型无形资产。权利型无形资产是指特定当事人经由政府、公司或他人授权，并通常会通过书面（或非书面）契约的形式，以特定当事人付费（或非付费）为代价，获得的能给特定当事人带来超额收益的相关权利，如租赁权、特许经营权和专卖权等。

（3）关系型无形资产。关系型无形资产是指特定主体通过提高公司经营管理水平、商品质量、服务质量和商业信誉等方式逐渐建立起来的经济资源。与权利型无形资产不同的是，关系型无形资产主要依赖于与相关业务当事人建立非契约性的信任关系。这种能够持续给特定权利主体带来经济利益的非契约性的商业信任关系构成

特别提示： 不同获得方式下的无形资产价值在公司账面上的反映有较大的不同，即公司无形资产可能包括账面无形资产和账外无形资产两部分。自创无形资产仅反映账面价值，评估时须考虑账外部分。

术语解析： 商誉通常是指公司在同等条件下，能获得高于正常投资报酬率所形成的价值。

关系型无形资产的基本内容,如销售网络、客户关系和专家网络等。

(4)组合型无形资产。组合型无形资产是指由多种因素综合形成的无形资产,如商誉。这类资产的价值源泉无法和具体的因素对应起来,不能一一区分各种因素的综合结果。因此,它通常被称为组合型无形资产,组合型无形资产是各种难以独立存在或难以辨识的无形资产的总和,如属于公司管理和公司文化范畴的无形资产。

(三)无形资产的特征

无形资产与其他有形资产相比,有自身的特征,具体体现为形式特征和功能特征。

1. 无形资产的形式特征

(1)非实体性。非实体性是无形资产的最显著的基本特征,不具有实物形态,因而不存在实体性贬值。需要指出的是,无形资产的非实体性是相对的,因为它可以依附于一定载体而呈现实体性。

(2)排他性。排他性是指无形资产特定权利只与特定主体有关,可以通过特定主体自身保护取得、法律保护取得和社会公认的信誉取得的特征。

(3)效益性。效益性是指无形资产能够以一定方式,直接或间接地为其控制主体(所有者、使用者或投资者)创造效益,并且能够在较长时间内持续产生经济效益的特征。该特征是无形资产最本质的特征。

(4)**不完整性**。不完整性体现在以下两个方面:①与购建无形资产相对应的各项费用是否计入无形资产的成本,是以费用支出资本化为条件的,在公司生产经营过程中,科研费用一般都比较均衡地发生,并且比较稳定地为生产经营服务,因而我国现行财务制度一般把科研费用从当期生产经营费用中列支,而不是先对科研成果进行费用资本化处理,再按无形资产折旧或摊销的办法从生产经营费用中补偿。因此,公司账簿上反映的无形资产成本是不完整的,大量账外无形资产的存在是不可忽视的事实。②即使是按国家规定进行费用支出资本化的无形资产的成本核算一般也是不完整的。因为无形资产的创立具有特殊性,有大量的前期费用,如培训、基础开发或相关试验等往往不计入该无形资产的成本,而是通过其他途径进行补偿。

(5)**弱对应性**。无形资产的创建会经历基础研究、应用研究和工艺生产开发等漫长过程,成果的出现带有较大的随机性、偶然性和关联性。有时有这类情形发生:在一系列的研究失败之后偶尔出现一些成果,由其承担所有的研究费用显然不够合理。而在大量的先行研究(无论是成功还是失败)成果的积累之上,往往可能产生一系列的无形资产,然而这些研究成果是否应该以及如何承担先行研究的费用是很难判断的,因而开发无形资产的费用测算比较困难。

(6)**虚拟性(象征性)**。无形资产的成本具有不完整性、弱对应性的特征,因而无形资产的成本往往是相对的,特别是一些无形资产的内涵已经远远超出了其外在形式的含义,这种无形资产的成本只具有象征意义。例如,商标成本核算的是商标的设计费、登记注册费、广告费等。而商标的价值内涵是标示商品的质量信誉,这种无形资产的价值是很难用商标设计费、登记注册费、广告费度量的,商标形式本身所耗费的成本只具有象征性。

特别提示: 无形资产所具有的不完整性、弱对应性和虚拟性使得其实际价值与重置成本之间可能严重脱节,这些因素会导致在评估一些无形资产时成本法不适用。

2．无形资产的功能特征

（1）依附性。无形资产不具有实物形态，所以必须依附于一定的实物载体才能够发挥作用。例如，专利权的获利能力通常借助于生产工艺、设备体现；著作权的获利能力通常借助于影视作品、小说、图书、软件等物质载体体现；商誉需要通过整体企业的经营管理水平和效益体现。

（2）共益性。共益性是指一项无形资产可以在不同的地点、同一时间、由不同的主体所使用的特征。这一特征是无形资产区别于有形资产重要的特征。例如，一项专利在一个企业使用的同时，并不影响将其转让给企业使用。

（3）积累性。积累性主要体现在两个方面：①无形资产总是在生产经营的一定范围内发挥特定的作用，其形成在一定程度上基于其他无形资产的发展。②无形资产的形成不是一蹴而就的，而是展现出一个动态的发展过程。无形资产的成熟程度、影响范围和获利能力处于不断积累和演进中。

（4）替代性。替代性是一种无形资产可能被更新的无形资产所取代，如一种技术取代另一种技术。新产品需要在原有积累的基础上继承并进一步创造出新理念的先进产品，从而替代原有的旧技术。无形资产的这一特征也反映了其获利不稳定的一面，在评估中会涉及预测无形资产的有效作用期间，即尚可以使用年限，这取决于该领域内技术进步的速度和无形资产所面临的竞争。

二、无形资产评估的定义和特征

（一）无形资产评估的定义

无形资产评估是对评估基准日特定目的下的无形资产价值进行评定和估算，并出具无形资产评估报告的专业服务行为。

（二）无形资产评估的特征

无形资产的自身属性决定了无形资产评估独有的特征，具体体现在如下几个方面。

1．复杂性

复杂性主要体现在以下两个方面：①无形资产种类多，可比性差，通常以单项资产评估为主，即需要结合每项无形资产的特征确定其最终价值。②从无形资产的评估方法来看，无形资产大多采用收益法进行评估。收益法评估涉及多种参数的确定，每一个参数的微小偏差都可能对最终结果造成巨大差异。尤其是在预测无形资产未来预期收益时，其获得收益的持续时间、收益额和折现率都存在大量不确定因素，因此，在进行评估工作时要做大量精细复杂的研究才能够保证最终结果的准确度。除此之外，无形资产是否发挥作用与宏观经济环境有着较为密切的联系。但对于宏观经济环境的研究和把握需要考量多种相关因素，进行全面、系统的分析和测算，并且需要大量数据和资料作为支撑，计算工作量大，耗费时间长。

2．动态性和预测性

由于市场更新换代较快，无形资产所能够带来的超额收益也在不断变化之中。除了宏观经济环境，政策因素也有可能对该项无形资产的收益时间和收益额造成影

特别提示：技术进步导致工艺的替代，技术的更新，也直接导致无形资产获利的不稳定性，在所有资产里面，风险也是最大的。

响。在这种情况下,利用收益法进行无形资产评估,需要合理预测无形资产的未来预期收益时间和收益额等,并根据宏观政策环境调整无形资产的属性参数,所以,无形资产评估具有明显的预测性和动态性。

3. 需要结合无形资产的载体和作用空间进行评估

无形资产对于公司来说其作用是巨大的,尤其是对于轻资产类高新技术公司,无形资产能为其拥有者带来经济利益。无形资产若要发挥作用,必须依附于有形资产或者相关载体。而且无形资产作用的大小与其依附的有形资产及相关载体的质量、规模等都有着密切的联系,无形资产价值与其附着载体以及无形资产发挥作用的空间具有较强的对应性。例如,专利权或非专利技术作用的发挥需要借助于专用设备、特殊的工艺和特定的公司,而这些载体的数量、质量、工艺和先进水平都会影响专利权或非专利技术作用的发挥和价值的实现。不仅如此,载体的软实力,如工艺流程的水平和合理性、运用技术的公司生产经营规模、管理水平和市场营销能力等都会对无形资产价值产生一定影响。因此,在评估无形资产时,需要结合载体和作用空间综合分析其作用及价值大小。

4. 需要结合法律保护状况进行评估

大部分无形资产都是受专门法律保护的无形资产,其权利的存在与维持都需要法律作为支撑和保护。以专利权为例,根据其权利状态与法律保护之间的关系可以分为专利权、申请专利和申请中的专利,分别对应专利权的不同进程。从资产评估的角度,上述三种不同法律状态下的专利都可以作为评估对象,但其对应的价值却存在非常大的差异,在评估过程中需考虑其权益的确定程度、受法律保护的程序,综合确定无形资产的价值。

💡 **想一想**:无形资产评估与具有实物的资产评估有哪些区别呢?

4-1 习题训练:　　　4-2 微课视频:
项目 4 随堂练习一　　认知无形资产评估

三、无形资产的评估方法

无形资产的评估方法包括收益法、成本法和市场法三种。

(1)采用收益法评估无形资产一般是通过测算该项无形资产所产生的未来预期收益并折算成现值,借以确定被评估无形资产的价值。具体应用形式包括许可费节省法、增量收益法和超额收益法。收益法一般适合评估技术、顾客关系、商标和特许经营权等类似无形资产。通常,这些无形资产不具有替代性或替代性很弱,主要是因为这些无形资产或者是一些特定主体创造性劳动的结晶,不是可以随意获取的,如专利、专有技术和著作权等;或者是由经营者经过长时间积累出来的,如老字号商标、商誉等,不是可以在短时间内重新积累的;或者是由特定权利许可的,其他人员不具有该许可的权利,如特许经营权。这些无形资产或者无法重置,或者其价值不能以其研发凝聚的一般物化劳动来衡量,因此,这些无形资产不适用成本法,一般较为适合采用收益法。

(2) 采用成本法评估无形资产,一般通过测算该项无形资产重置成本减去各项贬值借以确定被评估无形资产的价值。一般情况下,具有以下特征的无形资产可以采用成本法评估:①具有可替代性,即其功能作用易于被其他无形资产替代。②重置该无形资产在技术上可行,重置其所需物资劳动易于计量,也就是重置该无形资产的成本易于计量。③重置该无形资产在法律上可行,也就是法律上没有对重新研发该无形资产或者其替代物进行限制。通常,成本法比较适合评估第三方购买、内部开发和使用的计算机软件著作权资产。此外,由于自创的无形资产往往不能将其全部的研发费用计入账面价值中,因此在实务中就会出现一种需求,这种需求是委托人希望知道,如果目前研发该项无形资产需要多少人力、物力的投入。这种情况也会使成本法在无形资产评估中被选用。

(3) 市场法评估无形资产是指从公开市场上,选择与被评估无形资产相同或类似的近期交易实例作为参照物,并通过直接比较或类比分析,从而确定无形资产的价值。由于无形资产的排他性、垄断性等特点决定了可比无形资产的交易实例较少,因此运用市场法评估无形资产受很大的限制。因此,可比交易实例成为无形资产能否采用市场法的最重要的判断依据。市场法主要依赖可比案例的可获得性,如果可以收集到相关可比案例,则市场法适用;否则,市场法就没有适用性。市场法通常适合评估技术或专利资产、域名等无形资产。

💭 **想一想**:收益法、市场法和成本法中,哪个是评估无形资产价值的首选方法?

四、无形资产的评估程序

(一) 接受委托,明确评估目的

无形资产评估的目的有多种情形,如无形资产出资,单项无形资产或无形资产组合的所有权或使用权转让,无形资产质押,以法律诉讼、管理、保险、租赁为目的而涉及的无形资产评估。

(二) 明确评估对象

明确评估对象,即明确无形资产是否存在,确认无形资产的种类等。

(三) 整理收集评估所需资料

整理收集评估资料为确定评估方法和撰写评估报告奠定基础。所需资料一般包括:

(1) 与无形资产相关的法律权属资料,如专利证书、注册商标证书等。

(2) 反映无形资产获利能力的相关资料,如专利资产的实施及获得利益情况的资料、商标资产与相同产品的竞争优势资料等。

(3) 反映无形资产性质和特征、历史和目前发展状况相关的资料。

(4) 反映无形资产的剩余经济寿命和法定寿命、保护措施的相关资料。

(5) 反映无形资产实施的范围、获利方式和限制条件的相关资料。

(6) 反映无形资产交易、质押、出资情况和市场交易的相关资料。

(7) 反映无形资产所在的宏观经济环境、行业状况和企业状况等。

（四）评估估算

根据评估目的、评估对象、资料收集情况等具体情况，分析评估方法的适用性，恰当选择评估方法，并根据选定的评估方法进行评定估算，确定无形资产评估结果。

（五）出具评估报告

评估完成后，进行自查，对计算过程、基础数据以及参数选取等进行核实，再拟定评估报告书及评估说明，出具正式的评估报告。

五、无形资产的评估流程

评估人员在进行无形资产评估时一般按照如图 4-1 所示的流程进行。该流程适用于专利资产评估、商标资产评估、著作权资产评估和商誉资产评估。

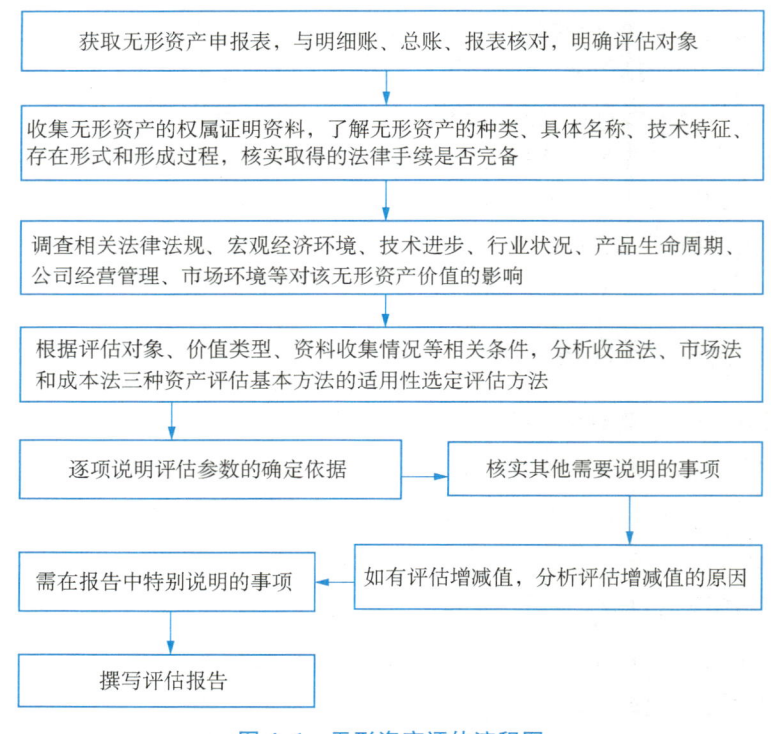

图 4-1　无形资产评估流程图

任务 2　评估专利资产

一、专利资产概述

（一）专利与专利权

专利是指由国家专利局或代表几个国家的地区，根据法律批准授予专利所有人在一定期限内对其发明创造享有的独占使用权、转让权和许可权等权利。专利是一个法律概念，在一般情况下是专利权的简称。根据《中华人民共和国专利法》（以下简称《专利法》）的规定，专利可分为发明专利、实用新型专利和外观设计专利。

1. 发明专利

发明专利是指以发明为保护客体的专利权。发明是指对产品、方法或者改进所提出的新的技术方案。发明一般分为产品发明和方法发明两类。产品发明是指人们通过研究开发出来的关于各种新产品、新材料和新物质等的技术方案，如电子计算机、超导材料等。方法发明是指人们为制造产品或者解决某个技术课题而研究开发出来的关于操作方法、制造方法以及工艺流程等的技术方案，如汉字输入方法、无铅汽油的提炼方法等。

2. 实用新型专利

实用新型专利是指以实用新型为客体的专利权。实用新型是指对产品的形状、构造或者其结合所提出的实用的新的技术方案。实用新型具有如下特征：①实用新型是一种新的技术方案。②实用新型仅限于产品，不包括方法。③实用新型要求产品必须是具有固定的形状、构造的产品。气态、液态、凝胶状或颗粒粉末状的物质或者材料，不属于实用新型的产品范围。

3. 外观设计专利

外观设计专利是指以工业品外观设计工作为保护客体的专利权。外观设计是指对产品的形状、图案或者其结合以及色彩与形状、图案的结合所做出的富有美感并适于工业应用的新设计。外观设计具有如下特征：①外观设计必须与产品相结合。外观设计是产品的外观设计，外观设计必须以产品的外表为依托，构成产品与设计的组合。②外观设计必须能在产业上应用。外观设计必须能够用于生产经营目的的制作或生产。如果设计不能用工业的方法复制出来，或者达不到批量生产的要求，就不是《专利法》意义上的外观设计。③外观设计富有美感。外观设计包含的是美术思想，即解决产品的视觉效果问题，而不是技术思想。

此外，在其他国家还设有植物专利、产品专利、方法专利、改进专利、独立专利、从属专利和输入专利等。

(二) 专利资产

1. 专利资产的定义

专利资产是专利权资产的简称，是指专利权人拥有或者控制的，能持续发挥作用并且能带来经济利益的专利权益。与其他无形资产相比而言，专利资产是指申请了专利，受《专利法》保护的一种权利类无形资产。它包括了已申请了的专利及已批准授权的专利。专利需要满足以下三点关键要素才能成为专利资产：①能在经营活动中一段时间内持续发挥作用，而不是偶然一次或几次发挥作用，在其他时间内闲置不发挥作用。②能带来经济利益；也就是该项专利在发挥作用的过程中可以为专利权拥有人带来经济利益。这是非常重要的一点。③专利的获利能力是通过法律保护获得的。法律在对专利提供保护的同时，也对专利保护的条件做出了明确的规定。因此，专利资产一定是已经经过法定程序审查批准并在专利权保护有效期内的一项专利权。下面的专利并不构成专利资产：①对于那些已失效的专利申请或专利，由于已不受专利法的保护，就不能构成专利资产。②该专利已经提出申请，但是尚没有完成专利的审查批准程序，能否形成专利资产不能确定。③该专利虽然已经经过法定审查程序并且已经被批准成为专利，但是该专利发挥作用尚需要经过其他法律法规规定的审查程序，如新药方面的专利，能否获得药品生产许可证尚未确定，未来能否持续发挥作用产生收益尚不能确定。对于第 2 种和第 3 种情形称为或有专利资产，需要采用一些特殊的评估方法。

2. 专利资产特征

专利资产特征具体体现为法律特征、技术特征和经济特征。

第一，法律特征。

专利权是依《专利法》而界定的权利，而相关法律规定不仅确定了保护对象、保护期限及相应权利，而且对权利的获得及要求均做出了详细的规定，这些不仅决定了专利资产的法律特征，而且对专利资产的价值有着显著的影响。专利资产的法律特征体现在如下三个方面：

一是专利资产的时效性。发明专利权的法律保护期限为 20 年，实用新型专利权的期限为 10 年，外观设计专利权的期限为 15 年，均自申请日起计算。

二是专利资产的地域性。专利资产的地域性是指一项技术仅在其获得专利权的国家或地区依当地专利法的规定获得保护。

三是专利资产的约束。专利资产的范围是由权利要求书确定的。

第二，技术特征。

专利法保护的对象是具有公开性、不完整性和不成熟性的技术方案。具体要点如下：

一是专利资产的技术公开性。专利法的实质是给予专利权人一段时期的技术垄断换取技术的公开，从而促进技术进步及科技创新。

二是专利资产的技术可能存在着不完整性。专利资产的技术不完整性主要是由公司及个人在申请专利过程中，会或多或少保留一些技术诀窍，从而影响技术的价值。

三是专利资产的技术可能存在不成熟性。"产品未到，专利先行"已成为当今各公司的基本战略之一，这也使得很多专利技术在申请时并不成熟。

第三，经济特征。

专利资产的经济特征体现在如下四个方面：

一是专利资产具有垄断收益。专利权是一种法定的垄断权，其他公司及个人未经专利权人许可，不能使用该专利技术，这是该专利获得超额收益的保证。

二是专利资产的收益具有不稳定性。技术资产与有形资产相比，其收益能力的确定具有一定的难度，这种难度主要体现为专利在应用过程中存在的风险，包括技术风险、市场风险、资金风险及管理风险。另外，还有专利资产交易价格的不确定性、技术移植的难度及技术交易的多样性。

特别提示：并不是所有的专利权都可以形成专利资产。

三是专利资产的研发成本不易界定。一般而言,技术研发的成本与技术价值往往没有直接的对应关系,而且研制的成本难以核算。同时,公司往往从事多项研究,难以分离某一特定专利资产的成本,从而导致专利资产的研发成本较难界定。

四是专利资产具有独特性,专利资产之间的可比性不强。

💭 想一想:根据专利资产的经济特征,一般采用什么方法进行评估呢?

【心灵启迪】

专利资产评估中的"创新价值"与新时代使命

在专利资产评估中,评估专业人员不仅需要测算其技术贡献、市场收益等经济价值,更要深刻认识到专利背后所承载的创新价值与国家战略意义。以"高价值专利"评估为例,其价值不仅体现在商业回报上,更在于能否突破"卡脖子"技术,推动产业升级、服务国家发展大局。例如,华为5G领域的专利布局不仅为企业创造收益,更提升了我国在全球技术竞争中的话语权。这个例子说明资产评估不仅是经济行为,而且是对国家创新能力的量化见证。

二、专利资产评估方法

(一)收益法

采用收益法评估专利资产一般是通过测算该项专利资产所产生的未来预期收益并折算成现值,借以确定被评估专利资产的价值。具体应用形式包括许可费节省法、增量收益法和超额收益法。

(1)许可费节省法是指测算由于拥有该项资产而节省的向第三方定期支付许可使用费的金额,并对该专利资产经济寿命期内每年节省的许可费支出,通过适当的折现率折现到评估基准日,以此作为该项专利资产的价值的方法。在某些情况下,许可使用费包括一笔期初入门费和建立在每年经营业绩基础上的分成费。其计算公式为:

$$专利资产评估值 = Y + \sum_{t=1}^{n} \frac{R_t}{(1+r)^t}$$

式中 Y——入门费/最低收费额。

K——专利资产分成率,即许可费率。

R_t——第 t 年分成基数。

t——许可期限。

r——折现率。

(2)增量收益法是通过预测由于使用该项专利资产而使公司得到的利润或现金流量,与一个没有使用该项专利资产的公司所得到的利润或现金流量进行对比,将两者的差异作为被评估专利资产所创造的增量收益,然后进行折现得到专利资产的价值的方法。增量收益法多用于评估两种情形下的专利资产价值,即可以使公司产生额外的现金流量或利润的专利资产,以及可以使公司获得成本节约的专利资产。其计算公式为:

$$专利资产评估值 = \sum_{t=1}^{n} \frac{R_t}{(1+r)^t}$$

式中　R_t——第 t 年专利资产预期增量收益。
　　　r——折现率或资本化率。
　　　n——收益年限。

(3) 超额收益法是用归属于目标,专利资产所创造的收益的折现值来确定该项专利资产的价值的方法。具体来说,首先,测算专利资产与其他相关贡献资产共同创造的整体收益;其次,在整体收益中扣除其他相关贡献资产的相应贡献,将剩余收益确定为超额收益;最后,将超额收益折现,获得专利资产价值。超额收益法的计算公式为:

$$专利资产评估值 = \sum_{t=1}^{n} \frac{R_t}{(1+r)^t}$$

式中　R_t——第 t 年专利资产预期超额收益。
　　　r——折现率或资本化率。
　　　n——收益年限。

因此,从许可费节省法、增量收益法和超额收益法公式中得知收益法评估专利资产必须具备三个要素:收益期限、收益额和折现率。

1. 收益期限的确定

专利资产收益期限或称有效期限,是指专利资产能够持续发挥作用,并产生经济利益的时间。

第一,专利资产收益期限包括以下常见类型:

(1) 法定寿命。在一般情况下,有形资产的经济生命周期不会受到法律条文及合同条款的影响,其可以根据管理层的决策一直存在,而专利资产拥有在注册时规定的法定寿命。

(2) 合同有效期限。与专利资产相关的商业合同期限可能会影响其经济分析。这些商业合同包括使用、开发利用合同,境内和境外的许可证合同及转让价格协议。此外,已公开合同更新条款及其历史更新情况都应纳入决定合同有效期的影响因素中。

(3) 经济寿命。经济寿命是指专利资产处于尚可取得利润的期间,由专利资产产生经济收益的能力决定的寿命年限。

第二,专利资产收益期限的确定原则。

有些专利资产在发挥作用的过程中,其损耗是客观存在的。专利资产损耗的价值量是确定专利资产有效期限的前提。专利资产因为没有物质实体,所以,它的价值不会由于其使用期的延长发生实体上的变化,即不像有形资产那样存在由于使用或自然力作用形成的有形损耗,专利资产价值降低的原因主要是无形损耗形成,具体来

说,主要由下列三种情况造成:

一是新的、更为先进、更经济的专利资产出现,原有专利资产价值丧失。

二是因为专利资产传播面扩大,其他公司普遍合法掌握了这种专利资产,使拥有这种专利资产的公司获取超额收益的能力降低,价值减小。

三是实施某项专利资产的产品需求大幅度下降时,这种专利资产价值就会减少,以致完全丧失。

在资产评估实践中,可依照下列方法预计和确定专利资产的有效期限:

一是法律或合同、公司申请书分别规定法定有效期限和受益年限的,按孰短的原则。

二是法律未规定有效期,公司合同或公司申请书中规定有受益年限的,可按照规定的受益年限确定。

三是法律和公司合同或申请书均未规定有效期限和受益年限的,按预计受益期限确定。预计受益期限可以采用统计分析或与同类资产比较得出。

第三,专利资产收益期限确定方法。

(1) 法定年限法。相当一部分专利资产受到法律或合同的特定保护才形成了公司控制的资产,因此,法定保护年限就是其经济寿命的上限。

(2) 更新周期法。更新周期法根据专利资产的更新周期确定其剩余寿命,适用于部分专利权和非专利技术。专利资产更新周期分为产品更新周期和技术更新周期。产品更新周期适用于高技术和新型产业,由于这类行业的产品与科学技术联系紧密,产品更新周期从根本上决定了依附其上的专利资产的更新周期。特别是实用新型设计,必然随着产品的更新而更新;技术更新周期适用于产生新一代技术并替代原有技术的情况,通常需运用同类专利资产的历史经验数据进行统计分析。

(3) 剩余经济寿命预测法。剩余经济寿命预测法可直接评估专利资产尚可使用的经济年限。这种方法是根据综合产品竞争情况、可替代技术和更新趋势做出预测。运用该方法时应与向技术专家、市场营销专家进行咨询相结合,并根据公司特征对个别因素进行修正。

一般来说,专利的法律保护期限一般都高于其实际经济寿命年限,自1985年4月1日实施《专利法》以来,统计数据表明,仅有极少量的专利维持到专利法定寿命。一般专利的寿命在5~12年。在采用收益法进行专利资产评估时确定的收益期限一般按照按剩余经济寿命确定。

【实务要求4-1】 2025年4月,浙江钢正有限责任公司将"一种减少焊缝的不锈钢生产工艺"的专利技术转让给浙江盛达有限责任公司,王子睿跟王师傅一起对该专利技术进行评估。该专利法律保护期为10年,已过3年,尚可保护7年。王师傅通过对该专利的技术论证和发展趋势分析,认为该专利技术剩余使用寿命为5年,王师傅问王子睿该专利技术收益期限是多少?

实务处理:王子睿根据收益期限应该是按剩余经济寿命确定,所以收益期限是5年。

特别提示:无形资产具有获得超额收益能力的时间才是真正的无形资产有效期限。

2. 收益额的确定

收益额是指由专利资产带来的超额收益或追加收益,具体分为增量收益估算、超额收益估算和分成率法三种估算方法。

第一,增量收益估算。

增量收益估算主要是通过未使用专利资产与使用专利资产前后收益情况的对比分析,确定专利资产带来的增量收益额。从专利资产为特定持有主体带来的经济利益上看,我们可以将专利资产划分为由于产品价格的提高形成的收入增长型专利资产和由于公司成本的节约形成的费用节约型专利资产。

(1) 收入增长型专利资产。收入增长型专利资产是指专利资产应用于生产经营过程,能够使得产品的销售收入大幅度增加。

生产的产品能够以高出同类产品的价格销售。在销售量不变、单位成本不变的情况,专利资产增量收益额计算公式如下:

$$R = (P_2 - P_1) \times Q \times (1 - T)$$

式中　R——专利资产增量收益额。

　　　P_2——使用被评估专利资产后单位产品的价格。

　　　P_1——使用被评估专利资产前单位产品的价格。

　　　Q——产品销售量。

　　　T——所得税税率。

生产的产品采用与同类产品相同价格的情况下,销售数量大幅度增加,市场占有率扩大。在单位价格和单位成本不变的情况下,专利资产增量收益额计算公式如下:

$$R = (Q_2 - Q_1) \times (P - C) \times (1 - T)$$

式中　R——专利资产增量收益额。

　　　Q_2——使用被评估专利资产后产品的销售量。

　　　Q_1——未使用被评估专利资产的产品销售量。

　　　P——产品价格。

　　　C——产品的单位成本。

　　　T——所得税税率。

【实战训练 4-1】 2025 年 4 月,王子睿跟王师傅一起对浙江钢焊有限责任公司的耐磨钢生产工艺进行评估。该技术的使用使得钢铁的销量增加到 80 000 吨。已知未使用该技术时,钢铁的销量为 60 000 吨,钢铁的单位销售价格和单位成本保持不变。钢铁销售价格为 300 元/吨,成本为 160 元/吨,所得税税率为 25%。试计算该公司因使用该工艺形成的增量收益额。

解:增量收益额 = (80 000 − 60 000) × (300 − 160) × (1 − 25%) = 2 100 000(元)

(2) 费用节约型专利资产。费用节约型专利资产是指专利资产的应用使得生产产品中的成本费用降低,从而形成增量收益。当假定销售量不变、价格不变时,专利增量收益额计算公式如下:

$$R=(C_1-C_2)\times Q\times(1-T)$$

式中　R——专利资产增量收益额。

　　　C_1——未使用被评估专利资产产品的单位成本。

　　　C_2——使用被评估专利资产后产品的单位成本。

　　　Q——产品销售量。

　　　T——所得税税率。

【实战训练 4-2】 2025 年 4 月,王子睿跟王师傅一起对浙江钢焊有限责任公司的一种转炉炼钢法进行评估。该方法使其生产产品的平均单位成本从 75 元降低至 45 元。假设该公司产品的销售量常年保持在 1 000 000 吨的水平,试估算由该方法带来的增量收益额。

解:增量收益额=(75-45)×1 000 000×(1-25%)
　　　　　　=22 500 000(元)

(3) 与行业平均水平比较。当无法将使用专利资产和没有使用专利资产的收益情况进行对比时,采用专利资产和其他类型资产在经济活动中的综合收益与行业平均水平进行比较,也可以得到专利资产的增量收益。专利资产增量收益额计算公式如下:

专利资产增量收益额=公司收益额-净资产总额×行业平均收益率

【实战训练 4-3】 2025 年 4 月,王子睿跟王师傅一起对浙江钢焊有限责任公司的一种钢板轧制工艺进行评估。评估获取的信息是该方法使用后年收益额为 480 万元,该公司净资产总额为 1 500 万元,公司所在行业的平均收益率为 20%。王师傅让王子睿试计算该方法带来的增量收益。

解:该方法带来的增量收益=480-1 500×20%=180(万元)

第二,超额收益估算。

超额收益估算是指从公司的全部收益中,扣除归属于公司有形资产带来的收益,以确定公司专利资产带来的超额收益额。该方法下,公司专利资产的超额收益额计算公式如下:

$$R=P-T$$

式中　R——公司专利资产的超额收益额。

　　　P——公司的全部收益。

　　　T——公司有形资产的收益即有形资产账面价值乘以该类有形资产投资回报率。

【实战训练 4-4】 2025 年 4 月,王子睿跟王师傅一起对浙江钢焊有限责任公司的专利资产进行评估,评估基准日为 2025 年 4 月 5 日。经审计,其剔除非正常因素后的收益合计为 1 500 万元,该公司拥有流动资产和固定资产等有形资产的价值合计为 13 500 万元。已知,该公司有形资产回报率的加权平均值为 8%。王师傅让王子睿试估算专利资产为该公司带来的超额收益额。

解：该专利资产带来的增量收益＝1 500－13 500×8％＝420（万元）

第三，分成率法。

分成率法是通过计算分成率获得专利资产收益，是目前国际和国内技术交易中常用的一种实用方法。其计算步骤如下：

一是计算使用专利资产的总收益。

二是将总收益在专利资产和产生总收益过程中做出贡献的所有有形资产和其他无形资产之间进行分成。

在该方法下，其计算公式如下：

$$专利资产收益额＝销售利润×销售利润分成率$$

常用的分成率测算方法有经验数据法、要素贡献法和约当投资分成法等常用的分成率估算方法。

第一种方法，经验数据法。经验数据法是常被采用的一种利润分成法，一般根据三分分成法、四分分成法或其他经验比例等原则估计无形资产的利润分成率。以三分分成法、四分分成法为例，在无形资产许可中，许可方会得到被许可方因使用无形资产所获得总利润的33％或25％。其中，三分分成法是指资金、劳动力和技术；四分是指资金、劳动力、技术和管理。

第二种方法，要素贡献法。要素贡献法可视为经验数据法的一种特殊表现形式。我国通常将公司生产经营活动分成资金、技术和管理三大要素的贡献。在不同行业，这三种要素的贡献程度如表 4-2 所示。

表 4-2　　　　　　　　　　不同行业三种要素贡献程度

行业	资金比例	技术比例	管理比例
资金密集型行业	50	30	20
技术密集型行业	40	40	20
一般公司	30	40	30
高科技公司	30	50	20

第三种方法，约当投资分成法。在大部分情况下，有形资产、专利资产与其他非无形资产共同发挥作用，很难单独确定专利资产的贡献，因此，考虑使用约当投资分成法确定专利资产利润分成率。具体步骤是：

一是确定专利资产的约当投资量。计算时使用的成本利润率按照转让方专利资产带来的利润与其成本之比计算，无法获取公司实际数时按社会平均水平确定。其计算公式如下：

$$专利资产的约当投资量＝专利资产的重置成本×（1＋适用成本利润率）$$

二是计算专利资产购买方的约当投资量。其适用的成本利润率按购买方的现有水平测算。其计算公式如下：

购买方的约当投资量＝购买方投入总资产的重置成本×(1＋适用成本利润率)

三是计算专利资产利润分成率。其计算公式如下：

$$专利资产利润分成率 = \frac{专利资产约当投资量}{购买方约当投资量 + 专利资产约当投资量} \times 100\%$$

【实务要求 4-2】 2025 年 4 月，浙江钢正有限责任公司将"一种减少焊缝的不锈钢生产工艺"的专利技术转让给浙江盛达有限责任公司，王子睿跟王师傅一起对该专利技术进行评估。通过分析，该专利技术的收益期限为 5 年。王师傅拟采用对利润分成的方法估算收益，先要明确专利资产利润分成率。该专利系 3 年前从外部购入，账面成本为 160 万元，3 年物价累计上升 25%，经专业人员测算，该专利技术成本利润率为 400%，浙江盛达有限责任公司资产重置成本为 8 000 万元，成本利润率为 12.5%。王师傅问王子睿专利资产利润分成率是多少？

实务处理： 王子睿根据获取信息，采用了约当投资分成法估算专利资产利润分成率，其计算如下：

专利重置成本＝160 ×(1＋25%)＝200(万元)

专利约当投资量＝200 ×(1＋400%)＝1 000(万元)

浙江盛达有限责任公司资产约当投资量＝8 000 ×(1＋12.5%)＝9 000(万元)

专利资产利润分成率＝1 000÷(9 000＋1 000)×100%＝10%

【实务要求 4-3】 承[实务要求 4-2]，通过对市场供求状况及有关会计资产分析得知，浙江钢正有限责任公司实际生产能力为 20 万吨，成本费用每吨约为 500 元，未来 5 年产量与成本费用变动不大，由于采用了专利技术，性能有较大幅度提高，未来第一、第二年每吨售价可达 600 元，在竞争的作用下，为维护市场占有率，第三、第四年售价将降为每吨 550 元，第五年降为每吨 530 元，所得税税率是 25%。王师傅问王子睿最近 5 年该专利技术收益额是多少？

实务处理： 最近 5 年该专利技术收益额：

第一、第二年的专利技术收益额＝(600 －500) × 20× 10%×(1－25%)
　　　　　　　　　　　　　　＝150(万元)

第三、第四年的专利技术收益额＝(550 － 500) × 20× 10%×(1－25%)
　　　　　　　　　　　　　　＝75(万元)

第五年的专利技术收益额＝(530 －500)×20× 10%×(1－25%)
　　　　　　　　　　　＝45(万元)

3．折现率的确定

专利资产的折现率具体需要考虑宏观风险和微观风险两大风险。

(1) 宏观风险可进一步体现为政策风险、法律风险、市场风险和技术(替代)风险等。政策风险意味着财政、货币、税收、汇率和产业等因素的变动可能导致社会总需求、市场利率及专利资产筹资成本的变化；法律风险意味着在评估专利资产时要考虑专利资产法律保护的种类、范围、期限和程度等问题；市场风险意味着专利资产评估需要重视对专利资产所处产业的成长前景、产品的市场需求、市场扩散速度、市场占有率及目前同类产品供求状况等市场指标的分析;技术(替代)风险则意味着专利资产的创新性、先进性、可替代性及其产品和服务的更新速度等因素会显著影响专利资产的预期收益。

(2)专利资产的微观风险对专利资产评估而言同样是至关重要,具体可分为研发风险、资产管理风险、财务风险和商业化风险等几类。①研发风险是指专利资产的研发需要大量的资金投入和时间消耗,但如果外部条件在资金投入后即发生变化,则研发成果会失去商业价值。②资产管理风险,公司试图通过专利资产获得超额收益,就必须具备更高的管理能力,这对于资产管理者而言是一个巨大的挑战。③财务风险虽然不直接影响专利资产价值,但却是专利资产评估的间接考虑因素,因为许可人和被许可人的财务状况是否稳定对双方而言都非常重要。④商业化风险是指专利资产处于研发和商业化的不同阶段时,对应的风险大小不同,对应的风险报酬率也呈现出不同的特征,所以只有全面综合分析其处于不同时期的具体风险特征状态,才能合理测算专利资产折现率。

无形资产折现率的测算方法包括风险累加法和回报率拆分法。

(1)风险累加法。风险累加法是指将专利资产的无风险报酬率和风险报酬率量化并累加,进而确定专利资产折现率的一种方法。无风险报酬率是在正常条件下的获利水平,是所有的投资都应得到的投资回报率。风险报酬率是指投资者承担投资风险所获得的超出无风险报酬率以上部分的投资回报率。其计算公式如下:

$$专利资产折现率 = 无风险报酬率 + 风险报酬率$$

(2)回报率拆分法。在大多数情况下,专利资产与公司的其他贡献资产密不可分,这加大了专利资产折现率量化的难度。回报率拆分法采用逆向研究的方式,从公司整体回报率出发,对其他有形资产、专利资产的回报率逐一量化,从而倒推出被评估专利资产的回报率,以此测算专利资产折现率。这一逆向分析方法在对一些特定的专利资产进行评估分析时具有较好的适用性。

回报率拆分法的计算公式为:

$$R_i = \frac{全部资产市场价值}{专利资产市场价值} \left(WACC - R_e \frac{营运资金市场价值}{全部资产市场价值} - R_f \frac{固定资产市场价值}{全部资产市场价值} \right)$$

式中 WACC——整个公司平均投资回报率(税后)。

R_e——营运资金的投资回报率。

R_f——固定资产的投资回报率。

R_i——专利资产的投资回报率(税后)。

另外,确定折现率时,需要注意如下事项:

一是专利资产评估中的折现率一般高于有形资产评估中的折现率。折现率一般包括无风险报酬率和风险报酬率。一般来说,专利资产投资收益高,风险性强,因此,专利资产评估中的折现率往往要高于有形资产评估的折现率。

二是专利资产评估中的折现率有别于公司价值评估中的折现率。公司价值评估中的折现率是对固定资产、专利资产、其他无形资产和流动资产等各类资产回报率的综合体现,因此,不可直接作为专利资产评估的折现率。评估专业人员应根据专利资产的不同种类情况,对未来预期收益的风险影响因素及收益获得的其他外部因素进行分析,科学地测算其风险报酬率,以进一步测算出其适合的折现率。

三是折现率口径应与收益额口径保持一致。收益法的基本原则之一就是对收益额进行折现时,应当使用口径一致的折现率。如果专利资产收益额预测口径为利润口径,则折现率也应该是利润口径;如果专利资产收益额预测口径为现金流量口径,则折现率也应该是现金流量口径;如果专利资产收益额预测口径为税前收益口径,则折现率也应该是税前收益口径。

【实务要求 4-4】 承[实务要求 4-3],风险报酬率采用行业平均报酬率为6%,无风险报酬率采用国债利率4%。王师傅问王子睿折现率是多少?该专利技术的评估价值是多少?

实务处理:

王子睿采用风险累加法估算折现率,即:

折现率 = 6% + 4% = 10%

$$专利资产价值 = \frac{150}{1+10\%} + \frac{150}{(1+10\%)^2} + \frac{75}{(1+10\%)^3} + \frac{75}{(1+10\%)^4} + \frac{45}{(1+10\%)^5}$$
$$\approx 395.85(万元)$$

【实战训练 4-5】 2025年4月,王子睿跟王师傅一起对浙江钢焊有限责任公司的专利使用权进行评估,评估专业人员应用收益法时,判断风险报酬率的测算根据技术和产品市场综合因素确定,欲采用风险累加法确定专利资产的折现率;在确定风险报酬率的过程中重点考虑技术风险、市场风险、管理风险和财务风险因素的影响。经分析,与该专利技术相关的技术风险取值为6%,市场风险取值为9%,管理风险取值为6%,财务风险取值为9%。若无风险报酬率取值为8.88%,试估算被评估专利技术的折现率。

解:被评估专利技术的折现率 = 6% + 9% + 6% + 9% + 8.88% = 38.88%

(二)成本法

采用成本法评估专利资产一般是通过测算该项专利资产重置成本减去各项贬值借以确定被评估专利资产的价值。其计算公式如下:

被评估专利资产的评估值 = 重置成本 − 贬值

或评估专利资产的评估值 = 重置成本 × (1 − 贬值率)

1. 重置成本的确定

测算专利资产的重置成本,要分清是自创专利资产还是外购专利资产。自创专利资产的重置成本根据专利资产生产过程中所消耗的费用测算,外购专利资产的重置成本则根据购买的相关费用测算,两者所依据的数据信息来源不同。

第一,自创专利资产的重置成本。

自创专利资产的重置成本由创制该专利资产所消耗的物化劳动和活劳动费用构成,具体方法有两种:

(1) 重置核算法,即将专利资产开发的各项支出按现行价格和费用标准逐项累加核算,注意将资金使用成本和合理利润考虑在内。其计算公式为:

$$重置成本 = 直接成本 + 间接成本 + 资金成本 + 合理利润$$

其中,直接成本按专利资产发明创造过程中实际发生的材料、工时消耗量的现行价格和费用标准进行测算。其计算公式为:

$$直接成本 = \sum(材料实际消耗量 \times 现行价格) + \sum(实耗工时 \times 现行费用标准)$$

直接成本不能按现行消耗量计算而按实际消耗量计算,因为专利资产是发明创造,无法模拟现有条件的成本费用。

(2) 倍加系数法。对于投入智力比较多的技术型无形资产,考虑到科研劳动的复杂性和风险,可以测算无形资产的重置成本。

[**实战训练 4-6**] 浙江钢焊有限责任公司委托浙江中信资产评估公司对专利技术(属于实用新型)进行评估,王子睿在跟着王师傅调研中获知,该专利技术是浙江钢焊有限责任公司 2 年前自行研制开发并获得专利证书,据资料可知,研发时投入材料费 150 000 元,人工费 300 000 元,聘请专家费 60 000 元,申请专利费 2 400 元。王师傅问王子睿该专利技术的重置成本是多少?

解:重置成本 = 150 000 + 300 000 + 60 000 + 2 400 = 512 400(元)

第二,外购专利资产的重置成本。

外购专利资产的重置成本包括专利资产的购买价和购置相关费用,具体可以采用以下两种方法计算:

(1) 市价类比法,是指在专利资产交易市场中选择类似的参照物,再根据功能和技术先进性、适用性对参照物的价格进行适当调整,从而确定其现行购买价格的方法。

(2) 物价指数法,是指以专利资产的账面历史成本为依据,用物价指数进行调整,进而估算重置成本的方法。其计算公式如下:

$$无形资产重置成本 = 无形资产账面成本 \times \frac{评估时物价指数}{购置时物价指数}$$

专利资产涉及两类费用:一类是物质消耗费用,另一类是人工消耗费用。前者与生产资料物价指数相关度较高,后者与生活资料物价指数相关度较高,并且最终通过工资、福利标准体现出来。不同专利资产两类费用的比重可能有较大差别,在生产资料物价指数与生活资料物价指数差别较大的情况下,应按两类费用的大致比例分别适用生产资料、生活资料物价指数测算。两种价格指数比较接近,且两类费用比重有较大倾斜时,可按比重较大的费用适用的物价指数测算。物价指数法测算的重置成本仅仅考虑了价格变动因素,对于更新速度比较快的专利资产采用物价指数法测算的重置成本往往会偏高一些。

2. 贬值率的确定

由于社会的发展等客观原因,专利的使用价值会随着时间的推移而减少,其价值也会减少,这种专利的价值减少就是专利的贬值。对于采用成本法评估的专利资产需要合理地确定专利的贬值。

专利一般没有实体性贬值,只有功能性贬值和经济性贬值。专利技术的功能性贬值指选用一个相适应的先进的参照物,将应用被评估的专利技术所生产的产品与应用参照物生产的产品进行比较,按成本、销售、利润综合分析,计算被评估资产与参照物之间的成本增加值或利润减少值,这一数值可视为被评估对象在可使用年限内的功能性贬值。

专利技术的经济性贬值主要是由国家宏观经济政策或市场环境等因素的变化所造成的。具体评估方法包括专家鉴定法和剩余经济寿命预测法。

(1) 专家鉴定法是指邀请有关技术领域的专家,对专利资产的先进性、适用性等做出判断,从而确定其贬值率的方法。

(2) 剩余经济寿命预测法是评估专业人员通过专利资产剩余经济寿命的预测和判断以确定标的专利资产贬值率的方法。其计算公式如下:

$$专利资产贬值率 = \frac{已使用年限}{已使用年限+剩余使用年限} \times 100\%$$

【实战训练4-7】 承[实战训练4-6],该专利在3年前自行研制开发并获得专利证书,法律保护期限为10年,但根据专家鉴定分析和预测,该项专利技术的剩余使用期限仅为4年。王师傅让王子睿确认该项专利技术的贬值率和评估价值。

解:贬值率 = 3÷(3+4)×100% ≈ 42.86%

专利资产评估价值 = 512 400×(1-42.86%) = 292 785.36(元)

(三) 市场法

市场法评估专利资产是指从公开市场上,选择与被评估专利资产相同或类似的近期交易实例作为参照物,并通过直接比较或类比分析,从而确定专利资产的价值。专利资产的排他性、垄断性等特点决定了可比专利资产的交易实例较少,运用市场法评估专利资产受很大的限制,因此,可比交易实例成为专利资产能否采用市场法的最重要的判断依据。

1. 专利资产的可比条件判断标准

专利资产的可比条件有如下三个判断标准:

(1) 标的专利资产与可比专利资产相似,也就是标的专利资产与可比专利资产功效相同或类似。

(2) 标的专利资产与可比专利资产权利状态相同或相似,也就是标的专利资产与可比专利资产包含的权利相同或类似,或者说使用、收益和处分的权利内容及状态相同或类似。

(3)标的专利资产与可比专利资产所处的发展阶段相同或相似,也就是标的专利资产与可比专利资产在其经济寿命周期内所处的发展阶段相同或类似。

2. 专利资产的可比因素

专利资产的可比因素包括以下几种:

(1)交易情况因素。例如,专利资产交易类型、市场供求状况、交易双方状况、交易内容、交易条件和付款方式等。

(2)交易时间因素。标的专利资产的评估基准日与可比专利资产交易时间不同,因此,要分析交易时间到评估基准日这段时间的价格水平有无变化以及对专利资产的影响程度。

(3)专利资产状况因素。要考虑专利资产的权利属性、受限性、保护期限和研发成本等影响专利资产价格的个体因素。

从实务的可操作角度分析,标的专利资产与可比专利资产的差异调整主要是针对标的专利资产与可比专利资产所处发展阶段的差异,也就是标的专利资产与可比专利资产的剩余经济寿命的差异,可以通过分析相关业务资产组的寿命周期进行调整。

4-3 素养引领:思政案例——专利就在我们身边

4-4 微课视频:收益法之收益额估算

4-5 习题训练:项目4 随堂练习二

任务3 评估商标资产

一、商标资产概述

(一)商标定义

商标(trade mark)是商品或服务的标记,是生产者或经营者为了把自己的商品或服务区别于他人的同类商品或服务,在商品上或服务中使用的一种特殊标记,包括文字、图形、字母、数字、三维标志、颜色组合和声音等,以及上述要素的组合。

(二)商标分类

商标可以根据其构成、作用、功能、享誉程度以及是否享受法律保护等标准划分为若干种类:

(1)按商标的构成不同,分为文字商标、图形商标、符号商标、文字图形组合商标、色彩商标、三维标志商标和声音商标等。

(2)按商标的作用不同,分为商品商标、服务商标、集体商标和证明商标等。其中,集体商标是指以团体、协会或者其他组织名义注册,供该组织成员在商事活动中使用,以表明使用者在该组织中的成员资格的标志;证明商标是指由对某种商品或者服务具有监督能力的组织所控制,而由该组织以外的单位或者个人使用于其商品或服务,用来证明该商品或服务的原产地、原料、制造方法、质量或者其他特定品质的标志。

（3）按商标的功能不同,分为经常使用的商标、防御商标、联合商标、扩展商标和备用商标。经常使用的商标是指单位在生产经营中经常使用的商标；防御商标是为了防止他人侵犯而申请使用一系列与自己商标近似而又相互联系的商标；联合商标是将同一商标在不同商品上注册,阻止别人在其他商品上使用自己已经注册的商标；扩展商标是指在同一商标的基础上,进行一系列的扩展注册,如注册汉字商标后,还注册英文的意译商标、音译商标。

（4）按商标的享誉程度不同,分为普通商标和驰名商标。普通商标是相对于驰名商标的一种对商标的称谓,通常是指没有特别的市场影响力且公众知晓程度不是很高的商标；驰名商标一般是指具有较大市场影响力、广为公众知晓并享有较高声誉的商标。在我国,驰名商标是国家市场监督管理总局根据公司的申请而认定的。

（5）按商标是否享受法律保护,分为注册商标和非注册商标。注册商标是指满足《中华人民共和国商标法》的规定,经政府商标管理行政主管部门批准注册的商标。《中华人民共和国商标法》规定,经商标局核准注册的商标为注册商标,包括商品商标、服务商标和集体商标、证明商标；商标注册人享有商标专用权,受法律保护。非注册商标则是指未经政府商标管理行政主管部门批准注册的商标。普通的非注册商标不受法律保护。我们所说的商标资产的评估指的是注册商标的评估。

（三）商标权

商标权是指商标经注册或被认定为驰名商标而获得法律保护,形成了排他使用等权利。商标经注册后,商标所有者依法享有商标权权益,并受法律保护。因《驰名商标认定和保护规定》的存在,驰名商标可能是个例外,即注册和非注册的驰名商标都会受到法律保护。从某种意义上讲,驰名商标本身就是一种商标权。

商标权一般包括排他专用权（或独占权）、转让权、许可使用权和继承权等。

（1）排他专用权是指注册商标的所有者享有禁止他人未经许可而在同一种商品服务或类似商品服务上使用其商标的权利。

（2）转让权是商标所有者作为商标权人,享有将其拥有的商标转让给他人的权利。

（3）许可使用权是指商标权人依法通过商标使用许可合同允许他人使用其注册商标。商标权人通过使用许可合同,转让的是注册商标的使用权。

（4）继承权是指商标权人将自己的注册商标交给指定的继承人继承的权利,但这种继承必须依法办理有关手续。

（四）商标资产

商标资产是指商标权利人拥有或者控制的,能够持续发挥作用并且能带来经济利益的注册商标权益。商标要满足以下两个关键要素才能成为商标资产：

一是作为商标资产,能够通过营销在消费者意识中形成独特的联想并产生经济利益；商标资产是指能够获取超额收益的商标权。

二是以法律保护的形式将商标标识作用所带来的经济利益赋予商标所有者。

1. 商标资产的特征

商标资产具有形式特征、价值特征和法律特征。

第一，形式特征。

商标资产的形式特征体现在如下几个方面：

一是商标资产通常为商品商标权和服务商标权，两者都具备专有性和排他性的特征，难以单独交易转让。

二是商标资产通常为驰名商标（知名品牌）。驰名商标、著名商标和知名品牌基本具备了区别商品和服务提供者的功能和获得超额收益的能力，它们在获得法律保护之后是最典型的商标资产。商标资产必须具备市场竞争力、消费者认可和能够获得超额收益能力的特征。

三是商标资产可以是独立的商标权或以商标权为核心的资产组合。

四是驰名商标可以作为相对独立的"商标资产"。

五是许多商标资产是以商标权为核心的资产组合，因为除了商标本身，往往有独特的配方、先进的制造技术、特殊的工艺和完善的管理，才使其成为商标资产或无形资产。

第二，价值特征。

商标资产的价值特征体现在如下几个方面：

一是对商标标识的商品或服务的数量和质量具有相对依附性。商标的知名度、信誉度及市场影响力是通过所标识的特定商品或服务的质量、品质和便利性等逐步实现的。

二是商标资产需要相关技术和管理支撑。商标资产的价值是由其所标识的商品或服务的品质和信誉决定的，而商品或服务的品质与其生产技术和管理紧密相关。

三是广告宣传和营销管理对商标资产的价值具有维持和助推作用。商标资产的价值不是由广告和营销决定的，但好的广告宣传和好的营销管理对于商标的市场影响力的形成是有推动作用的，进而会对商标资产的价值具有维持和助推作用。

四是商标资产具有逻辑扩展能力。对于具有良好市场认可和品牌忠诚度的商标而言，通过既有商标名称，商标可以延伸到相关产品或服务上。

第三，**法律特征**。

商标资产在法律的层面上主要表现为注册商标，其特性主要包括以下几个方面：

一是商标资产的时效性。在我国，注册商标的有效期为10年，自核准注册之日起计算。注册商标有效期满，需要继续使用的，应当在期满前12个月内申请续展注册；在此期间未能提出申请的，可以给予6个月的宽展期。每次续展注册的有效期为10年，自该商标上一届有效期满次日起计算。宽展期满仍未提出申请的，注销其注册商标。在合法续展的情况下，商标权可成为永久性收益的无形资产，驰名老牌商标权的价值一般与其寿命成正比，寿命越长，价值越高。

> **特别提示**：商标权是一种法律概念，而商标资产是一种无形资产。商标权可以通过设计和申请注册实现，而商标资产必须通过经营管理实现。

二是商标资产的地域性。商标权只有在法律认可的一定地域范围内受到保护。由于不同国家存在着不同的商标保护原则,商标权并不是在任何地方都受到保护。如果需要得到其他国家的法律保护,必须按照该国的法律规定,在该国申请注册,或向世界知识产权组织国际局申请商标国际注册。国际上一些经济学家在评估"可口可乐"商标权价值为434.27亿美元时,并未注意说明该商标权是在美国转让还是在世界各国转让的价值,而这两者之间可能相差100倍。因此,商标注册的地域范围也是影响商标权价值的因素。

三是商标资产的约束性。注册商标的专用权以核准注册的商标和核定使用的商品为限。因此,评估商标资产价值时,要注意商标注册的商品种类及范围,要考虑商品使用范围是否与注册范围相符合,商标权只有在核定的商品上使用时才受法律保护。

2. 商标资产价值的影响因素

影响商标资产价值的因素有如下几种:

第一,宏观经济状况。

商标资产的价值与宏观经济形势密切相关,在评估基准日宏观经济景气高涨时,评估值相对较高,低迷时评估值较低。另外,宏观经济政策对商标价值评估也有一定影响。财政政策、货币政策是紧是松,尤其是与所评估商标的行业相关的政策走向,也是商标评估必须考虑的因素。

第二,商标的市场影响力。

商标的市场影响力是影响商标资产价值最重要的因素。反映商标资产市场影响力的具体指标主要包括商标的知名度和信誉度。

商标的知名度越高,商标商品或服务就越受消费者的青睐,商标商品或服务进入市场的阻力就越小,商标商品或服务的市场竞争力越强。一般而言,驰名商标价值高于非驰名商标价值,取得驰名商标认定的商标,其价值高于普通商标的价值。

信誉度是商标商品或服务的质量及其相关服务得到消费者肯定和信任程度的指标。信誉度越强,商标资产价值越大。

第三,商标声誉的维护。

商标资产的价值与商标声誉的维护有关。商标资产维护时间越长,价值越大。但如果不维护商标的声誉,商标就会贬值。商标的广告宣传是扩大商标知名度、影响力及维护商标的重要因素。广告投入的数量及广告宣传的密度与媒介的层次会影响商标的知名度和市场影响力。因此,商标的广告宣传费用是商标成本的重要组成部分,但商标资产的价值并不等于商标的广告宣传费用。

第四,商标权所依托的商品。

商标权本身不能直接产生收益,其价值大都是依托有形资产来实现的。商标资产的经济价值是由商标所带来的收益决定的,带来的收益越大,商标资产价值越高。商标所带来的收益是依托相应的商品来体现的,主要与以下因素有关:

一是商品所处的行业及前景。行业的状况直接影响到商品的生产规模、价格、利

特别提示: 商标资产的价值与商标的广告宣传费的多少有关,但商标资产的价值并不等于商标的广告宣传费用。

润率等经济指标,进而影响到商标的价值;新兴行业往往是产品附加值高的行业,其商标资产价值也高。

二是商品的生命周期。商标资产的价值与所依附的商品所处的生命周期有关。商品的生命周期一般有四个阶段:研制阶段、发展阶段、成熟阶段和衰退阶段。处于发展或成熟阶段的商标商品具有较强的超额利润能力,其相应的商标资产价值就高;处于衰退阶段,获得超额利润的能力弱,其商标资产价值相对较低;处于研制阶段,需要考虑商品是否有市场、单位产品可获得的利润等因素综合确定商标资产的价值。

三是商品的市场占有率及竞争状况。商品的市场占有率标志着商标资产的价值范围。同样的单价,其市场占有率越大,商品销量越大,利润及超额利润越大,商标资产的价值也就越高。竞争越激烈,其他知名商标越多,商标资产价值越小。

四是商品经营公司的素质和管理水平。商标资产的价值基础是商标商品的质量、知名度和信誉度。良好的公司经营素质和优秀的管理是形成良好质量及较高知名度和信誉的保证。

五是商品的获利能力。所有因素最终体现在商标资产能否带来超额收益的能力上;获利能力越强,商标资产的价值越高。因此,商标商品的获利能力是决定商标资产价值的根本性因素。

第五,商标权的法律状态。

我国实行的是"不注册使用与注册使用并行,仅注册才能产生专用权"的商标专用权制度。按照这种制度,只有获得了注册的商标使用人才享有专用权,才有权排斥他人在同类商品上使用相同或相似的商标,也才有权对侵权活动起诉。只有注册了的商标才具有经济价值。

第六,商标的使用方式。

商标的使用既可以是商标所有人的自行使用,也可以是商标所有人以外的第三人的被许可使用。商标的注册、使用、购买成本、商标注册时间和有无许可使用等都是影响商标资产价值的重要因素。

第七,类似商标的交易情况。

商标的交易情况也影响商标资产的价值。当使用市场法进行商标资产价值评估时,可比实例及其交易情况对商标资产价值评估起决定性作用。这些因素包括可比实例的交易价格、交易情况、本身情况和交易日期等。

【心灵启迪】

商标不仅是企业商誉的载体,而且是国家文化软实力的体现。党的二十大提出推进文化自信自强,而中国品牌走向世界,正是这一理念的生动实践。评估商标资产时,评估专业人员既要分析其市场溢价,更要看到其背后传递的文化价值与民族精神。作为评估专业人员,应助力中国品牌提升全球竞争力,让世界从中国制造到中国智造的跨越中,读懂中国的创新与文化魅力。

二、商标资产评估方法

（一）收益法

采用收益法评估商标资产是结合增量收益法、许可费节省法和超额收益法的评估思路，通过测算该项商标资产所产生的未来预期收益并折算成现值，借以确定被评估商标资产的价值。

运用收益法评估商标资产必须具备三个要素：收益期限、收益额和折现率。

1. 收益期限的确定

商标资产作为一种无形资产，在采用收益法评估时也需要合理确定收益期限。商标是受国家法律保护的，商标注册保护期一般为10年，在期满后可以申请延期且对延期次数没有规定，理论上商标的法律保护期可以是无限期的。但由于使用商标的产品或服务的生命周期不是无限的，权利人可能会停止使用或放弃续展，这种法律保护期限在现实中可能是无法确定的，因此，商标的经济寿命年限也是不确定的。

【实务要求4-5】 浙江中信资产评估公司接受浙江钢正有限责任公司的委托，要求对其商标资产钢正进行评估。王子睿跟着王师傅一起展开评估，询问公司管理层后得知，该公司会一直使用该商标。王师傅问王子睿该商标收益期限是多少？

实务处理： 王子睿认为公司会一直使用该商标，而公司是持续经营的，故商标收益期限是无限期。

2. 收益额的确定

收益额是指由商标资产带来的超额收益或追加收益，具体可以通过增量收益估算、超额收益估算和分成率法三种估算方法确定。常用的分成率测算方法有经验数据法、要素贡献法、约当投资分成法等。下面介绍要素贡献法估算收益额的方法。

要素贡献法估算收益额先要确认有形资产贡献率和商标资产占全部无形资产的贡献比例，利用分成率理念分别计算出商标超额收益率和商标资产带来的收益额。其计算公式如下：

$$\text{商标超额收益率} = \text{销售利润率} \times \left(1 - \text{有形资产贡献率}\right) \times \text{商标资产占全部无形资产的贡献比例}$$

$$\text{商标资产带来的收益额} = \text{销售收入} \times \text{商标超额收益率}$$

【实务要求4-6】 承[实务要求4-5]，王子睿跟着王师傅一起展开评估，获取的信息如下：浙江钢正有限责任公司平均有形资产贡献率为90%，即公司的利润中约90%来自有形资产的贡献，其余10%归功于无形资产的贡献。公司商标资产占全部无形资产的贡献比例为30%。预期的销售利润率为46.65%。王师傅对公司采用该商标的产品在2025—2031年的销售收入进行了预测，收入金额依次为15 000万元、18 000万元、21 000万元、24 000万元、27 000万元、30 000万元和33 000万元。在预测期后，市场整合将趋于平稳，增长会相对放慢，根据中国经济发展以及行业平均水平，评估专业人员预测商标资产在永续期间产生的净收益流的增长率为1%。王师傅问王子睿商标超额收益率是多少？可预见的预期收益是多少？

实务处理：

(1) $\dfrac{商标超额}{收益率} = \dfrac{销售}{利润率} \times \left(1 - \dfrac{有形资产}{贡献率}\right) \times \dfrac{商标资产占全部}{无形资产的贡献比例}$

$= 46.65\% \times (1 - 90\%) \times 30\% = 1.4\%$

(2) 预测超额收益，未来商标超额收益预测如表 4-3 所示。

表 4-3　　　　　　　　　未来超额收益预测表　　　　　　　　金额单位：万元

项目	2025 年	2026 年	2027 年	2028 年	2029 年	2030 年	2031 年
销售收入	15 000	18 000	21 000	24 000	27 000	30 000	33 000
商标超额收益率	1.4%	1.4%	1.4%	1.4%	1.4%	1.4%	1.4%
收益额	210	252	294	336	378	420	462

3. 折现率的确定

一般而言，商标资产的投资风险高于其他有形资产的投资风险，低于其他无形资产的投资风险。具体评估方法可以采用风险累加法。其计算公式如下：

$$商标资产折现率 = 无风险报酬率 + 风险报酬率$$

【**实务要求 4-7**】承[实务要求 4-6]，王师傅选择了 5 年期的国债到期收益率 3% 作为无风险报酬率，综合考虑公司风险系数确定风险报酬率是 10%。王师傅问王子睿折现率是多少？该商标资产的价值是多少？

实务处理：

$$折现率 = 无风险报酬率 + 风险报酬率 = 3\% + 10\% = 13\%$$

预测期收益现值如表 4-4 所示。

表 4-4　　　　　　　　　预测期收益现值　　　　　　　　金额单位：万元

项目	2025 年	2026 年	2027 年	2028 年	2029 年	2030 年	2031 年
收益额	210	252	294	336	378	420	462
折现率	13%	13%	13%	13%	13%	13%	13%
折现期（年）	1	2	3	4	5	6	7
收益现值	185.84	197.35	203.76	206.08	205.16	201.73	196.38
收益现值合计	1 396.30							

$\dfrac{预测期后的}{收益现值} = \dfrac{明确的预测期}{最后一年净收益} \times \dfrac{1 + 预测期后增长率}{折现率 - 预测期后增长率} \times \dfrac{1}{(1 + 折现率)^{明确的预测期最后一年折现期}}$

$= 462 \times \dfrac{1 + 1\%}{13\% - 1\%} \times \dfrac{1}{(1 + 13\%)^7} \approx 1\ 652.85（万元）$

经计算，预测期后的收益现值为 1 652.85 万元。基于以上分析和计算，测算出相关商标所有权的市场价值为：

$$1\ 396.30 + 1\ 652.85 = 3\ 049.15（万元）$$

【**实战训练 4-8**】 2025 年 4 月,王子睿跟王师傅一起对浙江钢焊有限责任公司的商标许可使用权进行评估。浙江钢焊有限责任公司将其注册商标通过许可使用合同许可给浙江精达有限责任公司使用,使用时间为 5 年。双方约定浙江精达有限责任公司按照使用商标新增加利润的 10% 支付给浙江钢焊有限责任公司。根据估测浙江精达有限责任公司使用商标后,每吨产品可增加税前利润 20 元,预计 5 年内的生产销量分别为 80 万吨、90 万吨、100 万吨、110 万吨和 120 万吨。假定折现率为 9%,所得税税率为 25%。王师傅让王子睿估算该商标许可使用权的价值。

解:分析计算如下:

商标许可使用权价值

$$=\frac{80\times20\times(1-25\%)\times10\%}{1+9\%}+\frac{90\times20\times(1-25\%)\times10\%}{(1+9\%)^2}+$$

$$\frac{100\times20\times(1-25\%)\times10\%}{(1+9\%)^3}+\frac{110\times20\times(1-25\%)\times10\%}{(1+9\%)^4}+$$

$$\frac{120\times20\times(1-25\%)\times10\%}{(1+9\%)^5}$$

$$\approx 573.42(万元)$$

(二) 成本法

运用成本法评估商标资产主要考虑重置成本,主要是因为理论上商标的法律保护期可以是无限期的,故一般不考虑相关的贬值。

商标资产的重置成本包括合理的成本、利润和相关税费等。

商标资产的重置成本分为狭义和广义两种。狭义重置成本一般包括商标设计费、商标注册费和商标注册代理费等;狭义重置成本除上述成本外,还包括目前知名度、影响力所需要的广告宣传费用以及相关维护成本等。

(三) 市场法

评估师在评估商标资产时,需收集到足够的可比交易案例,同时要重点分析交易案例的可比性时,应当考虑交易资产的交易时间、权利种类或形式、交易双方的关系、获利能力、竞争能力、预计收益期限、商标维护费用、风险程度等方面的差异,并对其差异进行调整,从而确定商标资产的价值。

可比交易案例的判断标准有如下三个方面:

一是类别相同。商标资产与可比交易案例的商标应当是同类商标。

二是功能相同或相似。商标资产与可比交易案例的商标应当具有相同的功能。

三是商标的权利相同。如果被评估商标涉及专用权,则可比商标也应该涉及专有权;如果被评估商标是使用权,则可比商标也应该是使用权。

4-6 习题训练: 项目 4 随堂练习三

4-7 微课视频: 收益法评估商标资产

任务4 评估著作权资产

一、著作权资产概述

(一) 著作权

著作权又称版权,是指文学、艺术作品和科学作品的创作者依照法律规定对这些作品所享有的各项专有权利。它是知识产权的一个重要组成部分,也是现代社会发展中不可缺少的一种法律制度。

著作权包括下列人身权和财产权:

(1) 发表权,即决定作品是否公之于众的权利。

(2) 署名权,即表明作者身份,在作品上署名的权利,包括决定是否署名、署名的方式(真名或笔名等)、署名顺序、禁止未参加创作的人在作品上署名、禁止他人假冒署名。

(3) 修改权,即作者对其作品进行修改或者授权他人进行修改的权利。报社和期刊杂志社编辑出于版面要求有一定的文字修改权。

(4) 保护作品完整权,即保护作品不受歪曲、篡改的权利。

(5) 复制权,即以印刷、复印、拓印、录音、录像、翻录、翻拍等方式将作品制作一份或者多份的权利。

(6) 发行权,即以出售或者赠与方式向公众提供作品的原件或者复制件的权利。

(7) 出租权,即有偿许可他人临时使用电影作品和以类似摄制电影的方法创作的作品、计算机软件的权利,计算机软件不是出租的主要标的的除外。

💡 **想一想**:出租图书算侵犯出租权吗?

(8) 展览权,即公开陈列美术作品、摄影作品的原件或者复制件的权利。

(9) 表演权,即公开表演作品,以及用各种手段公开播送作品的表演的权利。

(10) 放映权,即通过放映机、幻灯机等技术设备公开再现美术、摄影、电影和以类似摄制电影的方法创作的作品等的权利。

(11) 广播权,即以无线方式公开广播或者传播作品,以有线传播或者转播的方式向公众传播广播的作品,以及通过扩音器或者其他传送符号、声音、图像的类似工具向公众传播广播的作品的权利。

(12) 信息网络传播权,即以有线或者无线方式向公众提供作品,使公众可以在其个人选定的时间和地点获得作品的权利。

(13) 摄制权,即以摄制电影或者以类似摄制电影的方法将作品固定在载体上的权利。

(14) 汇编权,即将作品或者作品的片段通过选择或者编排,汇集成新作品的权利。

(15) 改编权,即改编作品,创作出具有独创性的新作品的权利。

(16)翻译权,即将作品从一种语言文字转换成另一种语言文字的权利。

(17)应当由著作权人享有的其他权利。

(二)著作权资产

著作权资产是指权利人所拥有或者控制的,能够持续发挥作用并且预期能带来经济利益的著作权的财产权益和与著作权有关权利的财产权益。同样,并非所有的著作权都能成为资产评估中的著作权资产,著作权中能够持续发挥作用并且预计能为权利人带来经济利益的著作权才能够成为资产评估中的著作权资产。

另外,在评估实务中,评估专业人员还需要区分著作权资产与著作权相关实物资产之间的区别。例如,一本图书是承载具体作品的纸质实物,通过购买只拥有该图书的实物资产,并不代表享有了书中作品的著作权及其资产,不是评估中的著作权资产。

1.著作权资产的特征

著作权资产的特征具有形式特征和法律特征。

(1)形式特征。著作权资产与相关有形资产以及其他无形资产共同发挥作用。最主要的特征就是一般不能单独发挥作用,需要与其他资产共同发挥作用,这些资产通常称为<u>贡献资产</u>,如房屋、设备和营运资金等。

(2)法律特征。著作权资产的法律特征体现在时效性和地域性两大方面。

一是著作权资产的时效性。不同的著作权具有不同的法律保护期限。著作权资产价值不仅取决于著作权的法定保护期限和剩余保护期限,还取决于其合同约定的使用期限。

二是著作权资产的地域性。著作权只在授予权利的国家的管辖范围内受到该国相关法律的保护,对其他国家没有域外效力。著作权的这一性质限制了因转让或者使用著作权而产生收益的地域范围。一般来说,著作权的地域性限制越小,著作权评估值也就越大;反之,越小。

2.著作权资产价值影响因素

著作权资产受如下因素的影响:

第一,宏观经济状况。

宏观经济状况包括著作权使用区域的社会环境和经济环境。

在"窃书不为偷"的社会环境中,很难会有著作权价值的充分实现,而只有在"政府软件正版化"的背景下,构建出政府引导、社会广泛参与的著作权保护大联盟、大格局,著作权才能有更高的价值。

消费的增加自然会增加与文化产品密切相关的著作权需求,增加著作权收益和提高其价值。因此,如果著作权交易发生在经济发达区域,其价值会高于经济落后区域。

第二,市场需求状况。

在著作权交易活跃的市场中,著作权价值就容易实现,一些畅销出版物、音像制

术语解析:贡献资产一般包括流动资产、固定资产、其他无形资产和组合劳动力成本等。

品等,发生市场交易比较常见。

市场竞争程度也会影响到著作权价值的大小,同类作品的竞争激烈,作品的著作权价值实现也会受到影响。

第三,著作权所依托的作品。

著作权所依托的作品要考虑作品所处的产业及相关政策、作品的类型、作品的内容、作品作者的知名度、作品的生产制作能力、作品的发表情况和作品的已传播情况。

作品所处的产业及相关政策是指一方面,国家对文化产业大力扶持和发展,出台了一系列相关产业发展政策;另一方面,国家对文化产品的导向作用也有明确要求,提出文化公司提供精神产品,传播思想信息,担负文化传承使命。

不同类型作品的著作权,价值影响因素可能差别很大。同样是录音制品,流行音乐和经典音乐就有很大差异:创作投入差异、顾客对象差异和寿命周期差异。不同类型作品的著作权,其法律规定也有不同。比如,原创作品和演绎作品的差异,演绎作品是在原创作品的基础上通过翻译、改编等方式产生的新产品,其价值和原创作品不同。不同作品,其传播方式也不同,会影响其传播范围、传播效果及传播收益。比如,文字作品可以通过广播方式进行传播,但美术、摄影作品就很难通过同样的方式传播,所以,文字作品广播权价值就比美术作品广播权价值要大。

作品的内容体现在艺术性、时代性和技术水平三个方面。著作权资产艺术性是其获得法律保护的依据,也是形成其价值的重要因素。比如,名著《红楼梦》包含了巨大的艺术价值和社会价值,被多次再版,其价值当然也就要高于一般作家的小说。时代性主要是指作品与时代相呼应,顺应时代的要求,能较大程度地满足人们某方面的需求。时代性强的作品相对来说使用价值要大,著作权资产的价值也相对较高。技术水平是指著作权的创作难度大,复制风险也大,技术上的保密性和反侵权能力是衡量其价值的重要标准。总而言之,作品的内容决定其使用价值,使用价值越大,相应著作权的价值也就越大。

有些著作权的价值与创作者的知名度有很大关系,如文字、摄影、动漫、音像等创意设计作品,创作者知名度高,价值也就更高。

不同类型作品在创作人员、配套资源要求、创作流程等方面都存在差异。文字、美术、摄影等作品更多依赖于作者个人的创造性工作,这类作品生产制作能力受作者个人影响较大,提高供给量的方式是培养更多专门人才,提高创作人员基数。影视作品、计算机软件则大部分为集体工作成果,其供给量受到剧本、演员、导演、资金等多方面因素限制,提高供给量则需要公司具备比较强的资金实力和资源整合能力、著作权作品储备等。

在进行著作权评估业务过程中,必须考虑作品的发表状态。发表状态影响资产的剩余经济寿命。50年内未进行发表,法律将不再保护。发表状态还会影响作品的影响力和经济利益。

作品的已传播情况指作品被人观看或阅读的次数及其范围,是家喻户晓还是部分人群知道,或者是无人知晓。

第四,著作权的运营模式。

不同的著作权运营模式对著作权价值的实现具有较大的影响。某一种作品可以衍生出更多类型的作品,从价值上来说,原始作品与衍生作品互相影响、互为基础。因此,最优的著作权运营模式就是寻求实现从原始作品至全部衍生作品的全作品链的、各种财产权利价值最大化的模式。

著作财产权有两种主要的收益方式:①直接收益型,即图书作品即通过销售直接获得其收益。②间接收益型,按一定比例的版税或提成费用使用型。

3.著作权资产评估的注意事项

著作权资产评估中有如下注意事项:

第一,著作权资产评估对象的识别和清晰披露在实务中容易被忽视。

形成著作权的作品类型多样,特征各异。著作权资产财产权类型较多,不同类型权益对作品的使用或传播也都存在差异。可以从作品类别和财产权利类别两个维度来识别评估对象。如可以确定评估对象是××作品的A、B两项财产权益,再根据经济行为目的,确定评估对象是××作品的A、B两项财产权益的普遍许可使用权。在通常情况下,出于作者自身利益最大化考虑,涉及著作权资产的大部分经济行为涉及的都是财产权益的许可使用权。

第二,关注作品获取收益的方式。

作品获取收益关键在于两大链条:①内容信息向最终客户传递的信息流。②客户支付向公司流动的现金流。

第三,关注作品收益获取期限。

文学、艺术作品是体验性产品和注意力产品,消费者的注意力已经成为文学、艺术市场价值的决定性因素。这些特征决定了文化产品寿命期限较短。比如,电影作品院线放映一般在30~50天,电视剧作品一般在首轮播放就能够实现80%以上的收入。大部分手机游戏产品生命周期仅有2~3个月。

第四,关注著作权资产面临的风险。

文学、艺术作品作为文化产品,其消费具有较大的不确定性,主要原因如下:①文化产品主要满足消费者的精神需求,属于符号效用满足型产品。②政府文化政策的不稳定性也会造成文化需求波动的不确定性。比如,对凡是有劣迹的导演、编剧、演员等主创人员参与制作的电影、电视节目、网络剧、微电影等暂停播出等,具有更大的不可预见性和风险性,对文化市场需求影响更大。③文化产品不仅生命周期短,而且重复利用的价值较低,投资所形成的资产具有很强的资产专用性。

因此,需要关注所评估著作权资产面临的制作风险、内容风险、政策风险、侵权盗版风险等方面。

第五,关注如何合理分割著作权资产贡献的收益。

作品创作并不是单一生产要素的产物,而是若干种资源共同作用的结果。具体有如下特征:

(1)使用几种类型的资源。作品生产过程将运用到文化资源、创意、资本、人力资本、土地等资源。

(2) 作品不是每一参与合作的资源的分产出之和,而是整合的结果。

(3) 所使用的所有资源不属于一个人。很难确定编剧、摄影、市场推广等对电影票房收入的具体边际贡献和总贡献。

因此,著作权资产评估时,在不能够直接获取被评估对象无形资产收益的情况下,需要考虑其他有形资产、被评估对象之外的其他无形资产贡献收益的分割。具体分割的方法有经验数据(如分成率、许可费率等统计数据)、专家打分、层次分析和模糊评判等。

【心灵启迪】

著作权资产评估不仅衡量作品的经济收益,更承载着文化传承的时代使命。党的二十大强调繁荣发展文化事业和文化产业,而优秀文学、影视、音乐等作品的版权价值,正是中华文化创新活力的重要体现。评估专业人员不仅是价值的衡量者,更应成为优秀文化的守护者与传播者,应通过评估推动"讲好中国故事"的精品创作,助力文化自信在数字时代绽放新光彩。

二、著作权资产评估方法

(一) 收益法

采用收益法评估著作权资产是指通过测算该项著作权资产所产生的未来预期收益并折算成现值,借以确定被评估著作权资产的价值,具体通过增量收益法、许可费节省法和超额收益法等途径实现。

运用收益法评估著作权资产必须具备三个要素:收益期限、收益额和折现率。

1. 收益期限的确定

著作权资产的收益期限有以下三种类型:

第一,法律保护期。

《中华人民共和国著作权法》对不同种类的作品的法律保护期不完全一样。

自然人作品:作者终生及最后一位作者死亡后 50 年,截止于作者死亡后第 50 年的 12 月 31 日。

法人或者其他组织的作品,保护期为 50 年,截止于作品首次发表后第 50 年的 12 月 31 日。

电影作品和以类似摄制电影的方法创作的作品、摄影作品等,其保护期为首次发表后第 50 年的 12 月 31 日,但作品自创作完成后 50 年内未发表的,法律不再保护。

第二,与著作权有关权利(邻接权)的法律保护期。

图书、期刊版式设计财产权的保护期为 10 年,截止于使用该版式设计的图书、期刊首次出版后第 10 年的 12 月 31 日。

表演者的财产权保护期为 50 年,截止于该表演发生后第 50 年的 12 月 31 日。

对录音录像制作者的权利保护期为 50 年,截止于该制品首次制作完成后第 50 年的 12 月 31 日。

广播电台、电视台播放节目的权利保护期为 50 年,截止于该广播、电视首次播放后第 50 年的 12 月 31 日。

第三,著作权资产的经济寿命期。

著作权资产的经济寿命是一个集法律和经济价值属性于一体的概念。综合分析著作权法律保护期限与经济收益期限确定。著作权的经济寿命一般要远低于法律保护期。影响著作权经济寿命的因素有作品的种类、作品的内容、作者的知名程度、作品的首次发表时间。一般认为很多著作权的价值主要体现在其首次发行中。

【实务要求 4-8】 浙江中信资产评估公司接受浙江钢正有限责任公司的委托,对钢正办公管理软件进行评估。王子睿跟着王师傅一起展开评估,获取关于期限的信息如下:著作权法定保护期限为 50 年,该创作完成至基准日已使用 14 年,剩余保护期限为 36 年,但根据经验分析,确定该剩余经济使用年限为 5 年。王师傅让王子睿确定其收益期限。

实务处理: 王子睿分析,按照剩余经济使用年限确定,收益期限是 5 年。

2. 收益额的确定

收益额是由著作权资产带来的超额收益或追加收益,具体可以通过增量收益估算法、超额收益估算法和分成率法三种估算方法确定。下面介绍超额收益估算著作权收益额的方法。

超额收益估算法是先估算著作权资产与其他贡献资产共同创造的整体收益,在整体收益中扣除其他贡献资产的贡献,将剩余收益确定为超额收益,并作为著作权资产所创造的收益,将上述收益采用恰当的折现率折现以获得著作权资产评估价值的一种方法。其计算公式如下:

$$收益额 = 著作权资产收益 - 贡献资产收益$$

【实务要求 4-9】 承[实务要求 4-8],王师傅分析钢正办公管理软件一般通过授权许可使用方式产生收益。王师傅预测未来 5 年著作权收益 85 050 元、93 600 元、98 400 元、84 300 元、67 500 元。另外,根据历史年度公司数据分析,预测未来年度与该著作权资产销售相关的贡献资产分别为流动资产、固定资产,经测算未来 5 年的贡献资产收益分别是 6 000 元、3 000 元、3 000 元、2 400 元和 1 500 元。王师傅让王子睿计算该软件带来的收益额。

实务处理: 王子睿根据获取的数据,决定采用超额收益法进行估算,即超额收益=著作权资产收益-贡献资产收益。

未来第一年收益额=85 050-6 000=79 050(元)
未来第二年收益额=93 600-3 000=90 600(元)
未来第三年收益额=98 400-3 000=95 400(元)
未来第四年收益额=84 300-2 400=81 900(元)
未来第五年收益额=67 500-1 500=66 000(元)

3. 折现率的确定

著作权资产折现率估算一般可以采用以下三种方法：

（1）累加法，在无风险报酬率基础上将反映公司整体投资风险和著作权资产投资风险的各项溢价累加，最终得到著作权资产折现率，也可以采用在加权平均资本成本（WACC）的基础上考虑著作权资产与公司整体资产相比的超额风险溢价确定著作权资产折现率。

（2）直接法，直接从市场上获得类似著作权资产的交易价值，同时获得其年平均投资回报，以其年平均回报除以市场价值就可以得到其年投资回报率，这个回报率就是我们需要的折现率。

（3）间接法，利用在上市公司中选取拥有与被评估著作权类似著作权资产的公司作为对比公司，通过估算对比公司的著作权折现率来分析确定被评估著作权资产的折现率。

【实务要求 4-10】 承[实务要求 4-9]，王师傅分析无风险报酬率为 2%，风险报酬率根据评估对象特有的风险来确定，该著作权资产的风险主要来自侵权盗版风险、市场风险和运营风险。通过分析，结合被评估公司的实际情况，本次评估将该著作权的风险报酬率确定为 12.84%。王师傅让王子睿计算该软件的折现率并确定该软件的评估价值。

实务处理：王子睿根据获取的数据，决定采用累加法进行估算：

无形资产折现率＝无风险报酬率＋风险报酬率＝2%＋12.84%＝14.84%

$$无形资产的评估价值 = \frac{79\,050}{1+14.84\%} + \frac{90\,600}{(1+14.84\%)^2} + \frac{95\,400}{(1+14.84\%)^3} + \frac{81\,900}{(1+14.84\%)^4} + \frac{66\,000}{(1+14.84\%)^5}$$

$$\approx 280\,653.13（元）$$

【实战训练 4-9】 2025 年 4 月，王子睿跟王师傅一起对浙江钢焊有限责任公司的著作权资产进行评估。已知，著作权资产的目前著作权许可收益为 300 万元，未来 3 年平均增长率为 5%，假设从第四年开始，该字体的市场认可度趋于稳定，未来著作权许可收益保持在第三年的水平上。折现率与资本化率均为 9%，公司所得税税率为 25%，该资产剩余使用寿命期为 25 年，试计算该浙江钢焊有限责任公司著作权资产评估值是多少？

解：王子睿分析，该著作权资产采用许可费节省法进行评估。（小数点后保留两位）未来 3 年著作权许可收益分别为：

300×（1+5%）＝315（万元）

315×（1+5%）＝330.75（万元）

330.75×（1+5%）≈347.29（万元）

$$该著作权价值 = \frac{315}{1+9\%} + \frac{330.75}{(1+9\%)^2} + \frac{347.29}{(1+9\%)^3} +$$

$$\frac{347.29}{9\%\times(1+9\%)^3}\times\left(1-\frac{1}{(1+9\%)^{22}}\right)$$
$$\approx 3\,367.74(万元)$$

(二) 成本法

重置成本一般应该是作品的重置成本,包括创作人员和管理人员的人工成本、材料成本、创作环境配套成本、场地使用或者占用等合理成本以及合理利润和相关税费等。

应当将著作权资产的重置成本在评估对象所包含的著作权财产权利与没有包含在评估对象中的著作权财产权利之间进行合理的分摊。

著作权资产的贬损在其经济寿命期内可能不是均匀分布的,因此,应当采用合理反映贬损的方法确定著作权资产的贬值。

(三) 市场法

市场法评估著作权资产时,需收集足够的著作权可比交易案例,同时要重点分析交易案例的可比性,并对其差异进行调整,从而确定著作权资产的价值。

使用市场法,前提是要寻找具有可比性的著作权交易价格信息,该方法操作简单,易于理解,但操作的难度却比较大,因为著作权之间的可比性较低,交易较少,很多交易信息由于保密因素不易获得。

4-8 习题训练:
项目4 随堂练习四

任务5 评估商誉

一、商誉概述

(一) 商誉的定义

商誉是公司整体声誉的体现,是不可辨认无形资产,不能离开公司单独存在。在不同的财务报告或者税收制度下,商誉可能被赋予不同的概念。商誉通常表现为一个公司预期将来的利润超过同行业正常利润的超额利润的价值。这种价值的预期是由于公司所处的地理位置的优势,或由于历史悠久、经营效率高、管理水平高、人员素质高、良好的客户关系等多种因素综合造成的。理解商誉的内涵,应注意以下几点:

(1) 商誉是一种能够资本化的无形资产。商誉价值表现为公司收益和同行业资本平均收益的差额,该差额能够通过资本化的价值量表现出来。具体来讲,可以认为是公司相对于社会基准收益水平的资产实力与其重置成本价值的差额,而不是公司收益与社会基准收益的差额。

（2）商誉是一种不可辨认的无形资产。商誉没有实物形态，而是融入公司整体，因而它不能单独存在，也不能与公司其他各种可辨认资产分开来单独出售。商誉本身不是一项单独创造收益的资产，若脱离整体单独进行交易或评估是毫无意义的。因此，在评估时要考虑全部有形资产和可辨认的无形资产的价值，从而得出全部不可辨认的无形资产对于整个超额收益的影响程度，即商誉的价值。

（3）商誉的价值可正、可负、可为零。由于自创商誉价值难以量化，商誉的正负性主要是指商誉当中的并购商誉，其价值可正、可负、可为零。每个公司都存在商誉，但商誉的价值并不一定总为正值。商誉大多与公司整体经营效果相关，现实中公司资本实际收益不同，带来的商誉价值也会有正有负。

（4）商誉由多方面的因素决定。商誉是多项因素作用形成的结果，一般业界公认构成商誉的主要有以下因素：秘密的技术和工艺、杰出的管理层、良好的公司物质条件、高素质的公司员工、卓越的销售组织、畅通的销售渠道、有效的广告宣传、和睦的劳资关系、高水平的公共往来、优秀的资信级别、优越的战略地位、广阔的发展前景、有利的政府政策、优惠的纳税条件、足够的市场份额、领先的员工培训计划和竞争对手的不利发展等。

（二）商誉的特征

商誉具有依附性、累积性、整体性、持续性和动态性五大特征。

1. 依附性

公司是商誉及其价值的载体，商誉不能离开公司而单独存在。离开了公司，商誉价值也就不存在了。商誉是公司所有资产共同作用的结果，它的形成和效益的发挥与公司的有形资产和所处环境紧密相连。商誉不能与公司可辨认的资产分开出售，不存在独立的转让价值，也不能以独立的一项资产作为投资。可以把商誉看成是一种组合无形资产，即不可辨认无形资产的组合，它的价值只有在公司整体出售成交或整体合并成功后，才能得到体现。离开了某一特定的公司，这种商誉就变得毫无价值。

2. 累积性

商誉是公司长期积累起来的一项价值。商誉不是公司成立之初就有的，必须经过大量的市场营销、技术创新、广告宣传、公关活动和优质服务等一系列的长期智力投入方能逐渐形成。这种经营管理方式使顾客和用户对产品质量以及服务质量产生信任和好感，公司因此取得比同行高得多的收益。

3. 整体性

商誉本身不是一项单独的、能产生收益的无形资产，是多方面因素共同作用的结果。各种不同的无形因素从整体上有助于商誉价值的形成，但却难以用一定的方法或公式进行单独的计价，只能以商誉总体加以确定。鉴于此，它的价值只有通过公司整体收益水平才能体现出来，并通过公司的收益水平与同行业平均水平的比较才能判断和测定。因此，要从公司整体获利能力的角度来评估商誉价值。

4．持续性

不同于其他无形资产,商誉存续期间没有法定限制,它只依赖于公司的经营状况。只要公司遵守诚实守信的原则,不断提高产品质量,改善服务态度,商誉就能持续下去。这就是商誉的持续性特征,一旦形成,即可以在较长时间里发生无形的作用。

5．动态性

商誉的动态性表现为两方面:一方面,表现为种类的变化。由于商誉是无形资产当中不可辨认的部分,因此,它的范围也会随着可辨认的无形资产的变化而变化,即为商誉的动态性。随着计量技术以及人们认识水平的提高,一部分过去不可辨认的无形资产会逐步独立出来,被划分为可辨认无形资产。但是商誉这种不可辨认的无形资产并不会随着技术的进步而消失,因为会有新的无形资产产生,而当中不可辨认的部分依然会被划分为商誉,因此是一个有出有进的动态过程。另一方面,表现为价值量的变化。商誉价值会随着时间的推移或增或减,随着公司经营情况、外界环境、公司文化的整合及技术创新能力等条件发生变化而变动,即商誉是动态的,任何公司都不可能无代价地永远享用这一无形资产。具体而言,当公司的收益率不变,同行业同一规模的公司收益率增长速度大于其收益率的增长速度时,商誉的价值会随着公司的持续经营而耗减;当公司的收益率与同行业公司的收益率同比例增加时,商誉的价值可能在一定时期内不会改变;当同行业同规模公司的收益率增长速度小于其收益率增长速度时,商誉的价值有增加的可能性。

二、商誉评估的种类

商誉分为自创商誉和并购商誉两种。

(一) 自创商誉

自创商誉指公司在生产经营活动中创立和积累的、能给公司带来超额利润的资源。自创商誉受公司的盈利情况、公司的历史和文化、公司的社会形象和公司的资信级别的影响。

(1) 公司的盈利情况。自创商誉是对公司拥有持续竞争优势的综合反映。尽管公司的竞争优势表现在多个方面,但是所有这些竞争优势的最终体现形式都是公司的盈利情况。这种盈利大多表现为超额利润。那些未入账的无形资源和公司能力是公司获得竞争优势不可或缺的一部分,它们是公司获得持续超额利润的根本原因。因此,获取持续超额利润是衡量一个公司有无自创商誉最根本的标准,获利能力的大小也将直接影响自创商誉的价值。

(2) 公司的历史和文化。公司良好的商誉不是一蹴而就的,而是通过管理层和员工层长期的共同拼搏、积累,才形成了公司的技术秘诀、经营之道、公众形象及其社会知名度,也才构建了独特的公司文化。公司文化代表一个公司的精神,良好的公司文化可以促进公司内部良好关系的形成,与员工的沟通是否积极到位、员工之间团队协作精神是否强而有效都能从公司的文化中表现出来。悠久的公司历史可以成就良好的公司文化,良好的公司文化可以促使整个团队展现出"1+1>2"的效应,从而形成一个团结、高效、有机的整体,降低各方面的经营成本,创造超额利润。

(3) 公司的社会形象。公司良好的社会形象能增强消费者对公司产品(服务)的信任,提高公司产品(服务)的销路,增加公司的超额收益,这是社会形象对自创商誉贡献的基本方面。同时,公司树立良好的社会形象的行为也会得到社会各界特别是政府的认同,并由此形成较为融洽的公共关系,使公司今后在生产经营过程中有更多的方便,有利于公司的持续高效运行,最终为公司赚取更多利润。

(4) 公司的资信级别。优秀的资信级别可以降低公司的融资成本。优秀的资信级别是指公司具有良好的银行信用以及已跟银行建立良好的合作关系,当公司融筹资金时,可以优先获得金融界的支持,最快地对市场做出反应,从而扩大公司的市场占有率,取得其他公司无法得到的回报,有利于公司的未来经营发展。对于同行业的公司来说,谁拥有优秀的资信级别,谁就会获得克敌制胜的先机。因此,公司的资信级别是当今公司商誉价值构成的重要内容和有机组成部分。

(二) 并购商誉

并购商誉是指收购公司在收购或兼并其他公司时,支付的价款超过被收购公司各项净资产总额部分。并购商誉受协同效应因素、风险因素和资本市场因素影响。

(1) 协同效应因素。公司发生并购行为,所购买的往往是被并购公司作为一个有机整体创造未来利润和现金流量的能力,而不是互不相干的各个单项资产的价值。正因为如此,并购公司所支付的并购价格实际上是对被并购公司作为一个有机整体价值的反映,而不是对其账面净资产公允价值的反映。并购公司从自身利益出发,追求管理上、经营上和财务方面的协同效应,对并购后协同效应的预期决定了并购商誉的价值。并购公司也往往因为预期并购协同效应的存在而愿意溢价并购目标公司。可见,并购商誉就是并购双方公司各构成要素在预期的组合方式下期望的协同作用价值。

(2) 风险因素。一般来说,产权交易中包括商誉在内的公司整体的购买者,在购买时尚不能准确测定并购商誉价值的大小。无论是管理协同还是财务协同,都是并购方的预期,被并购公司要与并购方不断融合,这种融合是否成功,需要时间的验证。对并购协同效应的预期和多个公司之间的相互竞价是影响并购价格的两个关键因素,并购方对于该项投资风险的预期决定了竞价高低,进而影响并购商誉的价值。近年来,资本市场并购大潮风起云涌,在并购盛宴下公司市值暴涨。很多公司在并购过程中,以巨额商誉的形式增加了并购成本。一旦巨额减值发生,对并购公司未来业绩会造成巨大冲击。

(3) 资本市场因素。公司并购的支付方式主要有现金支付和股票支付两种方式,如果采用换股合并,被并购公司的股价水平将决定并购价格。然而,由于不完全有效市场的存在,股价并不仅仅和公司自身价值有关,其波动受制于各种经济、政治因素,并受投资心理和交易技术等的影响。而这些因素都是与公司自身价值无关的资本市场因素。因此,股票价格并不能客观公正地反映公司自身的价值,进而以这种方式产生的并购价格也就包含了许多资本市场的因素，同时并购商誉也被掺杂进了这些资本市场因素。

> 想一想：商誉用什么评估方法进行评估呢？

三、商誉评估的注意事项

商誉本身的特性决定了商誉评估的困难性。商誉评估的理论和操作方法争议较大，现在虽然尚无定论，但在商誉评估中，至少下列问题应予以明确：

第一，商誉评估须坚持预期原则。

公司是否拥有超额收益是判断公司有无商誉和商誉大小的标志，这里所说的超额收益指的是公司未来的超额收益，并不是公司过去或现在的超额收益。在评估过程中，对于目前亏损的公司，经分析预测，如果其未来超额收益潜力很大，则该公司也会有商誉存在，这在评估时必须加以综合分析和预测。

第二，商誉评估宜采用收益法进行。

由于商誉的不可辨认性及构成要素的多样性，一般采用收益法对其进行评估，其中两种最常用的具体评估方法是增量收益法和超额收益法。

增量收益法应用于商誉评估时，是通过对目标公司获取的增量经济收益进行本金化或者折现而得到商誉价值。根据被评估公司的实际情况，增量收益法又可分为增量收益资本化法和增量收益折现法。前者是把被评估公司各单项资产预期收益之和高于行业平均收益水平的增量收益进行资本化还原，进而确定商誉价值，适用于经营状况一直较好、增量收益比较稳定的公司。后者则是把公司可预测的若干年预期增量收益进行折现来确定商誉价值，适用于评估增量收益只能维持有限期的公司。

第三，商誉评估不能采用投入费用累加的方法进行。

商誉价值的形成既然是建立在公司预期超额收益基础之上的，那么，商誉评估值高低与公司为形成商誉投入的费用和劳务就没有直接联系，不会因为公司为形成商誉投资越多，其评估值就越高。尽管所发生投资费用和劳务会影响商誉评估值，但它是通过未来预期收益的增加得以体现的。因此，商誉评估不能采用投入费用累加的方法进行。

第四，商誉评估不能采用市场类比的方法进行。

商誉是由众多因素共同作用的结果，但形成商誉的个别因素具有不能够单独计量的特征，致使各项因素的定量差异调整难以运作，所以商誉评估也不能采用市场类比的方法进行。

第五，公司负债与否、负债规模大小与公司商誉无直接关系。

公司负债与否、负债规模大小与公司商誉无直接关系。有观点认为，公司负债累累，不可能有商誉。这种认识显然失之偏颇。在市场经济条件下，负债经营是企业的融资策略之一。按财务学原理分析，公司负债不影响资产收益率，而影响投资者收益率，即资本收益率。资本收益率与资产收益率的关系可以用下列公式表示：

$$资本收益率＝资产收益率÷（1－资产负债率）$$

在资产收益率一定且超过负债资金成本的条件下，增大负债比率，可以增加资本收益率，并不直接影响资产收益率。资产收益率高低受制于投资方向、规模以及投资过程中的组织管理措施。商誉评估值取决于预期资产收益率，而非资本收益率。当然，资产负债率应保持一定的限度，负债比例增大会增加公司风险，最终会对资产收益率产生影响。这在商誉评估时应有所考虑，但不能因此得出负债公司就没有商誉的结论。

四、商誉评估方法

目前，商誉采用收益法评估，具体包括割差法和超额收益折现法两种。

（一）割差法

割差法应用于商誉评估时，是通过计算公司整体价值扣除各项有形资产和可辨认无形资产价值后的差额而确定商誉价值的方法。公司整体价值和各项可辨认单项资产评估值可以分别通过多种具体的途径和方法进行评估。其计算公式如下：

$$商誉的评估值＝公司整体价值评估值－公司的各单项可辨认资产评估值之和$$

其中，公司整体价值评估值，通过预测公司未来预期收益并进行折现或资本化获取。公司的各单项可辨认资产评估值之和可运用以前讲解的各种资产价值的评估方法。

[实务要求 4-11] 王子睿跟着王师傅一起对浙江钢正有限责任公司的商誉展开评估，获取的信息如下：经预测，浙江钢正有限责任公司未来 5 年净利润分别为 300 万元、330 万元、360 万元、450 万元和 480 万元。从第六年起，每年收益处于稳定状态，即每年均为 480 万元。该公司一直没有负债，其有形资产只有货币资金和固定资产，且其评估值分别为 150 万元和 1 650 万元。该公司有一项可确指无形资产，即一个尚有 5 年剩余经济寿命的非专利技术，该技术产品每件可获超额净利润 30 元。目前该公司每年生产产品 10 万件，经综合生产能力和市场分析预测，在未来 5 年，每年可生产 10 万件，经预测折现率和本金化率均为 6%。王师傅让王子睿先确定公司整体价值，再估算该商誉的价值。

实务处理：

（1）王子睿根据分析该公司商誉价值评估应采用割差法进行。

（2）计算公司整体价值如下：

$$\frac{300}{1+6\%}+\frac{330}{(1+6\%)^2}+\frac{360}{(1+6\%)^3}+\frac{450}{(1+6\%)^4}+\frac{480}{(1+6\%)^5}+\frac{480}{6\%\times(1+6\%)^5}$$

$$\approx 7\,572.17（万元）$$

(3) 计算公司各单项资产价值如下：

单项有形资产评估值＝1 800（万元）

非专利技术评估值＝$\dfrac{300}{1+6\%}+\dfrac{300}{(1+6\%)^2}+\dfrac{300}{(1+6\%)^3}+\dfrac{300}{(1+6\%)^4}+\dfrac{300}{(1+6\%)^5}$

$\approx 1\,263.71$（万元）

(4) 评出商誉价值如下：

商誉＝公司整体资产评估值－公司的各单项可辨认资产评估值之和

＝7 572.17－(1 800＋1 263.71)＝4 508.46（万元）

（二）超额收益折现法

超额收益折现法是把公司可预测的若干预期超额收益进行折现，从而确定商誉价值的方法。其计算公式如下：

$$商誉价值 = \sum_{t=1}^{n} \dfrac{R_t}{(1+r)^t}$$

式中　R_t——第 t 年商誉预期超额收益额。

　　　r——折现率。

　　　n——收益期限。

【实战训练 4-10】 王子睿跟着王师傅一起对浙江钢焊有限责任公司的商誉展开评估，预计未来5年的预期超额收益额为300万元、360万元、450万元、480万元、600万元，折现率为10%。王师傅要求王子睿估算商誉的价值。

解：商誉的价值＝$\dfrac{300}{1+10\%}+\dfrac{360}{(1+10\%)^2}+\dfrac{450}{(1+10\%)^3}+\dfrac{480}{(1+10\%)^4}+\dfrac{600}{(1+10\%)^5}$

$\approx 1\,608.74$（万元）

4-9　习题训练：
项目4　随堂练习五

任务6　无形资产评估报告

一、无形资产评估报告特别规定事项

无形资产评估报告的基本要素中除常规的评估报告所提及外，还应当说明下列内容：无形资产的性质、权利状况及限制条件；无形资产实施的地域限制、领域限制及法律法规限制条件；与无形资产相关的宏观经济和行业的前景；无形资产的历史、现实状况与发展前景；评估依据的信息来源；评估方法的选择及其理由；各重要参数的来源、分析、比较与测算过程；对测算结果进行分析，形成评估结论的过程；评估结论成立的假设前提和限制条件;其他必要信息。

二、无形资产清查评估明细表

在无形资产评估中,根据评估需要有选择地记录在工作底稿中,如表 4-5～表 4-14 所示。

表 4-5　　　　　　　无形资产评估步骤及复核表　　　　　索引号:

被评估单位		评估基准日	
评估人员		现场工作日期	
操作步骤与要求		是	不适用
(1) 获取"其他无形资产申报表",与明细账、总账、报表核对。了解其账面价值的构成和计价依据、摊销情况等			
(2) 收集无形资产的权属证明资料,了解无形资产的种类、具体名称、技术特征、存在形式、形成过程,核实取得的法律手续是否完备			
(3) 调查相关法律法规、宏观经济环境、技术进步、行业状况、产品生命周期、企业经营管理、市场环境等对该无形资产价值的影响			
(4) 选定评估方法			
(5) 调查、收集反映无形资产获利能力、收益期限、折现率等的相关资料			
(6) 逐项说明评估参数的确定依据			
(7) 核实其他需要说明的事项			
(8) 如有评估增减值,分析评估增减值的原因			
(9) 需在报告中特别说明的事项			

说明与备注

复核人签名:

年　月　日

4-10　素养引领:
情景剧——评估
工作底稿填写

表 4-6　　　　　　　　　无形资产清查评估明细表　　　　　　索引号：

被评估单位：　　　　　　　评估基准日：　年　月　日　　　　金额单位：人民币元

序号	内容或名称	取得日期	法定/预计使用年限	原始入账价值	账面价值	清查情况	调整后账面值	评估方法	评估价值	交叉索引号	备注

备注：

清查日期：　年　月　日　　　　　　评估人员：　　　　　复核人：

表 4-7　　　　　　　无形资产(　　)基本情况调查表　　　　　索引号：

被评估单位：　　　　　　　评估基准日：　年　月　日

无形资产名称					
无形资产类型	专利权		专有技术		商标权
	著作权				其他
权利类型	所有权		使用权		其他
无形资产的形成	外购		自行研制		其他
入账价值/账面价值					
所有权人					
所有权证明文件及取得日期					
使用权范围及其证明文件					
其他需要说明的情况					
对无形资产的初步评价					
评估目的					
选用评估方法					
评估方法的选择理由					

清查日期：　年　月　日　　　　　　评估人员：　　　　　复核人：

资产评估实务

表 4-8　　　　　　　　　无形资产作业分析表——收益法　　　　　索引号：C6-2/5-1

被评估单位：　　　　　　　评估基准日：　年　月　日　　　　　金额单位：人民币元

无形资产名称		账面值	
计算公式		评估价值	
计算公式要素	各要素值	取值依据及其附表索引号	
收益期限（年）			
基础转让费（万元）			
分成率			
收益现值合计			
折现率			
所得税税率			
备注			

清查日期：　年　月　日　　　　　评估人员：　　　　　　复核人：

表 4-9　　　　　　　　　　收益期限测算表　　　　　　　　索引号：C6-2/5-2

被评估单位：　　　　　　　评估基准日：　年　月　日

无形资产名称				
有效期限	法定	合同		年至　　年
续展时间及条件				
市场寿命期分析				
收益期综合分析				
收益期限预测	注：有限期用数字表示，无限期用∞表示			年

清查日期：　年　月　日　　　　　评估人员：　　　　　　复核人：

表 4-10　　　　　　　　前 3～5 年收益分析表　　　　索引号:C6-2/5-3

被评估单位：　　　　　　评估基准日：　年　月　日

无形资产名称：　　　　产品名称：　　　　　　　金额单位：人民币元

项目	1	百分比	2	百分比	3	百分比	4	百分比	5	百分比
运用无形资产的收入额 1										
运用无形资产的收入额 2										
收入合计										
收入增长率										
营业成本										
成本增长率										
税金及附加										
毛利										
毛利增长率										
销售费用										
销售费用增长率										
其中：										
管理费用										
管理费用增长率										
其中：										
财务费用										
财务费用增长率										
其中：										

项目 4

无形资产评估

(续表)

项目	1	百分比	2	百分比	3	百分比	4	百分比	5	百分比
费用合计										
税前利润										
所得税										
税后利润										
加项(无现金支出的费用)										
增长率										
其中:										
收入总计										

清查日期：　　年　月　日　　　　　评估人员：　　　　　复核人：

表 4-11　　　　　　　　　　未来收益预测表　　　　　　　索引号：C6-2/5-4

被评估单位：　　　　　　　评估基准日：　年　月　日

无形资产名称：　　　　　产品名称：　　　　　　　　　金额单位：人民币元

项目	1	百分比	2	百分比	3	百分比	4	百分比	5	百分比
运用无形资产的产品收入										
营业成本										
税金及附加										
毛利										
销售费用										
管理费用										
财务费用										
费用合计										
税前利润										
所得税										
税后利润										
减：投资支出										
加：无现金支出的费用										
其中：										
加：期末收益										
收入总计										

(续表)

	1	百分比	2	百分比	3	百分比	4	百分比	5	百分比
无形资产分成率										
无形资产分成额										
折现率										
折现系数										
现值										
无形资产评估价值										

清查日期：　年　月　日　　　　　评估人员：　　　　　复核人：

表 4-12　　　　　　　　　　折现率测算表　　　　　　　索引号：C6-2/5-5

被评估单位：　　　　　　评估基准日：　年　月　日　　　金额单位：人民币元

无形资产名称：			
加权平均资金成本法	公式	$r=$长期负债占投资资本的比重×长期负债成本＋所有者权益占投资资本的比重×净资产投资要求的回报率	计算结论
长期负债占投资资本的比重		长期负债成本	
所有者权益占投资资本的比重		净资产投资要求的回报率	
β 系数法计算公式	公式	$r=$无风险报酬率＋(社会平均收益率－无风险报酬率)×β	计算结论
项目	选取值	测算说明	
无风险报酬率			
社会平均收益率			
行业平均风险报酬率			
β 系数			
加和法计算公式	公式	$r=$无风险报酬率＋行业风险报酬率＋经营风险报酬率＋财务风险报酬率＋其他风险报酬率	计算结论
类型	报酬率	测算说明	
行业风险报酬率			
无风险报酬率			
经营风险报酬率			
财务风险报酬率			
其他风险报酬率			

(续表)

比较法计算公式	$r = \sum$ 比较对象报酬率×调整系数×权重		计算结论	
比较对象	报酬率	调整系数	权重	测算说明
比较对象1				
比较对象2				
比较对象3				
……				
其他计算方法				
备注：				

清查日期： 年 月 日 评估人员： 复核人：

表 4-13　　　　　无形资产作业分析表——成本法　　　　　索引号：C6-2/3-1

被评估单位：　　　　　　　评估基准日： 年 月 日　　　　　金额单位：人民币元

原始入账价值	取得日期	法定/预计使用年限	账面价值

序号	成本项目	成本测算金额	取值依据说明	备注
1				
2				
3				
4				
5				
6				
7				
8				
9				
10				
11				
12				
13				

(续表)

序号	成本项目	成本测算金额	取值依据说明	备注
14				
15				
16				
17				
18	合计			
	贬值因素内容	贬值率	贬值率计算依据	备注
19				
20				
21	贬值因素合计			

清查日期：　　年　月　日　　　　　评估人员：　　　　　复核人：

表 4-14　　　　　　　其他无形资产作业分析表——市场法　　　　索引号：C6-2/4-1

被评估单位：　　　　　　评估基准日：　　年　月　日　　　金额单位：人民币元

项目	评估对象	案例一	案例二	案例三
简介（无形资产主要内容、交易情况等）				
成交金额				
成交日期				
交易背景				
主要调整因素分析				
比准价格				
评估价值计算过程				

清查日期：　　年　月　日　　　　　评估人员：　　　　　复核人：

【实务要求 4-12】　对浙江钢正有限责任公司无形资产的评估基本完成后，王师傅让王子睿完成无形资产的评估报告。（说明：无形资产评估报告中的"浙江钢正有限责任公司无形资产评估结果汇总表"中的前 3 个无形资产评估过程略）

实务处理：王子睿根据评估情况初步撰写了无形资产的评估报告，具体如下：

浙江钢正有限责任公司无形资产评估报告
ZX 评报字〔2025〕8 号

评估项目名称：浙江钢正有限责任公司无形资产评估报告

评估委托人：浙江钢正有限责任公司

评估机构：浙江中信资产评估公司

注册资产评估师：王　慧　王　详

评估作业日期：2025 年 4 月 1 日至 2025 年 6 月 6 日

评估报告出具日期：2025 年 6 月 10 日

评估报告编号：ZX 评报字〔2025〕8 号

目　　录

一、声明

二、浙江钢正有限责任公司无形资产评估（评估报告摘要）

三、浙江钢正有限责任公司无形资产评估（评估报告书）
　　（一）委托方与资产占有方简介
　　（二）评估目的
　　（三）评估范围和对象
　　（四）评估基准日
　　（五）评估原则
　　（六）评估依据
　　（七）评估方法
　　（八）评估过程
　　（九）特别事项说明
　　（十）评估基准日后的重大事项
　　（十一）评估报告的法律效力
　　（十二）评估结论
　　（十三）评估报告提出日期

四、评估报告附件

声　明

　　我们在执行本资产评估业务中,遵循相关法律法规和资产评估准则,恪守独立、客观和公正的原则;根据我们在执业过程中收集的资料,评估报告陈述的内容是客观的,并对评估结论合理性承担相应的法律责任。

　　评估对象涉及的资产清单由委托方、被评估单位(或者产权持有单位)申报并经其签章确认;所提供资料的真实性、合法性、完整性,恰当使用评估报告是委托方和相关当事方的责任。

　　我们与评估报告中的评估对象没有现存或者预期的利益关系;与相关当事方没有现存或者预期的利益关系,对相关当事方不存在偏见。

　　我们已对评估报告中的评估对象及其所涉及资产进行现场调查;我们已对评估对象及其所涉及资产的法律权属状况给予必要的关注,对评估对象及其所涉及资产的法律权属资料进行了查验,并对已经发现的问题进行了如实披露,且已提请委托方及相关当事方完善产权以满足出具评估报告的要求。

　　我们出具的评估报告中的分析、判断和结论受评估报告中假设和限定条件的限制,评估报告使用者应当充分考虑评估报告中载明的假设、限定条件、特别事项说明及其对评估结论的影响。

浙江中信资产评估公司
2025 年 6 月 10 日

浙江钢正有限责任公司无形资产评估
（评估报告摘要）

ZX 评报字〔2025〕8 号

浙江中信资产评估公司接受浙江钢正有限责任公司的委托,根据有关法律法规和资产评估准则、资产评估原则,采用收益法,按照必要的评估程序,对浙江钢正有限责任公司无形资产在 2025 年 4 月 5 日所表现的市场价值进行了评估,如表 4-15 所示。

表 4-15　浙江钢正有限责任公司无形资产评估结果汇总表

评估基准日:2025 年 4 月 5 日　　　　　　　　　　　　　　　　　　　金额单位:万元

	项目	账面价值 A	评估价值 B	增减值 $C=B-A$	增减率 $D=C\div A\times 100\%$
1	一种减少焊缝的不锈钢生产工艺	364.21	395.85	94.92	8.69%
2	品牌名称:钢正	2 585.34	3 049.15	463.81	17.94%
3	钢正办公管理软件	17.28	28.07	10.79	62.44%
4	商誉		4 508.46		

本报告有效期自评估基准日 2025 年 4 月 5 日起计算,1 年内有效。

本评估项目的报告日为 2025 年 6 月 10 日。

以上内容摘自评估报告正文,欲了解本评估项目的详细情况,应当阅读评估报告正文,并关注特别事项说明。

浙江钢正有限责任公司无形资产评估
（评估报告书）

ZX 评报字〔2021〕8 号

浙江钢正有限责任公司：

浙江中信资产评估公司接受浙江钢正有限责任公司的委托，根据国家有关资产评估的规定，本着客观、独立、公正、科学的原则，按照公认的资产评估方法，对委托方委估的无形资产的市场价值进行评估工作。本公司评估人员按照必要的评估程序对委托评估的资产实施了勘察、市场调查与询证，对委估资产在 2021 年 2 月 28 日所表现的市场价值做出了公允反映。现将资产评估情况及评估结果报告如下。

（一）委托方与资产占有方简介
委托方：浙江钢正有限责任公司
资产占有方：浙江钢正有限责任公司
住所：略
法定代表人：略
注册资本：略
经营范围：略

（二）评估目的
浙江钢正有限责任公司拟资产重组，对公司无形资产进行评估。本次评估是为浙江钢正有限责任公司的无形资产提供价值参考依据。

（三）评估范围和对象
本次纳入评估范围的无形资产包括一种转炉炼钢法、轧钢加热炉的工艺及装备、一种不锈钢芯板组合材料及其制作方法、一种减少焊缝的不锈钢生产工艺、品牌名称钢正、电影作品版权、钢正办公管理软件、商誉。

（四）评估基准日
本评估项目基准日是 2025 年 4 月 5 日。

（五）评估原则
根据国家资产评估的有关规定，本公司及评估人员遵循以下原则进行评估：
（1）坚持独立、客观、公正的评估原则。
（2）坚持预期和公开市场的操作原则。
在本次资产评估过程中，本公司评估人员按照资产评估的有关法律法规以及《资产评估报告基本内容与格式的暂行规定》的要求，遵循以上基本原则，对委估资产进行评估，合理确定资产的技术状态和参数，以保证客观、公正地反映评估对象的现时公允价值。

（六）评估依据
（1）《无形资产评估准则》《中华人民共和国专利法》和《国务院关于修改〈中华人

民共和国专利法实施细则〉的决定》(2010 修订)。

(2) 中国资产评估协会中评协〔1996〕3 号文颁发《资产评估操作规范意见(试行)》。

(3)《资产评估报告基本内容与格式暂行规定》和财企〔2004〕20 号《资产评估准则——基本准则》及《资产评估职业道德准则——基本准则》。

(4)《中华人民共和国公司法》。

(5) 委托方提供的专利权等证明(略)。

(6) 资产评估业务约定书和资产占有方法人营业执照。

(7) 评估人员现场勘查记录等。

(七) 评估方法

以被评估资产继续使用和公开市场为前提或假设前提,根据被评估资产状况、资产评估目的、委估资产类型和市场状况以及评估人员掌握的价格资料,针对本次评估的特定目的,采用收益法进行评估。

(八) 评估过程

本次评估于 2025 年 4 月 1 日至 2025 年 6 月 6 日,包括接受委托、现场调查、评定估算、评估汇总、提交报告等全过程。主要步骤为:

(1) 接受委托:我公司于 2025 年 2 月 28 日接受浙江钢正有限责任公司的委托,正式受理了该项资产评估业务。在接受评估后,由项目负责人先行了解委托评估资产的构成、产权界定、经营状况、评估范围、评估目的,与委托方、资产占有方共同商定评估基准日、制订评估工作计划并签订资产评估业务委托约定书,明确双方各自承担的责任、义务和评估业务基本事项。

(2) 现场调查:在资产占有方资产清查的基础上,评估人员根据其填制的资产评估申报明细资料,调查专利技术成熟、进展状况、设备齐全、市场适应情况和技术创新点等各项指标,并对其专利权证明文件等资料进行检查、核实、验证。

(3) 评定估算:评估人员针对资产类型,依据评估现场勘察等情况,选择评估方法,收集市场信息,评定估算委托评估资产的评估值。

(4) 提交报告:评估人员对待评资产进行评定估算,得出评估结果,撰写评估报告。本公司按公司内部的审核程序对报告作全面的复核审查。在全面考虑有关意见后,项目负责人对报告进行了必要的修改后,向委托方提交正式的资产评估报告书。

(九) 特别事项说明

(1) 本次评估结果,是反映评估对象在本次评估目的下,根据公开市场原则确定的现行公允市价,没有考虑将来可能承担的特殊交易方式可能追加付出的价格等对其评估价值的影响,也未考虑国家宏观经济政策发生变化以及遇有自然力和其他不可抗力对资产价格的影响。

(2) 本次评估结果,未考虑现在或将来委估资产发生或可能发生的抵押对评估值的影响,提请报告使用者关注。

(十) 评估基准日后的重大事项

(1) 在评估基准日后、有效期以内,如果资产数量及作价标准发生变化时,委托方在资产实际作价时应给予充分考虑,进行相应调整。

(2) 评估基准日后至评估报告提交之前,未有对本次评估结果产生重大影响的事项。

(十一) 评估报告的法律效力

(1) 本报告所称评估价值是指所评估资产在现有不变并继续经营或转换用途继续使用,以及在评估基准日的状况和外部经济环境前提下,即资产在市场上可以公开买卖的假设条件下,为本报告书所列明的目的而提出的公允评估意见。

(2) 本报告的附件是构成报告的重要组成部分,与报告书正文具有同等的法律效力。

(3) 本评估结论按现行规定有效期为1年,即评估目的在评估基准日后的1年内实现时,可以此评估结果作为底价或作价依据,超过1年,需重新进行评估。

(4) 本评估结论仅供委托方为评估目的使用和送交财产评估主管机关审查使用,评估报告书的使用权归委托方所有,未经委托方许可,评估机构不得随意向他人提供或公开。

(5) 本次评估是在独立、客观、公正的原则下做出的,我公司参加评估人员与委托方无任何利害关系,评估工作置于法律监督之下,评估人员恪守职业道德和规范。

(6) 报告所涉及的有关法律证明文件,由委托方提供,其真实性由委托方负责。

(7) 本报告仅用于为委托方对外投资提供价值依据,不得用于其他用途,也不视为对被评估单位日后偿债能力做出的保证。委托人或其他第三者因使用评估报告不当所造成的后果与注册评估师及评估机构无关。

(十二) 评估结论

根据有关法律、法规和资产评估准则,遵循独立、客观、公正的原则,采用收益法,按照必要的评估程序,对浙江钢正有限责任公司在2025年4月5日的市场价值进行了评估,得出如表4-16所示的评估结论。

表4-16　　　　　　浙江钢正有限责任公司无形资产评估结果汇总表

评估基准日:2025年4月5日　　　　　　　　　　　　　　　　　　　　金额单位:万元

	项目	账面价值 A	评估价值 B	增减值 $C=B-A$	增减率 $D=C\div A\times 100\%$
1	一种减少焊缝的不锈钢生产工艺	364.21	395.85	94.92	8.69%
2	品牌名称:钢正	2 585.34	3 049.15	463.81	17.94%
3	钢正办公管理软件	17.28	28.07	10.79	62.44%
4	商誉		4 508.46		

(十三) 评估报告提出日期

本报告提出日期为2025年6月10日。

评估报告附件

（1）资产评估委托方承诺函（复印件）。
（2）资产占有方营业执照（复印件）。
（3）评估机构营业执照（复印件）。
（4）评估机构资格证（复印件）。
（5）注册评估师资格证（复印件）。
（6）专利产品实物图。
（7）委托评估专利权证（复印件）。

注册资产评估师：王慧
注册资产评估师：王详
浙江中信资产评估公司
2025 年 6 月 10 日

【知识地图】

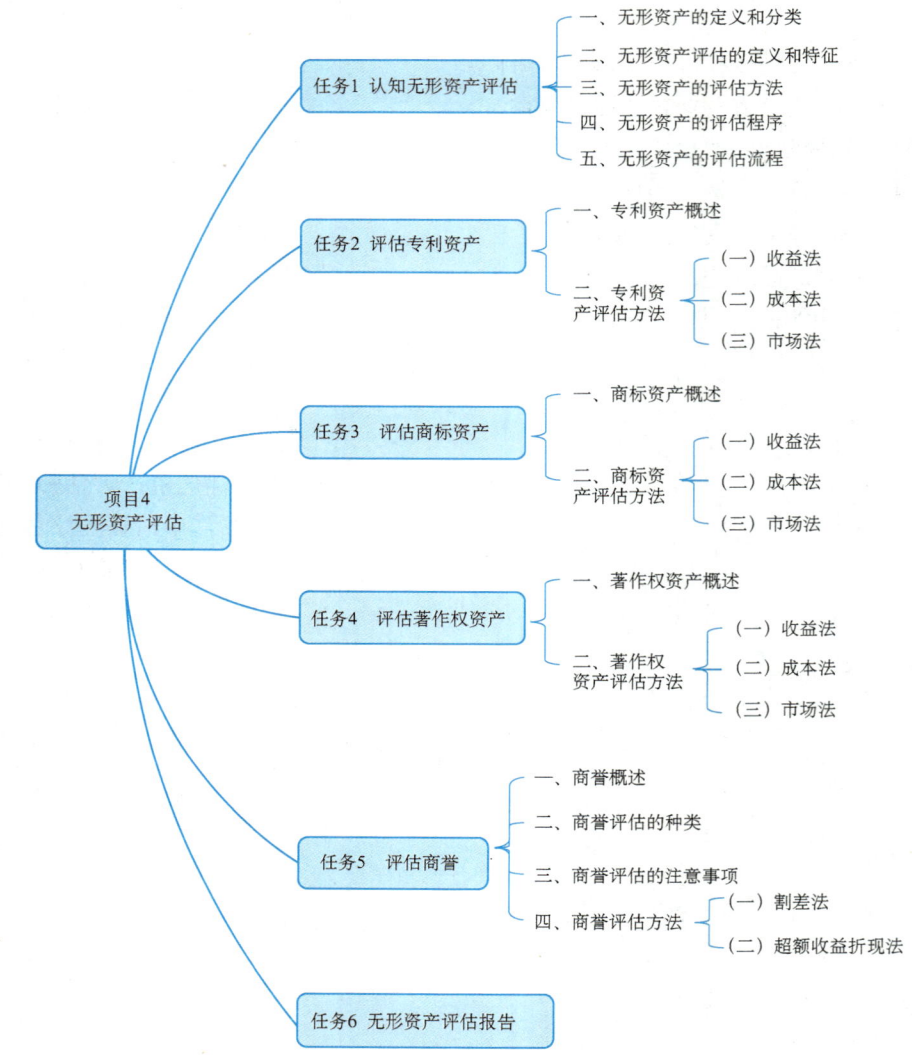

【考证直通】

4-11 考证园地：
无形资产评估
考点归纳

4-12 考证园地：
无形资产评估
考证题库及答案

4-13 考证园地：
无形资产评估
考证辅导视频

【辅教导学】

4-14 习题训练：
无形资产评估
课后作业

4-15 习题训练：
无形资产评估随堂
练习及课后作业答案

4-16 拓展阅读：
无形资产评估
教学课件

4-17 拓展阅读：
资产评估准则
（无形资产）

4-18 素养引领：
思政案例分析题

项目 5 企业价值评估

【知识目标】

1. 熟悉企业价值评估的特点；
2. 了解企业价值评估所需收集的信息；
3. 掌握企业价值评估的收益法；
4. 熟悉企业价值评估的市场法和资产基础法。

【技能目标】

1. 能根据经纪业务的需求和评估目的判断使用恰当的方法评估；
2. 能够恰当选择、合理计算收益法评估时企业收益口径和形式，对应的折现率，以及合理的收益期限；
3. 能够合理选择市场法评估企业价值时所用到的可比对象，并科学合理地调整和计算价值比率；
4. 能够合理界定资产基础法中的评估范围。

【素养目标】

1. 了解最新的企业价值评估准则，并据此树立相关的执业素养；
2. 树立与时俱进、不断提升专业能力的理念；
3. 在评估作业中形成正确的价值观。

【引导案例】

永达咨询有限公司是一家经营状况良好,从事咨询业的中介机构,其业务以市场调查和投资咨询为主,另外也从事经营咨询和基金管理等业务。2024年年底,拓普咨询(集团)有限公司出于对其市场业务的战略考虑,希望能收购永达咨询有限公司的全部股权,并调整永达咨询有限公司未来的业务结构。评估基准日为2024年12月31日,资产评估的目的是通过对永达咨询有限公司的企业价值进行评估,为股权交易双方提供股权价值的参考依据。浙江中大资产评估师事务所接受了这项评估工作的委托,由评估师蒋燕华与其团队共同完成。王燕是资产评估专业的大三学生,于2024年10月进入浙江中大资产评估事务所实习,所里让她跟着蒋燕华师傅学习,共同完成此次评估。

【知识准备】

任务 1 认知企业价值评估

一、企业价值及其影响因素

(一) 企业价值

企业价值是企业获利能力的货币化体现,在遵循价值规律的基础上,企业整体价值由股东全部权益和付息债务组成,而企业的股东权益又可进一步细分为股东全部权益和股东部分权益。

与其他资产相比,企业价值一般具有以下几个特点。

1. 企业价值是一个整体概念

企业价值是一个整体概念,主要表现在两个方面:①企业的价值不等于企业所拥有的各项资产价值的简单相加。企业价值所体现的是将企业人力、物力和财力等生产经营要素整合后形成的获利能力。②根据评估对象的不同,企业价值的表现形式可以是整体企业权益价值、股东全部权益价值和股东部分权益价值。

2. 企业价值受企业可存续期限影响

企业的价值依附于企业实体存在,处于不同的生命周期阶段的企业,可存续的期限不确定,其企业价值也会受到影响。

3. 企业价值表现形式具有虚拟性

企业的虚拟价值是指在金融市场上,特别是股票市场,形成的企业虚拟资产的市场价值。企业的实体价值表现为企业在商品市场上的交易价值或资产价值,包括有形资产价值和无形资产价值。在实体价值与虚拟价值并存的情况下,对企业价值的判断和评估应综合考虑企业实体价值和虚拟价值的影响。

(二) 企业价值的影响因素

影响企业价值的因素主要分为宏观环境因素、行业因素和企业发展状况三个方面。

首先,宏观环境因素是指对所有企业的经营管理活动都会产生影响的、外部的、基本不可控的因素,主要包括政治环境、宏观经济、法律法规、财政政策、货币政策、产业政策、技术进步以及社会和文化等因素。

其次,行业因素是指对行业内的所有企业的经营管理活动都会产生影响的各种因素,主要包括行业政策环境、行业经济特征、行业市场特征、行业竞争情况、行业特有的经营模式、行业的周期性、区域性和季节性特征、企业所在行业与上下游行业之间的关联性、上下游行业发展对本行业发展的有利和不利影响等。

最后,企业发展状况是指来源于企业内部并对企业价值产生影响的各种因素,分为企业层面的因素和资产层面的因素两大类。企业层面的因素包括企业发展、业务和经营战略、生产经营模式、业务或产品的种类和结构等因素;资产层面的因素主要与企业拥有的具体资产利用方式、利用程度、利用范围以及利用效果等情况相关。

二、企业价值评估的特点和要素

(一) 企业价值评估的特点

1. 评估对象载体是由多个或多种单项资产组成的资产综合体

企业价值评估的具体对象是被评估企业所拥有的固定资产、流动资产和无形资产等有机结合的资产综合体,而非孤立的多种单项资产。因此,无论是企业整体价值评估、股东全部权益价值评估,还是股东部分权益价值评估,评估的对象均是由多个或多种单项资产组成的资产综合体。

2. 企业价值评估关键是分析判断企业的整体获利能力

企业价值在本质上是以企业未来的收益能力为标准的内在价值。影响企业收益能力的因素有很多,既包括外在的宏观经济环境和行业发展状况,又包括内在的企业自身经营能力和竞争能力等,但决定企业价值高低的核心因素是其整体获利能力。此外,企业在不同的获利水平状态下价值的表现形式也不同。

3. 企业价值评估是一种整体性评估

整体性是企业价值评估与其他资产评估的本质区别。企业价值评估须将企业作为一个经营整体并依据其未来获利能力进行评估。企业价值评估强调的是从整体上计量企业全部资产形成的整体价值,而不是简单估计单项资产的收益或估计单项资产的价值。

> 【心灵启迪】
>
> "创新是引领发展的第一动力",企业价值评估不仅要看重当前的资产和利润,更要看到企业的创新能力、研发投入和未来发展潜力。在进行企业价值评估时,关键是评估企业的整体获利能力,创新相关的因素不容忽视。

特别提示:评估时要注意区分企业价值与业务价值。业务是指企业内部某些生产经营活动或资产的组合。业务价值可理解为企业价值中的一部分,或是企业价值中的一种特殊形式。业务价值与企业价值的内涵、特征及评估方法相类似。

（二）企业价值评估的要素

1．企业价值评估的目的

企业价值评估的目的主要包括企业改制、企业并购、企业清算、财务报告、法律诉讼、税收、财务管理、考核评价以及其他目的。

2．企业价值评估的对象

企业价值评估的对象通常包括整体企业权益、股东全部权益和股东部分权益三种。

<u>整体企业权益</u>是公司所有出资人共同拥有的企业运营所产生的价值，即所有资本、付息债务和股东权益通过运营形成的价值。需要注意的是，整体企业权益价值并不必然等于资产负债表中的资产价值的合计数。①因为企业整体价值的评估范围包括资产负债表中的资产、负债，还包括表外所有的资产、负债，如商誉等无形资产。②资产负债表的资产合计数仅仅是各单项资产价值的简单相加，无法反映企业作为资产综合体的整体获利能力。

企业股东全部权益价值就是企业的所有者权益或净资产价值。企业价值中的股东全部权益价值、整体企业权益价值和股东全部权益价值之间的关系，可以通过表 5-1 直观体现。

表 5-1　　　　　　　　　简化资产负债表

资产	负债和所有者权益
流动资产价值(A)	非付息债务价值(D)
固定资产价值和无形资产价值(B)	付息债务价值(E)
其他资产价值(C)	股东全部权益(F)

企业总资产的价值＝$A+B+C$

全部负债和权益价值＝$D+E+F$

整体企业权益价值＝$(A+B+C)-D=E+F$

股东全部权益价值 $F=(A+B+C)-(D+E)$

股东部分权益价值其实就是企业一部分股权的价值或股东全部权益价值的一部分。股东部分权益价值的评估通常有两种途径：

（1）直接评估得出股东部分权益价值。

（2）先评估得出股东全部权益价值，再乘以持股比例或持股数量，并考虑必要的溢价或折价因素后得出股东部分权益价值。

3．企业价值评估范围

企业价值评估的一般范围通常是指企业产权涉及的具体资产范围。整体企业权益价值评估范围包括企业产权涉及的全部资产及非付息负债；股东全部权益和股东部分权益价值评估范围包括企业产权涉及的全部资产及全部负债。企业价值评估范围的界定，应与评估对象的口径相匹配。

4．企业价值评估中的常用评估假设

第一，持续经营假设。

特别提示：整体企业权益价值并不必然等于资产负债表中的资产价值的合计数。整体企业权益价值也不等于企业的总资产价值。股东部分权益价值并不必然等于股东全部权益价值与股权比例的乘积。因为还可能存在控制权溢价或者缺乏控制权折价问题。拥有控制权通常产生控制权溢价，缺乏控制权通常会产生折价。

选择持续经营假设假定被评估企业在评估基准日后仍将按照原来的经营目的、经营方式持续经营下去，具体包括存量持续经营假设、增量持续经营假设和并购整合持续经营假设等三种情况：

（1）存量持续经营假设是维持企业原有经营规模及产品结构的持续经营假设。

（2）增量持续经营假设指的是企业在其存量资产对应的经营规模基础上通过追加投入以实现扩大再生产，扩大企业经营规模或丰富企业产品结构的持续经营假设。

（3）并购整合持续经营假设指的是通过企业并购及并购后的重组整合，考虑并购整合过程对标的企业产生的协同效应的持续经营假设。

第二，清算假设。

清算假设是对资产在非公开市场条件下被迫出售或快速变现条件的假设说明。清算假设情况下被评估资产的评估价值通常要低于在公开市场假设下或持续使用假设下同样资产的评估价值。

想一想：在评估企业价值时，该结合哪些因素选择合适的评估假设？

5. 企业价值评估中的主要价值类型

企业价值评估中的主要价值类型有市场价值、投资价值和清算价值。在用价值和残余价值是针对单项资产或企业要素资产的价值类型，在企业价值评估中的应用较少。

（1）市场价值。市场价值是指自愿买方和自愿卖方在各自理性且未受任何强迫的情况下，评估对象在评估基准日进行正常公平交易的价值估计数额。

（2）投资价值。投资价值又称特定投资者价值，是指评估对象对具有明确投资目标的特定投资者或者某一类投资者所具有的价值估计数额。投资价值应具有以下要件：明确的资产、明确的投资者、特定目的、协同效应、投资回报水平、评估基准日、以货币单位表示和价值估计数额。

（3）清算价值。清算价值是指在评估对象处于被迫出售、快速变现等非正常市场条件下的价值估计数额。该价值类型是以评估对象被快速变现或被强制出售为前提条件的，只有评估对象是在快速变现或强制出售的前提条件下时，才可以选择清算价值。

【实务要求5-1】 蒋师傅要求王燕根据评估的要求明确此次评估的基本假设和价值类型。

实务处理：王燕同学根据前期工作中收集的资料了解到此次企业价值评估的目的是为股权交易双方提供中方股权价值的参考依据，该评估的委托方属于具有明确投资目标的特定投资者，因此，评估的价值类型属于投资价值。此外，永达咨询有限公司在股权交易之后经营目的、经营方式无变化，亦无停止经营的计划，符合持续经营假设的特点，故本次评估应基于持续经营假设开展。

三、企业价值评估的资料

企业价值评估的资料包括企业内部资料和企业外部资料。

1. 企业内部资料

企业内部资料主要包括评估对象相关权属资料，如权益法律文件、相关资产权属

特别提示：投资价值可以划分两个层级，第一层级的投资价值是基于投资者自身禀赋条件的特殊性或其交易目的的特殊性而做出的客观判断形成的价值；第二层级的投资价值是考虑了投资者自身的个性化和主观化判断形成的价值。

证明等；企业产权和经营资料，如企业设立和权益变更信息、主要股权投资信息、企业组织架构信息等；资产和财务资料，如资产状况、财务状况、管理状况、经营状况以及计划的相关资料。

2．企业外部资料

企业外部资料主要包括宏观环境因素，如经济情况、政治条件等；区域经济因素，如产业结构、区域发展状况等；行业发展因素，如行业周期、竞争状况等；以及证券市场和产权交易市场资料、可比企业资料等。

以上信息收集的来源可以分为公开信息来源和非公开信息来源两种。公开信息来源主要是指政府、数据服务机构、专业研究机构、高等院校等在网站、刊物、书籍等出版物中发布的信息。特别是收费的商业数据服务项目，是企业价值评估很好的信息来源，一般可以作为评估依据进行披露。非公开信息来源主要包括企业非公开的财务报告、可行性研究报告、商业计划书和工作总结等。这些信息有时带有很强的主观倾向或企业领导的意愿，评估专业人员应进行信息筛选。

5-1 习题训练：
项目5 随堂练习一

5-2 微课视频：辨析
企业价值与股权价值

任务2　评估企业价值

一、收益法评估企业价值

收益法的技术思路是通过将未来收益进行折现来估测企业价值。在评估操作中，合理分析和确定企业的持续盈利能力、预测未来收益的持续时间、未来收益的风险是合理估测企业价值的关键。

（一）收益法评估企业价值的流程

收益法评估企业价值的流程如图5-1所示。

（二）收益法评估的核心问题

1．正确界定企业的收益

在确定企业的未来收益时，通常需要注意以下两个方面：①企业收益额应当能够合理地反映企业获利能力。②企业的收益有多种表现形式，如净利润、股权自由现金流量、企业自由现金流量等，评估人员应当结合评估项目的具体情况以及收益指标本身特点选择合适的收益口径。

2．合理预测企业收益期限

企业未来收益的持续期限受到多种因素的影响。评估专业人员应结合自身专业知识和相关的宏观微观信息，做出科学、合理的判断。

特别提示：评估人员在信息收集和筛选的时候应遵循相关性、有效性、客观性和经济性四个原则。所收集的信息应当真实有效且能够满足评估工作需求，同时也要兼顾成本收益原则。

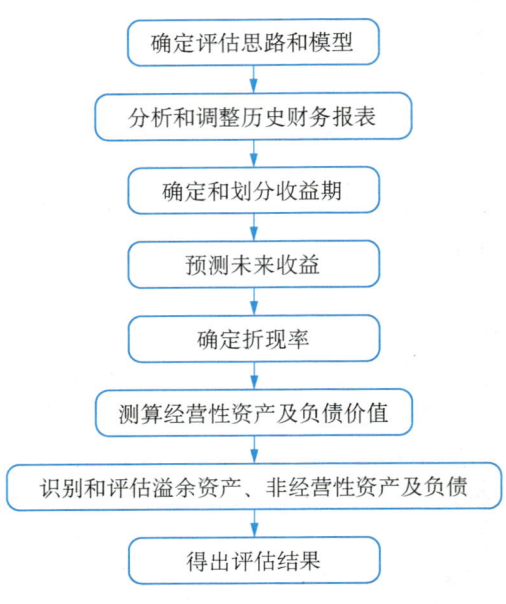

图 5-1　收益法评估企业价值的流程

3. 选择合适的折现率

从本质上讲,折现率是一种期望投资报酬率,是投资者在投资风险一定的情况下,对投资所期望的回报率。使用收益法评估企业价值时,要求折现率的口径应当与年投资收益的口径保持一致,两者的匹配关系如表 5-2 所示。

表 5-2　　　　　　　　　折现率与收益口径的匹配关系

收益口径	匹配的折现率	从收益折现得出的价值内涵
权益投资形成的税后收益,如净利润、股权自由现金流量	税后的权益回报率	股东全部权益价值
全投资形成的税后收益,如息前税后利润、企业自由现金流量	根据税后权益回报率和税后债务回报率计算的加权平均资本成本	企业整体价值
权益投资形成的税前收益,如利润总额	税前的权益回报率	股东全部权益价值
全投资形成的税前收益,如息前利润	根据税前权益回报率和税前债务回报率计算的加权平均资本成本	企业整体价值

(三) 收益法评估中主要参数的确定

1. 企业收益及其预测

收益额指的是企业在正常条件下的期望所得额,是运用收益法评估企业价值的关键参数之一。

第一,企业收益的形式。

企业收益有多种形式,如股利、净利润、息前税后利润、企业自由现金流、股权自由现金流等。本教材主要介绍常用的三类收益指标：股利、股权自由现金流量和企业自由现金流量。

(1) 股利。股利是企业向投资者分配的利润。股利的获得需要通过企业的利润分配过程来实现，不同组织形式的企业，利润分配的顺序和要求也会有所区别。公司制企业利润分配的顺序为：①计算可供分配的利润。②按税后利润的 10%，计提法定公积金。③根据股东大会讨论决议的方案和比例计提任意公积金。④向股东支付股利。

反映每股股利和每股收益之间关系的一个重要指标是股利分配率，因此，计算每股股利的公式为：

$$每股股利 = 每股收益额 \times 股利分配率$$

(2) 股权自由现金流量。股权自由现金流量可被理解为股东可自由支配的现金流量，即拥有企业在满足了全部财务要求和投资要求后的剩余现金流量。它是在扣除经营费用、偿还债务资本对应的本息支付和为保持预期现金流量增长所需的全部资本性支出后的现金流量。其计算公式为：

$$股权自由现金流量 = (税后净营业利润 + 折旧及摊销) - (资本性支出 + 营运资金增加) - 税后利息费用 - 付息债务净偿还$$

或　$$股权自由现金流量 = 净利润 + 折旧及摊销 - 资本性支出 - 营运资金增加 - 付息债务净偿还$$

或　$$股权自由现金流量 = 企业自由现金流量 - 债权自由现金流量$$

折旧和摊销属于非现金费用。此类费用在计提时并不会产生实际的现金流出，只是会计核算上的一种成本费用分摊过程。因此，在计算股权自由现金流量过程中，需要在净利润基础上加会计折旧和摊销金额。

资本性支出是企业用于购建固定资产和无形资产等长期资产的支出金额。企业的持续经营往往伴随着资本性支出的发生，资本性支出用于维持企业的生产以弥补固定资产等长期资产的损耗，或扩大生产追加投入。

营运资金增加额是指当期经营营运资金减去上期经营营运资金的余额。在预测时，先计算各年度所需的营运资金，再以当期营运资金减去上期营运资金，得出当期营运资金增量。

债务资本是企业向债务资本投资者筹集的资金，通常包括短期借款、长期借款和应付债券等需要支付债务利息的项目。债务资本也称为付息债务或付息负债。

(3) 企业自由现金流量。企业自由现金流量又称实体自由现金流量，可理解为全部资本投资者共同支配的现金流量，包括普通股股东、优先股股东和付息债务的债权人。其计算公式为：

$$企业自由现金流量 = (税后净营业利润 + 折旧及摊销) - (资本性支出 + 营运资金增加)$$

或：$$企业自由现金流量 = 股权自由现金流量 + 债权自由现金流量$$

其中：$$债权自由现金流量 = 税后利息支出 + 偿还债务本金 - 新借付息债务$$

术语解释：营运资金是企业流动资产总额减流动负债总额后的净额，即企业在经营中可供运用、周转的流动资金净额。

【实战训练 5-1】 永达公司 2024 年的销售额为 600 万元,预计 2025—2028 年以 6% 的比率增长,自 2028 年起增长率保持在 3%。该企业的税前营业利润率为 20%,资本支出等于年折旧费,营运资本占销售额的 20%。该企业未偿还的债务为 300 万元,利息率为 10%,企业所得税税率为 25%。蒋师傅要求王燕列表估算该集团 2025 年到 2029 年的企业自由现金流和股权自由现金流。

解:王燕在分析了资料之后,根据企业自由现金流和股权自由现金流的计算公式设计了计算表格,采用先计算企业自由现金流,再根据股权自由现金流＝企业自由现金流－债权自由现金流的方式预测了未来 5 年的现金流金额。具体如表 5-3 所示。

表 5-3　　　　　　　　永达公司未来现金流测算表　　　　　　　金额单位:万元

项目	基期 2024 年	预测期 2025 年	预测期 2026 年	预测期 2027 年	预测期 2028 年	永续期 2029 年
预期增长率		6%	6%	6%	6%	3%
收入	600.00	636.00	674.16	714.61	757.49	780.21
营业利润率	20%	20%	20%	20%	20%	20%
息税前利润	120.00	127.20	134.83	142.92	151.50	156.04
税后利润	90	95.4	101.12	107.19	113.62	117.03
折旧	—	—	—	—	—	—
△资本性支出	—	—	—	—	—	—
营运资本	120.00	127.20	134.83	142.92	151.50	156.04
△营运资本	—	7.20	7.63	8.09	8.58	4.54
企业自由现金流量	—	88.2	93.49	99.10	105.05	112.49
利息费用	—	30.00	30.00	30.00	30.00	30.00
税后利息费用	—	22.5	22.5	22.5	22.5	22.5
股权自由现金流量	—	65.70	70.99	76.60	82.55	89.99

第二,企业收益的口径选择。

收益口径的选择不仅要服从于企业价值评估的目的,而且所选择的收益能够客观反映企业的正常盈利能力,这需要评估人员注意以下三点:

（1）准确认识各收益指标本身所具有的特征。以净利润和自由现金流量为例:一是自由现金流量比净利润具有更高的可靠性。由于会计处理的原因,自由现金流量与净利润往往不一致,折旧方法的选择影响净利润,但不影响自由现金流量。二是自由现金流量比净利润与企业价值具有更高的相关性,企业价值最终由其现金流量决定而非由其利润决定。

（2）合理分析收益折现的效率和效果。使用不同的收益指标评估企业价值时,计算步骤和相关参数的计算难度均可能存在差异,进而影响评估的效率和效果。如果评估的是企业的股东全部权益价值（所有者权益价值）,就应选择净利润或股权自由现金流量作为收益指标;如果评估的是企业整体价值（所有者权益价值和付息债务之和）,就应选择净利润或股权自由现金流量加上扣税后的全部利息的和作为收益指标。

特别提示: 收益法的口径选择要求资本化率的口径应当与年投资收益的口径保持一致。

（3）正确分析收益指标与企业的适用性。在衡量不同行业，不同性质公司的未来收益时，所适用的收益指标是不同的，故需要评估人员结合企业的实际情况做出判断。例如，在银行、保险公司、证券公司的控股性产权变动业务中，股权自由现金流量就比企业自由现金流量更合适作为其收益指标。

第三，企业收益的预测。

企业收益预测大致分为以下四个步骤：

（1）对影响收益的因素进行分析，包括宏观因素、行业因素和企业内部因素。

（2）对历史收益进行分析和调整，主要包括对财务报表编制基础、非经常性收入和支出、非经营性资产、负债和溢余资产及其相关的收入和支出进行分析和调整。

（3）对未来收益趋势进行总体分析判断，注意不能仅凭企业的历史状态直接对未来进行推算，而是要结合影响企业经营状况的内外因素以及市场环境和发展周期在综合分析的基础上做出判断。

（4）对企业的未来收益进行具体分析，主要是对企业未来的利润表和资产负债表的内容进行预测。

【实务要求 5-2】 收益法评估永达咨询有限公司的价值需要对公司未来的收益进行合理预测。蒋燕华师傅把评估团队收集整理好的关于公司未来收益的预测材料交给王燕，让她估测公司评估基准日后的预期收益。

实务处理： 结合永达咨询有限公司的营运特点，蒋燕华将净现金流量作为衡量未来收益的口径，具体的数据结合公司近年的营运状况和未来的发展规律由评估人员进行预测，主要从公司未来的净利润、资本性支出、营运资本增加额等方面分别预测后，再根据以下公式进行计算：

净现金流量＝净利润＋折旧与摊销－资本性支出－营运资金增加额

第一步，预测公司未来 5 年的营业收入。

助理收集到公司近年来的收入情况如表 5-4 所示。

表 5-4　　　　永达咨询有限公司近年的营业收入情况　　　　金额单位：万元

项　目	2021 年	2022 年	2023 年	2024 年
咨询业务	383.47	653.23	1 416.83	1 419.07
调查业务	327.46	362.42	458.74	557.76
经营咨询业务	116.79	229.52	357.94	383.74
其他咨询业务	52.57	37.81	9.02	41.44
合计	880.29	1 282.98	2 242.53	2 402.01
增长率		46%	75%	7%

在确定未来收益时，由于公司自 2020 年起发生了较大的业务调整，故将 2019 年的收入作为预测公司未来收益的基数。此外，评估人员分析后认为永达咨询有限公司近年的收入增长较快且各类业务均有所发展，在确定公司未来收益增长率时参考比较稳定的 2020 年的增长比例为 7%，结合 2020 年大项目较多，对上述增长率修

名词解释： 评估中的溢余资产指的是为企业持续运营中并不必需的资产，如多余现金、有价证券，与预测收益现金流不直接相关的其他资产。

正-2%,即5%。因此,公司未来5年收益预测如表5-5所示。

表5-5　　　　　永达咨询有限公司未来5年的营业收入　　　　　单位:万元

年份	2025	2026	2027	2028	2029
营业收入	2 522.11	2 648.22	2 780.63	2 919.66	3 065.64

第二步,公司未来5年的营业成本预测。

王燕收集到公司近4年的营业成本占营业收入的比例份额分别为29%、23%、34%和32%。蒋师傅以销售收入为基数并以距离评估基准日最近的2020年营业成本占当年收入的比例32%为计取各年的营业成本的比例,营业成本预测如表5-6所示。

表5-6　　　　　永达咨询有限公司未来5年的营业成本　　　　　单位:万元

年份	2025	2026	2027	2028	2029
营业成本	807.05	847.43	889.80	934.29	981.01

第三步,公司未来5年的管理费用预测。

管理费用核算内容主要是人员工资、固定资产折旧、办公场所租赁费、办公费和业务招待费等。助理结合收集到的公司近年来的管理费用情况,预测得出公司未来5年的管理费用如表5-7所示。

表5-7　　　　　永达咨询有限公司未来5年的管理费用　　　　　单位:万元

年份	2025	2026	2027	2028	2029
管理费用	1 401.98	1 449.36	1 505.69	1 564.82	1 626.92

第四步,公司的财务费用不计,公司未来净利润的预测(已知该公司适用的所得税税率为25%)。

在蒋师傅的指点下,王燕根据前四步测算的结果,将公司未来净利润的预测结果统计如表5-8所示。

表5-8　　　　　永达咨询有限公司未来净利润预测表　　　　　单位:万元

项目	2025年	2026年	2027年	2028年	2029年及以后
一、营业收入	2 522.11	2 648.22	2 780.63	2 919.66	3 065.64
减:营业成本	807.05	847.43	889.8	934.29	981.01
二、营业毛利	1 715.06	1 800.79	1 890.83	1 985.37	2 084.63
减:管理费用	1 401.98	1 449.36	1 505.69	1 564.82	1 626.92
财务费用	—	—	—	—	—
三、营业利润	313.08	351.43	385.14	420.55	457.71
减:所得税费用	78.27	87.86	96.29	105.14	114.43
四、净利润	234.81	263.57	288.86	315.41	343.28

第五步,资本性支出预测。

蒋师傅根据永达咨询有限公司近几年来每年对办公及运输设备的更新投资情况,取其加权平均值作为资本性支出的预测数。根据这个思路,王燕计算得出永达咨询有限公司每年的资本性支出为24.08万元。

第六步,营运资金增加额预测。

蒋师傅综合永达咨询有限公司的营运状况,预测未来5年的现金营运资金增加额如表5-9所示。

表5-9　　　永达咨询有限公司未来5年的现金营运资金增加额　　　单位:万元

年份	2025	2026	2027	2028	2029
营运资金增加额	185.83	111.23	13.66	14.34	15.06

第七步,公司未来5年折旧及摊销预测。

目前的固定资产规模能够满足公司业务需求,因此,折旧的预测按评估基准日永达咨询有限公司固定资产原值和执行的年折旧率测算。

年折旧额=固定资产原值×年折旧率=219.10×18%=39.44(万元)

第八步,公司未来各年净现金流量的确定,如表5-10所示。

表5-10　　　　　永达咨询有限公司未来现金流量预测　　　　　单位:万元

年份	2025	2026	2027	2028	2029
净利润	234.81	263.57	288.86	315.41	343.28
加:折旧及摊销	39.44	39.44	39.44	39.44	39.44
减:资本性支出	24.08	24.08	24.08	24.08	24.08
减:营运资金增加额	185.83	111.23	13.66	14.34	15.06
自由现金流量	64.34	167.70	290.56	316.43	343.58

【心灵启迪】

企业的价值不应当仅仅体现在财务价值的创造上。在构建人与自然和谐共生的现代化的新趋势下,企业价值评估应关注企业的质量和效益,而非单纯的规模和速度,还应当考虑企业的社会责任和可持续发展能力。现有的评估理论中暂时未将这些指标明确考虑,但是同学们可以思考并探索一下如何将这些内容反映到估值中来。

2.折现率及其预测

折现率是将未来收益折算成现值的比率。由于时间偏好因素和投资风险因素,投资者未来获得一定数量收益所带来的效用不等于当前获得同等数量收益所带来的效用,因此,需要借助折现率将未来收益换算成现时收益。折现率是资金所有者由于放弃当前收益、承担未来风险所获得的补偿,也是资金使用者使用他人资金付出的代价,因此,折现率也是一种风险报酬率。折现率由无风险报酬率和风险报酬率组成。

无风险报酬率是指任何投资者都能够获得的投资报酬率,通常以国库券利率作为参照依据。风险报酬率是对投资风险的一种补偿,从数量上看,风险报酬率是超过无风险报酬率的那部分投资报酬率。在实务中,评估权益价值使用的折现率被称为股权资本成本,评估企业整体价值使用的折现率被称为加权平均资本成本。

第一,股权资本成本的测算。

资本资产定价模型(CAPM)是测算股权资本成本的常用模型之一,该模型将资产的期望收益率表示为无风险报酬率和β值相关的函数,具体公式如下:

$$R_e = R_f + \beta \times (R_m - R_f) + R_s$$

式中　R_e——股权资本成本。

　　　R_f——无风险报酬率。

　　　β——企业风险系数。

　　　R_m——市场预期报酬率。

　　　$(R_m - R_f)$——市场风险溢价。

　　　R_s——企业特定的风险调整系数。

(1)无风险报酬率。无风险报酬率表示即使在风险为零时,投资者仍期望就资本的时间价值获得的补偿。在我国企业价值的评估实务中,通常选用距评估基准日10年的长期国债到期收益率评估收益期在10年以上的企业;选用距评估基准日对应年限的长期国债到期收益率评估收益期在10年以下的企业。

(2)β系数。资本市场理论把风险分为系统风险和非系统风险,β系数是衡量系统风险的指标。一般来说,一个公司β系数的大小取决于该公司的业务类型、经营杠杆和财务杠杆等因素。可以将资本市场(如股市)的整体β系数定义为1,投资一家公司的股票,如果该股票的β系数为1.5,说明该股票收益波动率是股市平均波动率的1.5倍。

(3)市场风险溢价。市场风险溢价又称股权超额风险回报率,是对于一个充分风险分散的市场投资组合,投资者所要求的高于无风险报酬率的回报率。股票交易市场通常被认为是风险充分分散的市场,因此,市场风险溢价通常可以理解为股票市场所期望的报酬率超过无风险报酬率的那部分。

(4)企业特定风险调整系数。企业特定风险调整系数是衡量被评估企业与可比上市公司风险差异的一个指标。不同企业之间风险报酬率的差异,不仅受系统风险的影响,而且也会受到不同企业自身因素的影响,所以需要进行特定风险的调整。对于被评估企业的特定风险因素的调整主要从企业规模、企业所处经营阶段、主要产品所处的发展阶段、企业经营业务或产品的种类及区域分布、企业历史、经营状况、企业内部管理和控制机制、管理人员的经验与资历、对主要客户及供应商的依赖等方面考虑。

资本资产定价模型通过β系数的引入,灵活地衡量企业的超额收益对于市场超额收益的敏感程度,较好地解释了企业风险与其未来收益之间的关系。但资本资产定价模型的基本假设主要包括市场的信息是完全充分的和对称的、金融市场是完全

术语解释: 系统风险是影响所有资产的、不能通过资产组合而消除的风险,这部分风险由那些影响整个市场的风险因素所引起的。非系统风险是指发生于个别公司的特有事件造成的风险。这类风险只影响一个或少数公司,可以通过多样化投资来分散。

有效的、理性预期成立、投资者属于风险厌恶等内容。这些基本假设在现实市场、特定企业中难以完全满足，这使资本资产定价模型的应用受到一定的挑战。

【实战训练 5-2】 优联日化用品股份有限公司是一家从事日化用品生产和销售的上市企业，该企业的股权资本成本为 8%。若社会平均投资收益率为 10%，该企业所属的日化用品行业的 β 系数为 0.6，在不考虑企业特定风险调整系数的情况下，求无风险报酬率。

解：根据 CAPM 模型 $R_e=R_f+\beta\times(R_m-R_f)+R_s$，其中 $R_s=0$，则有：

$$R_f=\frac{R_e-R_m\times\beta}{1-\beta}\times100\%=\frac{8\%-10\%\times0.6}{1-0.6}\times100\%=5\%$$

因此，无风险报酬率为 1%。

第二，加权资本成本的测算。

加权平均资本成本由股权资本成本和债务资本成本综合得出，其中，股权资本成本的计算方法如前所述。

债务资本成本是被评估企业融资时所发行债券、向银行借款、融资租赁等所借债务的成本，也是被评估企业的债权投资者投资被评估企业所期望得到的投资回报率。债务资本成本主要受即期利率水平、企业违约风险以及贷款期限的长短等因素的影响。

按债务资本成本是否考虑抵税作用的影响，可以将债务资本成本区分为税前债务资本成本（不考虑节税效应）和税后债务资本成本（考虑节税效应）。两者的转换公式为：

税后债务资本成本＝税前债务资本成本×(1－企业所得税税率)

加权平均资本成本（WACC）也称为全投资折现率，是指将企业来源于各种渠道的资本成本，按照各自在总资本中的比重进行加权平均。它等于企业权益资本的回报率与债务资本的回报率的加权平均值。其计算公式为：

$$WACC=\frac{E}{D+E}\times R_e+\frac{D}{D+E}\times R_d\times(1-T)$$

式中　D——公司的债务资本金额。

　　　E——公司的权益资本金额。

　　　R_e——权益资本的投资回报率。

　　　R_d——债务资本的投资回报率。

　　　T——公司的所得税税率。

加权平均资本成本是匹配于企业自由现金流量等全投资口径的收益指标。在计算资本结构时，权益资本和债务资本的价值通常指市场价值。计算加权资本成本时，资本结构的取值对计算结果至关重要。

【实战训练 5-3】 已知，精益机械配件有限公司的所有者权益为 6 000 万元，付息债务为 4 000 万元，且以后期间保持该资本结构不变，权益资本成本为 8%，债务资本成本为4%，企业所得税税率为25%。蒋师傅让王燕计算该公司价值评估要求的加权平均资本成本。

解：
$$WACC = \frac{E}{D+E} \times R_e + \frac{D}{D+E} \times R_d \times (1-T)$$
$$= \frac{6\,000}{4\,000+6\,000} \times 8\% + \frac{4\,000}{4\,000+6\,000} \times 4\% \times (1-25\%)$$
$$= 6\%$$

【实务要求5-3】 蒋燕华让王燕需要对永达咨询有限公司的收益折现率进行合理预测。

实务处理：结合永达咨询有限公司的资本结构特点进行分析和研判后，王燕发现该公司为无杠杆经营，故采用CAPM模型估算该公司收益折现率。王燕先通过调查得到与此次评估相适应的10年期政府债券的报酬率为5%，用作评估时的无风险报酬率。再根据近年来证券市场的数据分析，确定永达咨询有限公司所处的咨询行业风险回报率约为13%。王燕在蒋师傅的指导下选择了3家与振兴公司类似的市场调研和投资咨询公司作为可比公司，通过加权平均的方式计算β值，具体如表5-11所示。

表5-11　　　　　　　　永达咨询有限公司β值计算

可比公司	消除财务杠杆的β	权重	永达咨询有限公司的β值
A	0.75	40%	
B	0.80	30%	0.66
C	0.40	30%	

永达咨询有限公司的特定风险调整系数约为3.8%，根据CAPM模型计算得到该公司的收益折现率：

$$R = R_f + \beta \times (R_m - R_f) + R_s = 5\% + 0.66 \times (13\% - 5\%) + 3.8\%$$
$$= 14.08\% \approx 14\%$$

（四）收益法评估企业的应用

1. 持续经营假设前提下的应用

第一，年金法。

年金法就是将企业未来的年金化收益进行折现进行估测企业价值的方法。使用年金法评估企业价值的前提是企业未来每年的预期收益金额和对应折现率固定不变。

（1）若未来收益为年金形式，计算公式为：

$$P = \frac{A}{r}$$

式中　P——企业价值评估值。

A——预期年收入。

r——折现率。

（2）若未来收益为非年金形式，则先将预期收益年金化，再折现计算，具体计算公式为：

$$P = \sum_{i=1}^{n}[R_i \times (1+r)^{-i}] \div \sum_{i=1}^{n}[(1+r)^{-i}] \div r$$

式中　R_i——企业 i 年预期收益。

　　　r——资本化率。

　　　$\sum_{i=1}^{n}[R_i \times (1+r)^{-i}]$——企业前 n 年的预期收益折现之和。

　　　$\sum_{i=1}^{n}[(1+r)^{-i}]$——年金现值系数。

【实战训练 5-4】 被评估企业是一家名为瑞玛的服装生产销售企业，评估人员经过分析预计未来 5 年该企业的预期收益额为 1 000 万元、1 200 万元、1 500 万元、1 600 万元和 2 000 万元。假定该企业的本金化率为 10%，试用年金法估测该企业持续经营条件下的价值。

解：运用年金法公式，有：

$$P = \sum_{i=1}^{n}[R_i \times (1+r)^{-i}] \div \sum_{i=1}^{n}[(1+r)^{-i}] \div r$$
$$= (1\,000 \times 0.909\,1 + 1\,200 \times 0.826\,4 + 1\,500 \times 0.751\,3 + 1\,600 \times 0.683\,0 + 2\,000 \times 0.620\,9) \div (0.909\,1 + 0.826\,4 + 0.751\,3 + 0.683\,0 + 0.620\,9) \div 10\%$$
$$= 14\,146(万元)$$

第二，**分段法**。

部分企业评估基准日后的经营状况可以根据收益形势划分为不同的阶段。分段法的评估思路是将企业的未来收益分为两个时期：预测期和稳定期。预测期指的是临近评估基准日，企业未来收益不稳定的一段时间，通常采用逐年折现并累加的方法估计该时期的当前价值；稳定期指的是收益呈现稳定或规律性变化的时期，通常根据收益规律进行折现和还原处理，求出对应的当前价值。最后，将两个时期的收益现值进行求和得到企业的评估价值。

（1）若稳定期将保持预测期最后一年的收益水平不变，那么公式为：

$$P = \sum_{i=1}^{n}[R_i \times (1+r)^{-i}] + \frac{R_n}{r} \times (1+r)^{-n}$$

式中　R_n——企业 n 年后各年的年金收益。

（2）若企业稳定期，即从 $(n+1)$ 年起的后段，预期年收益将按一个固定的比率 (g) 增长，那么公式为：

$$P = \sum_{i=1}^{n}[R_i \times (1+r)^{-i}] + \frac{R_n(1+g)}{r-g} \times (1+r)^{-n}$$

【实战训练 5-5】 蒋师傅需要根据德利公司的未来现金流情况评估其整体价值，根据公司的历史情况和未来的经营计划，公司预期未来 5 年现金净流量为 1 000 万元、1 200 万元、1 500 万元、1 800 万元、2 000 万元，第六年开始现金净流量以 2%的

特别提示：采用分段法进行企业价值评估时，正确判断稳定期收益规律对评估结果准确性有较大影响。评估人员需要结合企业的发展规划和未来经济、政治等环境因素的变化趋势谨慎判断。

固定增长率增长。无风险报酬率为5%,市场平均报酬率为10%,德利公司β系数为1.2,债权报酬率为4.67%,资产负债率始终为0.4,企业所得税税率为25%。蒋师傅要求王燕根据以上信息评估德龙公司的整体价值。

解:首先,王燕根据CAPM模型求出该公司股权报酬率:

$$R_e = 5\% + 1.2 \times (10\% - 5\%) = 11\%$$

其次,根据加权平均资本成本模型得到:

$$WACC = 11\% \times 0.6 + 4.67\% \times 0.6 \times (1 - 25\%) = 8\%$$

最后,王燕根据分段模型估算企业价值:

$$OV = \sum_{t=1}^{n} \frac{FCFF_1}{(1+WACC)^t} + \frac{FCFF_{n+1}}{(WACC-g) \times (1+WACC)^n}$$

$$= \frac{1\,000}{1+8\%} + \frac{1\,200}{(1+8\%)^2} + \frac{1\,500}{(1+8\%)^3} + \frac{1\,800}{(1+8\%)^4} + \frac{2\,000}{(1+8\%)^5} +$$

$$\frac{2\,000 \times (1+2\%)}{(8\%-2\%) \times (1+8\%)^5}$$

$$= 28\,969.53(万元)$$

2. 非永续经营假设前提下的应用

在现实中,并非所有的企业都具有持续盈利的能力和条件,部分企业由于企业章程中规定了有限的经营期限、所有者无意持续经营等原因,不再适用于持续经营的假设前提。对于此类企业,评估人员应当以非永续经营作为假设前提进行评估。该方法的计算思路类似于分段法,首先,将企业可预测的经营期限内的收益进行估测和折现。其次,将企业经营期满后的残余资产价值进行估测并折现。最后,将上述两部分价值求和得出企业的评估价值。其计算公式为:

$$P = \sum_{i=1}^{n} [R_i \times (1+r)^{-i}] + P_n \times (1+r)^{-n}$$

式中 P_n——第n年企业残余资产的变现值。

其他符号意义同前。

【实战训练5-6】若【实战训练5-4】中的企业由于经营合同到期的问题,预计于第五年年底终止经营,企业所有资产进行打包出售,预计售价约15 200万元,那么该企业当下的评估价格为多少?

解:$OV = \sum_{t=1}^{n} \frac{FCFF_1}{(1+WACC)^t} + \frac{FCFF_{n+1}}{(WACC-g) \times (1+WACC)^n}$

$$= \frac{1\,000}{1+8\%} + \frac{1\,200}{(1+8\%)^2} + \frac{1\,500}{(1+8\%)^3} + \frac{1\,800}{(1+8\%)^4} + \frac{2\,000}{(1+8\%)^5} +$$

$$\frac{152\,000}{(1+8\%)^5}$$

$$= 16\,174.57(万元)$$

【实务要求5-4】蒋燕华查看了王燕之前对永达咨询有限公司现金流量和折现率的测算成果,表示非常满意,她打算继续锻炼王燕的评估能力。因此,蒋师傅让王

特别提示:这里的残余资产价值通常有两种表现形式:一是企业的机器设备、房屋建筑物或其他有形资产等在不能继续使用的前提下,拆除变现的价值估计数额;二是经营期满后企业整体打包出售或转让的变现价值。

燕在之前工作的基础上对永达咨询有限公司的价值进行评估测算。

实务处理：王燕在查看了永达咨询有限公司的各项资产的统计结果,发现在评估基准日该公司持有的货币资金为300万元,而合理的营运资金为2个月的付现成本即80万元。因此：

基准日溢余资产＝基准日持有的货币资金－合理营运资金
＝300－80＝220(万元)

根据股东全部权益＝净现金流量现值＋溢余资产价值的公式,王燕计算永达咨询有限公司的股东全部权益如表5-12所示。

表5-12　　　　永达咨询有限公司股东全部权益价值评估　　　　金额单位:万元

项目	2025年	2026年	2027年	2028年	2029年及以后
自由现金流量	64.34	167.70	290.56	316.43	343.58
折现率	14%	14%	14%	14%	14%
折现期(年)	0.50	1.50	2.50	3.50	4.50
折现系数	0.9366	0.8216	0.7207	0.6322	0.5545
现值	60.26	137.78	209.40	200.05	1 551.45
现值合计			2 158.94		
溢余资产价值			220.00		
全部股东权益			2 378.94		

在持续经营假设前提下,基于本次评估目的永达咨询有限公司在评估基准日2024年12月31日的全部股东权益价值为2 378.94万元人民币。

(五)收益法的适用性

收益法的应用需要能够对被评估企业未来收益进行合理预测,能够对企业未来收益的风险程度以及相对应的期望收益率进行合理估算,此外被评估企业还需要满足持续经营的假设。这三者缺一不可,任何一项无法预测时运用收益法都是不恰当的。

想一想：哪些企业适合用收益法进行评估,他们具有怎样的特征?

5-3 习题训练:
项目5 随堂练习二

5-4 微课视频:
自由现金流的计算

二、市场法评估企业价值

(一)市场法评估企业价值的流程

市场法评估企业价值的流程如图5-2所示。

(二) 市场法的基本模型

企业价值评估中的市场法又称相对估值法,是指将评估对象与可比上市公司或者可比交易案例进行比较,确定评估对象价值的评估方法。

市场法所依据的基本原理是市场替代原则,即相似的企业应该具有类似的价值。具有相似性的被评估企业价值与可比对象价值可以通过同一经济指标联系在一起。其价值比例关系为:

$$\frac{V_1}{X_1} = \frac{V_2}{X_2}$$

即:

$$V_1 = X_1 \times \frac{V_2}{X_2} = \frac{P_2}{X_2} \times X_1$$

式中 V_1——被评估企业的价值。
　　　V_2——可比对象的价值。
　　　X_1, X_2——计算价值比率所选的经济指标。
　　　P_2——可比对象的市场交易价格。
　　　V/X——价值比率。

图 5-2 市场法评估企业价值的流程

术语解析: 有效市场是资产的现有市场价格能够充分反映所有有关、可用信息的资本市场。在这类市场中,任何依靠信息进行的投资都不能产生超额收益,资本市场是完全竞争市场,每个参与者都是价格接受者,因此资本市场的价格可以为企业投资融资决策提供依据。

在有效市场中,企业的市场交易价格可以一定程度地反映其价值。评估专业人员一般使用其市场交易价格作为可比对象的价值替代,计算价值比率。

（三）市场法的两种具体方法

市场法常用的两种具体方法是上市公司比较法和交易案例比较法。上市公司比较法是指获取并分析可比上市公司的经营和财务数据，计算适当的价值比率，在与被评估企业比较分析的基础上，确定评估对象价值的具体方法。交易案例比较法是指获取并分析可比对象的买卖、收购及合并案例资料，计算适当的价值比率，在与被评估企业比较分析的基础上，确定评估对象价值的具体方法。

上市公司比较法和交易案例比较法均通过对市场上可比交易数据的分析得出被评估企业的价值，不同点是可比对象的来源不同：上市公司比较法来源于公开交易的证券市场，基本模型中的 V_2 可选取上市公司的股权价值或企业价值；交易案例比较法来源于个别的产权交易案例，基本模型中的 V_2 可选取案例的实际交易价格。

由于证券市场和产权交易市场在运行效率、价格形成机制、可比对象数量、信息透明度存在较大差异，评估专业人员应该清楚两种不同方法的适用情形、应用前提及调整重点。

（四）可比对象的选择

评估人员选择具有可比性的可比对象是采用市场法进行企业价值评估最关键的因素之一。在选择可比对象时，一般要求可比对象应当与被评估企业属于同一行业，或者受相同经济因素的影响，并且在业务结构、经营模式、企业规模、资产配置和使用情况、企业所处经营阶段、成长性、经营风险、财务风险等方面具备可比性。

【心灵启迪】

> 企业价值评估应强调企业的法治精神和合规经营，分析企业在遵守法律法规、维护市场秩序等方面的表现。因此，在选择比较公司或市场参照物时，评估专业人员优先考虑那些诚信经营、透明度高、无违法违规行为的企业。这样的企业更能体现市场法评估企业价值的真实性和公正性。

（五）价值比率的选择和测算

采用市场法进行企业价值评估最关键的另一个因素是选择合适的价值比率。价值比率是指以价值或价格作为分子，以财务数据或其他特定非财务指标等作为分母的比率。价值比率是市场法对比分析的基础，由资产价值与一个与资产价值密切相关的指标之间的比率倍数表示，即：

$$价值比率 = \frac{资产价值}{比资产价值密切相关的指标}$$

按照价值比率分子的计算口径，价值比率可分为权益价值比率与企业整体价值比率，具体种类如下：

（1）权益价值比率，主要包括 P/E（市盈率）、P/B（市净率）等。

（2）企业整体价值比率，主要包括 $EV/EBIT$、$EV/EBITDA$（企业整体价值与息税前折旧摊销前利润比率)、EV/销售收入等。

评估专业人员在选择、计算和应用价值比率时,应当考虑以下几点:

一是选择的价值比率有利于合理确定评估对象的价值。

二是计算价值比率的数据口径及计算方式一致。

三是应用价值比率时对可比对象和被评估企业间的差异进行合理调整。

1. 市盈率

市盈率(P/E)是市场比较法中运用得最广泛的价值比率,该价值比率等于每股市场价格与每股收益之比。其计算公式如下:

$$P/E = \frac{企业股权价值}{利润} = \frac{股价}{每股收益}$$

当公司收益以稳定的增长率(g)增长时,我们可以利用股利固定增长模型,得到稳定增长公司的股权资本价值:

$$P_0 = \frac{DPS_1}{r-g}$$

式中 P_0——企业股权资本的价值。

DPS_1——下一年预期的每股股利。

r——股权资本成本。

g——预期股息增长率。

同时,因为 $DPS_1 = EPS_0 \times b \times (1+g)$,其中 b 为股利支付率,所以股权资本的价值计算公式可以写成:

$$P_0 = \frac{EPS_0 \times b \times (1+g)}{r-g}$$

等式两边同时除以 EPS_0 后得到市盈率 P/E 的表达式如下:

$$P/E = \frac{P_0}{EPS_0} = \frac{b \times (1+g)}{r-g}$$

根据该公式可知企业的市盈率指标主要由企业的增长潜力、股利支付率和风险决定,其中最主要的驱动因素是企业的增长潜力。

【**实务要求 5-5**】 评估永达咨询有限公司的过程中,蒋燕华收集到其中一家可比上市公司的资料显示:该公司 2024 年的每股收益为 1.65 元,股利支付率为 35%,收益和股利的增长率预计为 5%。该公司的 β 值为 1.2,市场风险溢价为 7%,无风险报酬率为 3%。在市场法评估时,蒋师傅认为以市盈率作为价值比率比较合适,于是她让王燕根据资料计算该公司的 P/E 值。

实务处理:王燕结合市场法评估企业价值所学的知识,作了如下计算:

当前的股利支付率 $b=35\%$

预期公司收益和股利的增长率 $g=5\%$

股权资本成本 $r=3\%+1.2\times7\%=11.4\%$

术语解析:产权交易市场是指供产权交易双方进行产权交易的场所。此处指狭义的产权交易市场,即社会主义市场经济条件下,各类企业作为独立的产权主体从事以产权有偿转让为内容的交易场所。

由此,根据市盈率的推导公式得到该公司的 P/E 值为:

$$P/E = \frac{b \times (1+g)}{r-g} = \frac{35\% \times (1+5\%)}{11.4\% - 5\%} = 5.74$$

根据市盈率的定义计算公式,同样可以计算得到:

$$P/E = [1.65 \times 35\% \times (1+5\%) \div (11.4\% - 5\%)] \div 1.65 = 5.74$$

市盈率指标的特点是易于获得且容易计算,同时亦能较好地反映公司的成长性、风险性等特征,比较适用于连续盈利的企业。若公司的盈利类指标是负值,市盈率就失去了经济意义,因此市盈率不适用于盈利情况不理想的企业价值评估。

2. 市净率

另一个常用的市场法评估指标是市净率(P/B)。市净率指的是每股股价与<u>每股净资产</u>的比率。其计算公式为:

$$P/B = \frac{企业股权价值}{净资产价值} = \frac{股价}{每股净资产}$$

市净率这一权益乘数的决定因素可以通过对以上公式的计算推导得知。根据股利固定增长模型,一家稳定增长的企业的权益价值为:

$$P_0 = \frac{DPS_1}{r-g}$$

将 $DPS_1 = EPS_0 \times b \times (1+g)$ 带入以上企业权益计算公式可以得到:

$$P_0 = \frac{EPS_0 \times b \times (1+g)}{r-g}$$

又因为净资产收益率 $ROE = EPS \div BV$(每股净资产),则 $EPS_0 = BV_0 \times ROE$,那么,企业的权益价值为:

$$P/B = \frac{P_0}{BV_0} = \frac{ROE \times b \times (1+g)}{r-g}$$

因此,市净率指标的驱动因素为权益净利润率、股利支付率、增长率及风险等。相比于市盈率,市净率指极少出现负值,较为稳定,适用于拥有大量资产且净资产为正的企业。然而,对于固定资产较少的服务企业和高科技企业,净资产与企业价值的关系不大,市净率就不再适用于这类企业的价值评估了。

特别提示: 由于每股净资产的账面价值易受会计政策的影响,若会计政策不一致则会缺乏可比性。

【**实战训练 5-7**】 王燕收集的另一家可比公司的财务数据显示:该公司 2024 年的每股净收益为 4 元,股利支付率为 40%。每股权益的账面价值为 30 元。此外,根据预测,该公司将长期维持 2% 的年增长率,公司的 β 值为 0.8,假设无风险报酬率为 3%,市场风险溢价为 7%。基于以上数据,试估计该公司的市净率(P/B)。

解:当前的股利支付率 $b = 40\%$

预期公司收益和股利的增长率 $g = 2\%$

股权资本成本 $r = 3\% + 0.8 \times 7\% = 8.6\%$

根据市净率的定义公式:

$$P/B=[4\times40\%\times(1+2\%)\div(8.6\%-5\%)]\div30=1.51$$

（六）市场法的适用性和局限性

1. 市场法的适用性

能够用市场法进行价值评估的企业一般需要满足三方面的条件：市场有效性、数据充分性和数据时效性。

（1）市场有效性要求被评估企业所在的资本市场发育比较成熟，一般而言，一个有效性较强的市场须满足以下特点。

一是存在大量的理性投资者，以追求利润最大化为目标，且不能单独对市场定价造成影响。

二是市场信息充分披露和均匀分布，投资者所获取的信息是对称的。

三是获取信息不存在交易成本。

四是投资者对信息变化会做出全面快速的反应，且这种反应又会导致市场定价的相应变化。

（2）数据充分性要求公开市场上有足够数量的可比对象，并且能够收集到与评估活动相关的，具有代表性、合理性和有效性的信息资料。

（3）数据时效性要求资产评估机构出具的评估报告，自评估基准日开始有效性为1年。在1年内，资本市场的定价一般都会发生变化，因此还需要通过一定的技术手段平滑价值的波动。

2. 市场法的局限性

市场法评估企业价值的局限性主要表现为：①资本市场波动较大，且中国资本市场的有效性较弱。②企业属于一类非常复杂的资产组合，难以寻找与被评估企业相同或类似的可比对象。③由于市场法是以相关财务经营指标为基础的，没有考虑企业在核心竞争力、营销策略等方面的个体差异，使得市场法的评估结果可能存在偏差。④市场法在应用时灵活性较大，难以进行有效的监管。

💡 想一想：使用市场法评估企业价值对于可比对象的资料要求有哪些？需要从哪些方面保证参照对象的可比性？

特别提示：数量足够多的可比对象可以避免个别交易中的特殊因素对成交价格和最终评估结果的影响，因此在用市场法评估企业价值时，应保证选取足够数量的可比对象。

三、资产基础法评估企业价值

资产基础法是指以被评估企业评估基准日的资产负债表为基础，通过被评估企业表内及表外可识别的各项资产、负债的价值，并以资产扣减负债后的净额确定评估对象价值的方法。

（一）资产基础法评估企业价值的流程

资产基础法评估企业价值的流程如图5-3所示。

（二）资产基础法的基本思路

根据会计原理和企业会计准则，企业的资产负债表记录了企业的资产和负债，将企业资产扣除负债后的净资产，就是企业所有者的权益。由于企业资产负债表中的

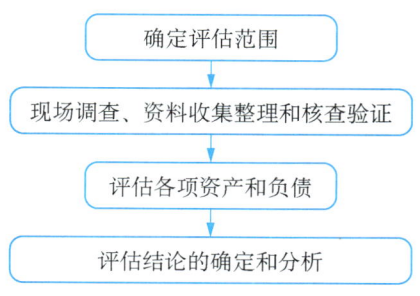

图 5-3 资产基础法评估企业价值的流程

价值多为企业拥有的资产和负债的历史成本,而不是评估基准日的现时市价。因此,需要将企业的资产和负债的历史成本调整为现时价值,这就是资产基础法的基本思路。据此,我们可以写出资产基础法评估的基本公式为:

全部权益价值 =(表内外)各项资产价值 -(表内外)各项负债价值

(三)资产基础法的应用

1. 基本操作程序

资产基础法基本操作程序应该包括以下六个步骤:

(1)获得以成本为基础的资产负债表,此资产负债表若是在评估基准日编制的最理想,否则需要重新编制资产负债表或者调整评估基准日之前最近的财务核算期限已结束的资产负债表。

(2)确定需要重新评估的资产与负债,分析和了解所评估企业每一项实质性的表内资产和负债。

(3)确定表外的资产,确定在评估结果的资产负债表中需要确认的目前没有入账的(有时称为资产负债表之外的)资产。

(4)确定并量化表外或有负债。确定在评估结果的资产负债表中需要确认的、但目前没有入账的实质性的或有负债。

(5)评估以上确定的各项资产和负债。

(6)编制评估后的资产负债表。

2. 资产基础法评估操作的注意事项

第一,评估范围的确定。

使用资产基础法评估企业价值时,评估范围是被评估企业资产负债表表内、表外的各项资产和负债,评估人员需要对企业资产负债表表内资产、负债是否真实存在进行判断。并非每项资产和负债都可以被识别并用适当的方法单独评估,当存在对评估对象价值有重大影响且难以识别和评估的资产或者负债时,应当考虑资产基础法的适用性。

第二,现场清查核实。

在现场勘察时,需要按企业申报的清单对各类单项资产进行清查,对于价值量较大的资产和负债项目,应逐项进行现场清查核实。

术语解释: 或有负债是不记入以历史成本为基础编制的资产负债表中的,但在审计和财务报表的审核中,重要的或有负债需要在其附注中予以披露。

(四)评估结果的合理性分析

对资产基础法评估结果合理性的分析,主要是分析是否较好地识别出表外资产或负债,并对识别出的表外资产和负债,像表内资产一样,用适当的方法得到合理的评估结果。对资产基础法评估结果合理性的分析主要有两方面。

1. 对表外资产或负债的识别

常见的表外资产、负债项目可能存在的方式如表5-13所示,若不能采用适当方法单独评估的表外项目价值量占企业整体价值比重较大时,资产基础法是不适用的。

表5-13　　常见的表外资产、负债项目可能存在的方式

表外资产	表外负债
① 有获得专利管理机关颁发证书的专利或专利申请; ② 自创无形资产,该无形资产投入账面没有反映; ③ 企业毛利率明显高于同行业平均水平; ④ 存在某种形式的特许权利(有些特许权利法规可能不允许单独转让,但可以随企业权益一同转让); ⑤ 企业持有较知名商标(可能被冠以驰名商标、著名商标等); ⑥ 存在著作权; ⑦ 具有独特的经营模式; ⑧ 协议约定的企业获益形式,如优惠贷款利率、优厚供应条件等	① 法律明确规定的未来义务,如土地恢复、环保要求等; ② 其他经济体以协议形式明确约定的义务

2. 与其他评估方法得出的结果的比较分析

除非收益法和市场法都不适用,或者是存在控股公司的公司层面选择评估方法,一般情况下资产基础法不会作为唯一的评估方法。评估人员应当对各种方法得出的各种初步价值结论进行分析,并确定最终的评估结论。

评估结论的确定主要取决于评估专业人员的判断,而不一定是单纯数学方法处理的结果。评估结论可以采用单一评估方法得到的结果,也可以采用加权平均各种评估方法结果的方式得到。如若不能确定某种方法的评估结果最合适,国外评估机构经常按乐观、最可能和悲观三种情形进行分析。

评估专业人员在评估操作中应注意以下几点:①无论是依据多种方法得到的评估结果,还是依据单一方法得到的评估结果,无论采用定性方法,还是采用定量方法,都必须具备充分的依据并进行充分的判断。②定性方法不能简单地理解为分析方法。在很多情形下,它是一种定量基础上的定性确定思路。定量方法也不能狭义地理解为简单算术平均或加权算术平均,而是一种在充分判断分析基础上的定量化处理方法。

💡 **想一想**:在使用资产基础法评估企业时,遗漏表外资产或负债的影响有哪些?

【实务要求5-6】　蒋师傅收集到评估基准日永达咨询有限公司流动资产账面价值2 500万元,非流动资产账面价值600万元,流动负债账面价值780万元,非流动负债评估价值为80万元。

蒋师傅通过调查还发现永达咨询有限公司注册了"ZX牌"商标,该商标资产虽然在永达咨询有限公司账上没有体现,但是评估基准日市场价值约为160万元。

蒋燕华师傅让王燕根据以上资料,用资产基础法评估永达咨询有限公司的股东全部权益。

实务处理: 根据上述情况,王燕采用资产基础法计算了评估基准日永达咨询有限公司的股东全部权益价值,过程如下:

第一步,计算永达咨询有限公司股东全部权益的市场价值。

商标资产虽然是表外资产,但是对于公司价值有贡献,是公司价值的重要组成部分,应当纳入评估范围,评估值为160万元。

$$股东全部权益价值=表内外各项资产价值-表内外各项负债价值$$
$$=2\,500+600+160-780-80$$
$$=2\,400(万元)$$

【心灵启迪】

资产基础法强调企业价值由各项资产的价值组成,这背后蕴含着企业拥有资产的同时也承担了相应的责任。作为评估专业人员应当认识到,拥有资产不仅是权利,更是对社会、环境和利益相关者的责任,同时,需要确保所有资产的计量和评估都符合法律法规的要求。

(五)资产基础法的适用性和局限性

1. 资产基础法的适用性

根据资产基础法的特点,在一般情况下,资产基础法主要适用于:

(1) 在资产继续使用假设下的企业价值评估。

(2) 在取得充分的历史资料情况下的企业价值评估。

(3) 无法确定企业盈利状况并难以在市场上找到参照企业情况下的企业价值评估。

(4) 特别适用于以下情况的企业价值评估:无形资产较少,特别是不存在商誉的企业;可能进入清算状态的企业;开发建设初期的企业。

2. 资产基础法的局限性

在持续经营假设下,资产基础法一般不应当作为评估企业价值唯一使用的方法。这是因为采用资产基础法忽视了某些无形资产对企业价值创造的作用,如不可确指的无形资产——商誉;资产基础法评估所用的时间较长、成本较高;资产基础法评估企业价值无法把握一个持续经营企业价值的整体性,也很难把握各个单项资产对企业的贡献,不适用于一些高科技企业和服务企业的企业价值评估。

特别提示: 不可确指资产是不能单独指出,只能依附于企业而存在的资产。当企业不存在时,也就没有不可确指的资产存在。

5-5 习题训练:
项目5 随堂
练习三

5-6 微课视频:
价值比率的
理解和选用

5-7 素养引领:
思政案例——中粮
并购先正达案例中
的估值思考

5-8 素养引领:
情景剧——企业
估值中的尽
职调查

5-9 素养引领:
思政案例
分析题

任务3　企业价值评估报告

一、企业价值评估报告的撰写要点

编写企业价值评估报告涉及三个层次的问题：第一层次是企业价值评估报告的总体框架或内容结构的完整性问题。第二层次，即在某一特定评估目的条件下，如何完整地、系统地阐述，如评估部分股权转让，如何表述评估对象的特点，股权性质是什么？如何考虑资产流动性及股权溢价或折价因素的影响？采用何种价值类型及何种技术途径反映其价值内涵？涉及的评估假设和限制条件是什么？评估方法的实施过程和情况，以及如何合理确定评估结论等，这是一个在特定的条件下所作的评估报告，系统性、完整性和准确性是企业价值评估报告编写的一个重点和难点。第三层次，即评估报告披露的内容、要素以及信息披露程度问题，由于评估对象及相关权益状况、价值类型和定义、评估假设和限制条件、评估程序实施过程和情况等内容尚未完成配套标准，故评估人员在执行指导意见过程中需要谨慎处理。

二、企业价值评估报告的内容

根据我国《资产评估基本准则——企业价值》，企业价值评估报告应当包括下列主要内容：

（1）标题及文号。
（2）声明。
（3）摘要。
（4）正文。
（5）附件。

其中，评估报告的声明应当包括以下内容：

（1）注册资产评估师恪守独立、客观和公正的原则，遵循有关法律法规和资产评估准则的规定，并承担相应的责任。
（2）提醒评估报告使用者关注评估报告特别事项说明和使用限制。
（3）其他需要声明的内容。

评估报告摘要应当提供评估业务的主要信息及评估结论。
评估报告正文应当包括：

（1）委托方、产权持有者和委托方以外的其他评估报告使用者。
（2）评估目的。
（3）评估对象和评估范围。
（4）价值类型及其定义。
（5）评估基准日。
（6）评估依据。

(7) 评估方法。

(8) 评估程序实施过程和情况。

(9) 评估假设。

(10) 评估结论。

(11) 特别事项说明。

(12) 评估报告使用限制说明。

(13) 评估报告日。

(14) 注册资产评估师签字盖章、评估机构盖章和法定代表人或者合伙人签字。

三、企业价值评估报告的披露要求

为了保证评估报告的资料完整性和真实性,我国《资产评估基本准则——企业价值》对企业价值评估报告中需要予以披露的内容作了以下规定:

(1) 采用收益法或者市场法进行企业价值评估,通常在企业价值评估报告中重点披露影响企业经营的宏观、区域经济因素,所在行业现状与发展前景,企业的业务分析情况,企业主要产品或者服务的经济寿命情况以及预期替代产品或者服务的情况,企业的资产、财务分析和调整情况,以及评估方法的运用过程。

(2) 在企业价值评估报告中披露影响企业经营的宏观、区域经济因素时,通常包括国家、地区有关企业经营的法律、行政法规和其他相关文件,国家、地区经济形势及未来发展趋势;有关财政、货币政策等。

(3) 在企业价值评估报告中披露所在行业现状与发展前景时,通常包括行业主要政策规定,行业竞争情况,行业发展的有利和不利因素,行业特有的经营模式,行业的周期性、区域性和季节性特征,企业所在行业与上下游行业之间的关联性,上下游行业发展对本行业发展的有利和不利影响等。

(4) 在企业价值评估报告中披露企业的业务分析情况时,通常包括企业的主要产品或者服务的用途,经营模式,经营管理状况,企业在行业中的地位、竞争优势及劣势,企业的发展战略及经营策略等。

(5) 在企业价值评估报告中披露企业的资产、财务分析和调整情况时,通常包括企业的资产配置和使用的情况,历史财务资料的分析总结(一般包括历史年度财务分析、与所在行业或者可比企业的财务比较分析等),以及对财务报表及评估中使用的资料的重大或者实质性调整。

(6) 在企业价值评估报告中披露评估方法的运用过程时,通常包括评估方法的选择及其理由,评估方法的运用和逻辑推理过程,主要参数的来源、分析、比较和测算过程,考虑的控制权和流动性影响,以及对测算结果进行分析,形成最终评估结论的过程。

(7) 资产评估专业人员应当在企业价值评估报告中披露无法核查验证的事项及其对评估结论的影响。

(8) 企业价值评估报告应当载明:委托人或者其他资产评估报告使用人未按照

法律、行政法规规定和资产评估报告载明的使用范围使用企业价值评估报告的,资产评估机构及其资产评估专业人员不承担责任;除委托人、资产评估委托合同中约定的其他资产评估报告使用人和法律、行政法规规定的企业价值评估报告使用人外,其他任何机构和个人不能成为企业价值评估报告的使用人。

(9)资产评估专业人员应当在企业价值评估报告中提醒报告使用人正确理解评估结论,评估结论不等同于评估对象可实现价格,评估结论不应当被认为是对评估对象可实现价格的保证。

此外,资产评估专业人员可以根据评估对象的复杂程度、委托人要求,确定企业价值评估报告的详略程度。

四、企业价值评估报告案例

企业价值评估报告的核心部分的内容是企业价值评估工作底稿,以收益法评估企业价值为例,工作底稿具体包括经营情况分析及预测表(表5-14)、折现率测算表(表5-15)等。

表5-14　　　　　　　　经营情况分析及预测表　　　　　　　索引号:SY-2

被评估企业:　　　　　　评估基准日:　年　月　日　　　　　金额单位:人民币元

行次	项目/年度	预测数据										交叉索引号	备注
		年		年		年		年		年			
		调查前	调查后	调查前	调查后	调查前	调查后	调查前	调查后	调查前	调查后		
1	一、营业收入												
2	减:营业成本												
3	税金及附加												
4	销售费用												
5	管理费用												
6	财务费用												
7	资产减值损失												
8	加:公允价值变动收益												
9	投资收益												
10	其中:对联营企业和合营企业的投资收益												
11	二、营业利润												
12	加:营业外收入												
13	减:营业外支出												

(续表)

行次	项目/年度	预测数据										交叉索引号	备注
		年		年		年		年		年			
		调查前	调查后	调查前	调查后	调查前	调查后	调查前	调查后	调查前	调查后		
14	其中:非流动资产处置损失												
15	三、利润总额												
16	减:所得税费用												
17	四、净利润												
18	加:财务费用												
19	加:折旧与摊销												
20	减:营运资金增加												
21	减:资本性支出（资本金追加）												
22	五、自由现金流量												
23	六、折现率												
24	七、自由现金流现值												

表 5-15　　　　　　　　　折现率测算表　　　　　　　　　索引号:SY-26

被评估单位：　　　　　评估基准日：　　年　月　日　　　　　金额单位:人民币元

加权平均资本成本模型	公式	$wacc=$长期负债占投资资本的比重×长期负债成本×（1－所得税率）＋股东权益占投资资本的比重×股东权益要求的回报率	计算结论
长期负债占投资资本的比重		长期负债成本	
股东权益占投资资本的比重		股东权益要求的回报率	
股东权益要求的回报率	公式	$r=$无风险报酬率＋(社会平均收益率－无风险报酬率)×β	计算结论
项目	选取值	测算说明	
无风险报酬率			
社会平均收益率			
β 系数			
α 系数			

(续表)

加和法计算	公式	$r=$无风险报酬率＋行业风险报酬率＋经营风险报酬率＋财务风险报酬率＋其他风险报酬率	计算结论
类型	报酬率	测算说明	
无风险报酬率			
行业风险报酬率			
经营风险报酬率			
财务风险报酬率			
其他风险报酬率			
其他			
说明事项：			

填表人：　　　　　　评估人员：　　　　　　复核人：

【实务要求 5-7】 对永达咨询有限公司的评估测算工作基本完成后，蒋师傅让王燕完成企业价值的评估报告。

实务处理： 王燕根据评估情况初步撰写了企业价值的评估报告，具体如下。

企业价值评估报告书

（评估报告书及附件）

共 1 册　第 1 册

项目名称：永达咨询有限公司股权转让项目评估报告

报告编号：浙中大资评报字〔2025〕第 000×××1 号

浙江中大资产评估事务所

2025 年 1 月 18 日

目 录

一、声明

二、企业价值评估报告书(摘要)

三、企业价值评估报告书(正文)
  (一)委托方、产权持有者及其他报告使用者概况
  (二)被评估单位及其概况
  (三)评估目的
  (四)评估范围和评估对象
  (五)价值类型及其定义
  (六)评估基准日
  (七)评估依据
  (八)评估方法
  (九)评估程序实施过程和情况
  (十)评估假设
  (十一)评估结论
  (十二)特别事项说明
  (十三)评估报告使用限制说明
  (十四)评估报告日

四、企业价值评估报告书(报告附件)

声　　明

　　本项目签字注册资产评估师郑重声明:注册资产评估师在本次评估中恪守独立、客观和公正的原则,遵循有关法律法规和资产评估准则的规定;根据我们在执业过程中收集的资料,评估报告陈述的内容是客观的,并对评估结论合理性承担相应的法律责任。

　　评估对象涉及的资产、负债清单由委托方、被评估单位申报并经其签章确认。根据《资产评估准则——基本准则》第二十三条的规定,遵守相关法律法规和资产评估准则,对评估对象在评估基准日特定目的下的价值进行分析、估算并发表专业意见,是注册资产评估师的责任;提供必要的资料并保证所提供资料的真实性、合法性和完整性,恰当使用评估报告是委托方和相关当事方的责任。

　　我们已对评估对象及其所涉及资产的法律权属状况给予必要的关注,对评估对象及其所涉及资产的法律权属资料进行了查验,并对已经发现的问题进行了如实披露,且已提请委托方及相关当事方完善产权以满足出具评估报告的要求。根据《资产评估准则——基本准则》第二十四条和《注册资产评估师关注评估对象法律权属指导意见》,委托方和相关当事方应当对所提供评估对象法律权属资料的真实性、合法性和完整性承担责任。注册资产评估师执行资产评估业务的目的是对评估对象价值进行估算并发表专业意见,对评估对象法律权属确认或发表意见超出注册资产评估师执业范围。本评估报告不对评估对象的法律权属提供任何保证。

　　根据《资产评估职业道德准则——基本准则》第二十六条,本报告受本评估机构和注册资产评估师执业能力限制,相关当事人决策时应当有自身的独立判断。注册资产评估师有责任提醒评估报告使用者理解并恰当使用评估报告,但不承担相关当事人的决策责任。

　　我们出具的评估报告中的分析、判断和结论受评估报告中假设和限定条件的限制,评估报告使用者应当充分考虑评估报告中载明的假设、限定条件、特别事项说明及其对评估结论的影响。根据《资产评估准则——评估报告》第十三条,评估报告使用者应当全面阅读本项目评估报告,应当特别关注评估报告中揭示的特别事项说明和评估报告使用限制说明。

企业价值评估报告书
（摘要）

项目名称	永达咨询有限公司股权转让项目评估
报告编号	浙中大资评报字〔2025〕第000×××1号
委托方	拓普咨询（集团）有限公司
其他报告使用者	根据评估业务约定书的约定，本次经济行为涉及的相关方，及国家法律法规规定的报告使用者，为本报告的合法使用者。
被评估单位	永达咨询有限公司
评估目的	2024年12月，拓普咨询（集团）有限公司拟非公开发行股票募集资金，其中部分募集资金用于收购永达咨询有限公司的全部股权。浙江中大资产评估事务所出具了浙中大资评报字〔2025〕第000×××1号评估报告，并经过了浙江省国资委的备案。评估基准日为2024年12月31日，由于上述发行股份事宜尚未获得中国证监会的批准，因此提供更新一期的评估报告，专供中国证监会审核。
评估基准日	2020年12月31日
评估对象及范围	本次评估对象为永达咨询有限公司的股东全部权益价值，评估范围包括流动资产、非流动资产（包括持有至到期投资、固定资产、无形资产、递延所得税资产）及负债等。
价值类型	市场价值
评估方法	主要采用收益现值法和市场比较法，在对被评估单位综合分析后最终选取收益现值法的评估结论。
评估结论	经评估，被评估单位股东全部权益价值为人民币23 789 400.00元，大写：贰仟叁佰柒拾捌万玖仟肆佰元整。
评估结论使用有效期	为评估基准日起1年，即有效期截至2021年12月31日。
重大特别事项	被评估单位有特别事项，请关注评估报告"特别事项说明"。

特别提示：本报告只能用于报告中明确约定的评估目的。以上内容摘自评估报告正文，欲了解本评估项目的详细情况和合理理解评估结论，应当阅读评估报告正文。

企业价值评估报告书

（正文）

拓普咨询(集团)有限公司：

　　浙江中大资产评估事务所接受贵单位的委托，根据有关法律法规和资产评估准则、资产评估原则，采用收益现值法和市场比较法，按照必要的评估程序，对永达咨询有限公司的股东全部权益价值在2024年12月31日的市场价值进行了评估。现将资产评估情况报告如下。

　　项目名称：永达咨询有限公司股权转让项目评估
　　报告编号：浙中大资评报字〔2025〕第000×××1号

（一）委托方、产权持有者及其他报告使用者概况

1. 委托方

企业名称：拓普咨询(集团)有限公司
注册地址：绍兴市越城区×××路×××号×××室
注册资本：人民币捌仟万元
经济性质：集团股份有限任公司
法定代表人：王××
经营范围：市场调查和投资咨询

2. 产权持有者

被评估单位永达咨询有限公司的产权持有者为永达咨询有限公司。

3. 其他报告使用者

根据评估业务约定书的约定，本次经济行为涉及的相关方，及国家法律法规规定的报告使用者，为本报告的合法使用者。

（二）被评估单位及其概况

单位名称：永达咨询有限公司
地址：绍兴市越城区×××路×××号×××室
法律形式：简易股份公司
注册资本：2 000万元人民币
业务范围：市场调查和投资咨询为主，另外也从事经营咨询和基金管理等业务

企业近几年资产及财务状况如表5-16所示。

表5-16　　　　　企业近几年资产及财务状况　　　　索引号：SY-1

金额单位：人民币万元

项目	2021年	2022年	2023年	2024年
咨询业务	383.47	653.23	1 416.83	1 419.07

(续表)

项目	2021年	2022年	2023年	2024年
调查业务	327.46	362.42	458.74	557.76
经营咨询业务	116.79	229.52	357.94	383.74
其他咨询业务	52.57	37.81	9.02	41.44
合计	880.29	1 282.98	2 242.53	2 402.01
增长率		46%	75%	7%

上述数据,摘自于绍兴成兴会计师事务所有限公司专项审计报告(2021年至2024年),审计报告均为无保留意见。

公司所得税税率为25%。

(三) 评估目的

2025年1月,拓普咨询(集团)有限公司拟非公开发行股票募集资金,其中部分募集资金用于收购永达咨询有限公司的全部股权。浙江中大资产评估事务所出具了浙中大资评报字〔2025〕第000×××1号评估报告,并经过了浙江省国资委的备案。评估基准日为2024年12月31日。

(四) 评估范围和评估对象

本次评估对象为永达咨询有限公司的股东全部权益价值,评估范围包括流动资产、非流动资产(包括持有至到期投资、固定资产、无形资产、递延所得税资产)及负债等。

(五) 价值类型及其定义

本次评估选取的价值类型为市场价值。本次评估选择该价值类型,主要是基于本次评估目的、市场条件、评估假设及评估对象自身条件等因素。

本报告所称评估价值,是指所约定的评估范围与对象在本报告约定的价值类型、评估假设和前提条件下,按照本报告所述程序和方法,仅为本报告约定评估目的服务而提出的评估意见。

(六) 评估基准日

本项目资产评估基准日为2024年12月31日。

(七) 评估依据

1. 经济行为依据

(1) 拓普咨询(集团)有限公司二届二十八次董事会决议(之二)(之四)。

(2) 拓普咨询(集团)有限公司股东决定。

2. 法规依据

(1)《中华人民共和国公司法》。

(2) 财政部令第33号《企业会计准则》。

(3) 其他法律法规。

3. 评估准则

(1)《资产评估准则——基本准则》。

(2)《资产评估职业道德准则——基本准则》。

(3)《资产评估准则——评估报告》。

(4)《资产评估准则——评估程序》。

(5)《资产评估准则——工作底稿》。

(6)《资产评估准则——业务约定书》。

(7)《资产评估准则——企业价值》。

(8) 资产评估价值类型指导意见。

(9) 注册资产评估师关注评估对象法律权属指导意见。

4. 取价依据

(1) 绍兴成兴会计师事务所有限公司出具的专项审计报告。

(2) 公司提供的部分合同、协议等。

(3) 公司提供的历史财务数据及未来收益预测资料。

(4) 国家宏观经济、行业、区域市场及企业统计分析资料。

(5) 同花顺证券投资分析系统中查询的上市公司的有关资料。

(6) 其他。

5. 权属依据

(1) 投资合同、协议。

(2) 其他相关证明材料。

6. 其他参考资料

(1) 委托单位提供的评估基准日会计报表及账册与凭证。

(2) 浙江中大资产评估事务所技术统计资料。

(3) 其他有关价格资料。

7. 引用其他机构出具的评估结论

本次评估未引用其他公司出具的评估结论。

(八) 评估方法

根据本次评估的目的和价值类型,本次评估采用收益法。收益法是指通过被评估企业未来预期收益采用适宜折现率资本化或折现,以确定评估对象价值的评估方法。

(九) 评估程序实施过程和情况

(1) 委托方及德勤事务所、普华永道事务所均已到过现场核实,且评估相关资料均由公司提供,且承诺提供资料均为真实有效。

(2) 2021年至2024年的数据均摘自绍兴成兴会计师事务所有限公司出具的专项审计报告;相关盈利预测数据大部分摘自由委托评估企业管理层提供的预测数据。该些数据来源均为绍兴成兴会计师事务所有限公司经过相应法定程序后出具的带有法律效力的正式报告书。

(3) 评估人员根据评估对象、价值类型及评估资料收集情况等相关条件，选择恰当的评估方法，选取相应的模型或公式，进行分析、计算和判断，形成初步评估结论，并对各种评估方法形成的初步结论进行分析，在综合考虑不同评估方法和初步价值结论的合理性及所使用数据的质量和数量的基础上，确定最终评估结论。

(4) 各评估人员进行汇总分析工作，确认评估工作中没有发生重评和漏评的情况，并根据汇总分析情况，对资产评估结论进行调整、修改和完善。

(5) 根据评估工作情况，起草资产评估报告书，并经三级审核，在与委托方交换意见后，向委托方提交正式资产评估报告书。

（十）评估假设

1. 基本假设

(1) 公开市场假设。

(2) 持续使用假设。

2. 一般假设

(1) 本报告除特别说明外，对即使存在或将来可能承担的抵押、担保事宜，以及特殊的交易方式等影响评估价值的非正常因素没有考虑。

(2) 所在国家现行的有关法律及政策、产业政策、国家宏观经济形势无重大变化，评估对象所处地区的政治、经济和社会环境无重大变化，无其他人力不可抗拒及不可预见因素造成的重大不利影响。

(3) 评估对象所执行的税赋、税率等政策无重大变化，信贷政策、利率、汇率基本稳定。

(4) 本次估算不考虑通货膨胀因素的影响。依据本次评估目的，确定本次估算的价值类型为市场价值。估算中的一切取价标准均为估值基准日有效的价格标准及价值体系。

3. 收益法假设

(1) 被评估单位提供的业务合同以及公司的营业执照、章程、签署的协议，审计报告、财务资料等所有证据资料是真实的、有效的。

(2) 评估对象目前及未来的经营管理班子尽职，不会出现影响公司发展和收益实现的重大违规事项，并继续保持现有的经营管理模式持续经营。

(3) 现有的自然人股东继续持有该公司股权，公司现有的高层管理人员继续在公司服务。

(4) 企业以前年度及当年签订的合同有效，并能得到执行。

(5) 评估对象在未来经营期内其主营业务结构、收入成本构成以及未来业务的销售策略和成本控制等仍保持其最近几年的状态持续，而不发生较大变化，并随经营规模的变化而同步变动。

(6) 被评估单位提供的未来发展规划及经营预测数据在未来经营中能够如期实现。

(7) 本次评估中所依据的各种收入及相关价格和成本等均是评估机构依据被评估

单位提供的历史数据为基础后所作的一种专业判断,评估机构判断的合理性等将会对评估结果产生一定的影响。

(8) 本报告评估结果的计算是以评估对象在评估基准日的状况和评估报告对评估对象的假设和限制条件为依据进行。根据资产评估的要求,认定这些假设在评估基准日时成立,当未来经济环境发生较大变化,将不承担由于假设条件改变而推导出不同评估结论的责任。

(十一)评估结论

经评估,被评估单位股东全部权益价值为人民币 23 789 400.00 元,大写:贰仟叁佰柒拾捌万玖仟肆佰元整。

按照收益法评估,被评估单位在上述假设条件下,股东全部权益价值评估值为 23 789 400.00 元。本次收益现值法评估和市场比较法评估结论中均已包含公司拥有"ZX"商标的所有权所带来的价值。

经营情况未来 5 年预测及评估结果如表 5-17 所示,折现率测算如表 5-18 所示。

表 5-17　　　　　经营情况未来 5 年预测及评估结果表　　　　　索引号:SY-2

被评估企业:永达咨询有限公司　　　　　　　　　　　　　　金额单位:人民币万元

序号	项目	预测数据					备注
		2025 年	2026 年	2027 年	2028 年	2029 年	
1	一、营业收入	2 522.11	2 648.22	2 780.63	2 919.66	3 065.64	SY-1
2	减:营业成本	807.05	847.43	889.8	934.29	981.01	
3	管理费用	1 401.98	1 449.36	1 505.69	1 564.82	1 626.92	
4	财务费用	—	—	—	—	—	
5	二、营业利润	313.08	351.43	385.14	420.55	457.71	
6	减:所得税费用	78.27	87.86	96.29	105.14	114.43	
7	三、净利润	234.81	263.57	288.86	315.41	343.28	
8	加:折旧与摊销	39.44	39.44	39.44	39.44	39.44	
9	减:营运资金增加	185.83	111.23	13.66	14.34	15.06	
10	减:资本性支出	24.08	24.08	24.08	24.08	24.08	
11	四、自由现金流量	64.34	167.70	290.56	316.43	343.58	
12	五、折现率	14%	14%	14%	14%	14%	SY-3
13	六、自由现金流现值	2 158.94					
14	溢余资产价值	220.00					
15	全部股东权益	2 378.94					

表 5-18　　　　　　　　　　折现率测算表

评估基准日:2020 年 12 月 31 日　　　　　　　索引号:SY-3

被评估单位:永达咨询有限公司　　　　　　　　金额单位:人民币元

股东权益要求的回报率	公式	r＝无风险报酬率＋(社会平均收益率－无风险报酬率)×β＋特定风险调整系数	计算结论	14.08%
项目	选取值	测算说明		
无风险报酬率	5%	10 年期政府债券的报酬率为 5%		
社会平均收益率	13%	选用咨询行业近年来的平均收益率		
β 系数	0.66	选取了 3 家与被评估对象相似的公司,取 3 家 β 的加权平均值		
公司的特定风险调整系数	3.8%	结合公司的规模、营运模式等分析测算		
说明事项:公司采用无杠杆经营,故将 CAPM 模型作为估算该公司收益折现率的模型				

填表人:王燕　　　　　评估人员:蒋燕华　　　　　复核人:潘超风

本次评估采用收益法结论,主要理由是:收益法是从未来收益的角度出发,以被评估企业现实资产未来可以产生的收益,经过风险折现后的现值和作为被评估企业股权的评估价值,其中包含了其合理的资源配置、优良的管理、经验、经营等综合因素形成的商誉、商标各种无形资产价值,因此收益法对企业未来的预期发展因素产生的影响考虑比较充分。

鉴于市场资料的局限性,本次评估未考虑由于控股权和少数股权等因素产生的溢价或折价。

(十二)特别事项说明

(1)特别事项可能对评估结论产生影响,评估报告使用者应当予以关注。

(2)本报告中一般未考虑评估增减值所引起的税赋问题,委托方在使用本报告时,应当仔细考虑税赋问题并按照国家有关规定处理。

(3)本报告不对管理部门决议、营业执照、权证、会计凭证及其他中介机构出具的文件等证据资料本身的合法性、完整性和真实性负责。

(4)根据拓普咨询(集团)有限公司与永达咨询有限公司股东签署的股东协议,永达咨询有限公司管理层将至少 5 年保持稳定。

(十三)评估报告使用限制说明

1. 评估报告使用范围

(1)本报告只能由评估报告载明的评估报告使用者所使用,并为本报告所列明的评估目的和用途而服务,以及按规定报送有关政府管理部门审查。

(2)除非事前征得评估机构书面明确同意,对于任何其他用途、或被出示或掌握本报告的任何其他人,评估机构不承认或承担责任。

(3)未征得出具评估报告的评估机构书面同意,评估报告的内容不得被摘抄、引用或披露于公开媒体,法律法规规定以及相关当事方另有约定的除外。

2. 评估结论使用有效期

本评估结论的有效期按现行规定为 1 年,从评估基准日 2024 年 12 月 31 日起计算至 2025 年 12 月 30 日有效,超过评估结论有效期不得使用本评估报告。

3. 评估报告解释权

本评估报告意思表达解释权为出具报告的评估机构,除国家法律法规有明确的特殊规定外,其他任何单位和部门均无权解释。

(十四)评估报告日

本评估报告日为 2025 年 1 月 20 日。

企业价值评估报告书

(报告附件)

项目名称　永达咨询有限公司股权转让项目评估

报告编号　浙中大资评报字〔2025〕第000×××1号

序号	附件名称
1.	拓普咨询(集团)有限公司二届二十八次董事会决议(之二)(之四)
2.	拓普咨询(集团)有限公司关于同意对永达咨询有限公司进行审计和资产评估的批复
3.	拓普咨询(集团)有限公司股东决定
4.	拓普咨询(集团)有限公司营业执照
5.	本次委托方国有资产产权登记证
6.	永达咨询有限公司营业执照
7.	永达咨询有限公司关于评估项目授权书
8.	永达咨询有限公司2021年至2024年审计报告
9.	评估业务约定书
10.	浙江中大资产评估事务所营业执照
11.	浙江中大资产评估事务所从事证券业务资产评估许可证
12.	浙江中大资产评估事务所资产评估资格证书
13.	资产评估机构及注册资产评估师承诺函

【知识地图】

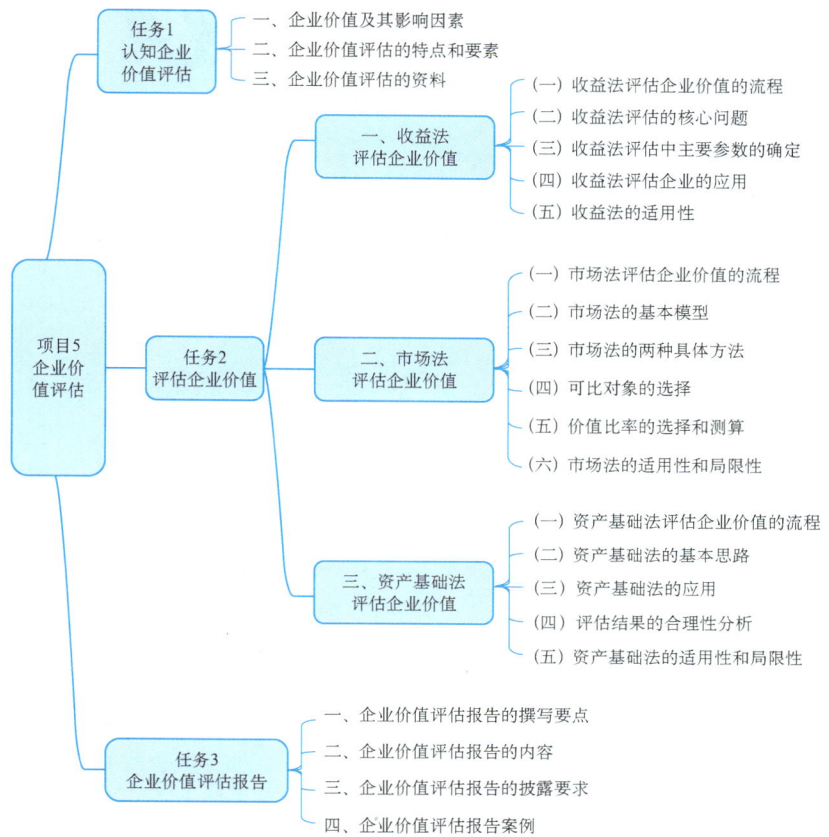

【考证直通】

5-10 考证园地： 　　5-11 考证园地： 　　5-12 考证园地：
企业价值评估 　　　企业价值评估 　　　企业价值评估
考点归纳 　　　　　考证辅导视频 　　　考证题库

【辅教导学】

5-13 习题训练： 　5-14 习题训练：　　　 5-15 拓展阅读： 　5-16 拓展阅读：
企业价值评估　　　企业价值评估随堂　　　企业价值评估　　　企业价值评估
课后作业　　　　　练习及课后作业答案　　教学课件　　　　　拓展知识

项目 6 长期投资评估

【知识目标】

1. 理解长期投资评估的定义和特点;
2. 掌握长期投资评估的程序和方法。

【技能目标】

1. 能够运用市场法、收益现值法评估债券价值;
2. 能够运用固定红利型、红利增长型和分段型三种模型评估普通股价值;
3. 能够运用恰当的方法评估基金投资价值;
4. 能够运用恰当的方法评估长期股权投资价值;
5. 能够完成长期投资评估报告。

【素养目标】

1. 培养资产评估方法选择的科学性、严谨性;
2. 培养评估报告撰写中诚实守信、客观公正的习惯。

【引导案例】

徐敏是资产评估与管理专业的大三学生,2025年3月进入浙江况丰资产评估师事务所实习。2025年4月,徐敏跟着盛泽师傅去浙江安天纺织有限公司(以下简称安天纺织)进行长期投资的评估。安天纺织所属纺织业,主营业务是纺织的生产与销售、外贸的出口与代理,年销售收入为3 587万元,年净利润为219万元,由于公司实行股份制改造,须对公司的长期投资进行评估。在前期工作中,徐敏协助盛师傅收集信息,整理得到公司的长期投资账面价值。具体如表6-1所示。

表6-1　　　　　浙江安天纺织有限公司长期投资及流动资产账面价值　　　　单位:元

序号	项目	账面价值
1	长期投资	995 276
2	其中:债券投资	252 646
3	股票投资	484 462
4	基金投资	69 789
5	长期股权投资	188 379

【知识准备】

任务1　认知长期投资评估

一、长期投资评估概述

(一)长期投资的定义

长期投资是指以获取投资收益和投资权益为目的,不准备随时变现、持有时间在1年以上的企业对外投资。它与**短期投资**是有一定区别的。

❖ **课堂研讨**:长期投资与短期投资有什么不同?

(二)长期投资的分类

根据不同的分类标准,长期投资可以分成不同的类型,如表6-2所示。

表6-2　　　　　　　　　长期投资分类表

分类标准	长期投资分类
投资的目的	直接投资
	间接投资

术语解析:短期投资是指各种能够随时变现、持有时间不超过一年的有价证券以及不超过一年的其他投资。

(续表)

分类标准	长期投资分类
投资的形式	实物资产投资
	无形资产投资
	证券资产投资
投资的性质	债券投资
	股票投资
	基金投资
	长期股权投资

（1）长期投资按投资的目的不同，可分为直接投资和间接投资。直接投资是指投资方以其货币资金、实物或无形资产等生产要素直接投入投资项目，以直接进行或参与投资的经营管理活动。间接投资是指投资方以其资本购买债券、股票、基金等有价证券，以预期获取一定收益的投资。

（2）长期投资按投资的形式不同，可分为实物资产投资、无形资产投资和证券资产投资。实物资产投资的出资形式是实物资产，包括建筑物、厂房、机器设备和其他实物资产。无形资产投资的出资形式是无形资产，包括投资方拥有的专利权、非专利技术、商标权、土地使用权等。证券资产投资是指投资方购买债券、股票、基金等有价证券的投资形式。

（3）长期投资按投资的性质不同，可分为债券投资、股票投资、基金投资和长期股权投资。债券投资的风险较小，到期还本付息，收益相对稳定。股票投资较债券投资而言，具有高风险、高收益的特点。基金投资是一种由专业的基金管理机构打理，以实现保值增值为目的，具有利益共享、风险共担特点的集合投资方式。长期股权投资是将现金资产、实物资产或无形资产等直接投入被投资企业，从而取得被投资企业股权的行为。其中，债券投资、股票投资和基金投资是证券资产投资，属于间接投资，而长期股权投资属于直接投资。

（三）长期投资评估的特点

长期投资评估是以投资方享有的权益为基础而存在的，因此长期投资评估主要是对长期投资所代表的权益进行评估。其主要特点是：

（1）长期投资评估是对资本的评估。尽管长期投资的形式和目的各有不同，但是都象征了一定的资本，作为纽带联结了投资双方。因此，对长期投资进行评估，实质上就是对资本进行评估。

（2）长期投资评估是对被投资企业获利能力的评估。在实践中，企业进行长期投资是为了获取投资收益和实现资本增值，这就要求被投资企业具有获利能力，而对该获利能力的评估可以作为对该项长期投资的评估。

（3）长期投资评估是对被投资企业偿债能力的评估。长期投资作为企业的资产之一，其价值主要取决于被投资企业股权收益分配和债务偿还能力。因此，对长期投资进行评估,还可以说是对被投资企业偿债能力的评估。

6-1 习题训练:
项目6 随堂练习一

二、接受长期投资评估业务

接受长期投资评估业务先要明确长期投资的具体内容。明确评估内容是评估程序的首要步骤,例如,确认长期投资项目的投资额、投资期限、投资收益分配方式等。明确业务基本事项以后,再与委托单位订立业务委托合同。

三、评估准备

在编制资产评估计划以后,进行评估现场调查,完成必要的审核和鉴定,并收集整理关于被评估长期投资的评估资料,必要时由经验丰富的评估师进行专业的职业判断。

四、评估估算

根据长期投资的特点选择合适的评估方法。上市交易的股票和债券具有现行市价,评估一般采用市场法,而非上市交易的股票和债券需要根据持有后的红利、利息等收益情况进行评估,一般采用收益法。证券基金和合伙制基金、具有控制权的长期股权和缺乏控制权的长期股权,评估方法也有所差异,需要根据具体情形选择合适的评估方法。

五、出具评估报告

资产评估专业人员需要在评定估算形成结论后编制出具长期投资评估报告,编制出具长期投资评估报告的程序包括:编制长期投资评估报告,进行内部审核,与委托人或者相关当事人沟通,提交长期投资评估报告。资产评估专业人员在资产评估报告日后90天内整理工作底稿,并与其他相关资料一起形成评估工作档案。

任务2 评估长期投资

评估师在进行长期投资的评估时,一般按照如图6-1所示的流程进行。

一、评估债券投资

(一) 市场法

当债券可以在证券市场上自由交易时,债券的现行市价就是债券的评估值。因

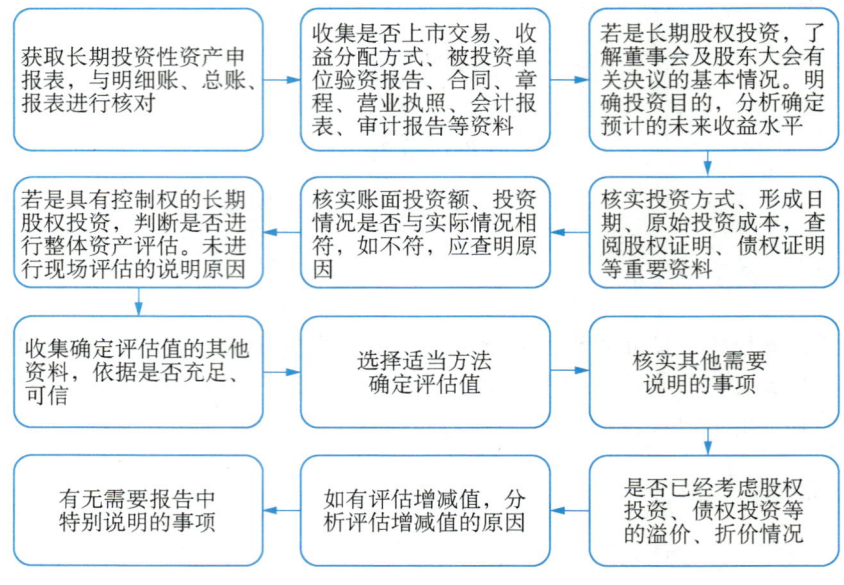

图 6-1　长期投资评估流程图

此,对于上市交易的债券,若满足高流动性和市场交易情况正常的前提条件,一般采用市场法(现行市价)进行评估,按照评估基准日的收盘价确定评估值。

采用市场法评估债券价值的计算公式为:

$$债券评估值=债券数量\times 评估基准日债券的市价(收盘价)$$

【实务要求 6-1】　盛师傅要求徐敏对安天纺织持有的2025年发行的3年期国债进行评估。安天纺织共持有该种国债2 000张,每张面值100元。徐敏发现该债券为上市交易债券,在评估基准日的市场收盘价为每张98元,因此打算采用市场法进行评估。徐敏应该如何评估该债券的价值呢?

实务处理: 债券评估值＝2 000×98＝196 000(元)

(二) 收益现值法

对于非上市交易的债券,由于无法获取市价,可以采用收益现值法,即在考虑债券风险的情况下,将债券的预期收益折算为现值,从而确定债券的评估值。债券根据其付息方法的不同,可分为到期一次还本付息债券和分次付息、一次还本债券两种。这两种债券的价值评估计算方式是不同的。

1. 到期一次还本付息债券的价值评估

采用收益现值法,评估到期一次还本付息债券价值的计算公式为:

$$P=\frac{F}{(1+r)^n}$$

式中　P——债券的评估值。

F——债券到期时的本利和。

特别提示: 采用市场法评估债券值,应在评估报告中说明所用评估方法和结论与评估基准日的关系,并说明该评估结论应是动态的。

r ——折现率。

n ——评估基准日到债券到期日的间隔(以年或月为单位)。

其中,债券到期时的本利和 F 在不同的计息方式下,计算方式是不同的。在单利计息方式下:$F=A\times(1+m\times r)$;在复利计息方式下:$F=A\times(1+r)^m$。式中,A 表示债券面值,m 表示计息期限,r 表示债券利息率(不同于折现率)。

而折现率 r 基于评估人员的专业分析,是评估债券价值的关键,其计算公式为:折现率=无风险报酬率+风险报酬率。式中,无风险报酬率通常以银行存款利率、国债利率或政府发行短期债券的利率等为准,风险报酬率的大小则取决于债券发行主体的具体情况。如果发行债券主体信誉高、经营状况良好,则风险报酬率较低,反之,则风险报酬率较高。

【实战训练 6-1】 2025 年 4 月,评估员张鸣对浙江通宁机械装备有限公司持有的 3 年期金融债券进行评估。公司共持有该种金融债券 1 000 张,到期一次还本付息,每张面值为 100 元,票面利率为 4.5%,单利计算。评估基准日距到期日还有 2 年,当时国库券利率为 3.5%,通过调查,张鸣得知该金融债券存在一定的违约风险,风险报酬率为 3%。张鸣应该如何评估该债券在评估基准日的价值呢?

解:到期本利和 $(F)=1\,000\times 100\times(1+3\times 4.5\%)=113\,500$(元)

折现率 $(r)=4.5\%+3\%=7.5\%$

该债券在评估基准日的评估值 $(P)=\dfrac{113\,500}{(1+7.5\%)^2}=98\,215$(元)

2. 分次付息、一次还本债券的价值评估

采用收益现值法,评估分次付息一次还本债券价值的计算公式为:

$$P=\sum_{i=1}^{n}R_i(1+r)^{-i}+A(1+r)^{-n}$$

式中 P ——债券的评估值。

R_i ——第 i 年的预期利息收益。

r ——折现率。

A ——债券面值。

i ——评估基准日距收取利息日期限。

n ——评估基准日距到期还本日期限。

【实战训练 6-2】 若在[实战训练 6-1]中,浙江通宁机械装备有限公司持有的金融债券是分次付息、一次还本债券,其他条件不变。张鸣应该如何评估该债券在评估基准日的价值呢?

解:债券总面值$=1\,000\times 100=100\,000$(元)

折现率 $(r)=4.5\%+3\%=7.5\%$

该债券在评估基准日的价值:评估值 $(P)=\dfrac{100\,000\times 4.5\%}{(1+7.5\%)^1}+\dfrac{100\,000\times 4.5\%}{(1+7.5\%)^2}+$

$$\frac{100\,000}{(1+7.5\%)^2}=94\,613(元)$$

在采用收益现值法评估非上市交易债券的价值时,需要特别注意债券的期限。对距评估基准日1年内到期的债券,可以根据本金加上持有期间的利息确定评估值;对超过1年到期的债券,应该考虑资金的时间价值,对未来现金流量进行折现,即根据本利和的现值确定评估值。另外,对不能按期收回本金和利息的债券,评估专业人员应在调查取证的基础上,通过专业的职业判断,合理确定评估值。

6-2 习题训练: 项目6 随堂练习二

6-3 微课视频;静观债市沉浮——估一估债券投资

二、评估股票投资

(一) 上市交易股票的评估

上市交易股票是指企业公开发行的、可以在证券市场自由交易的股票。

股票市场在发育正常、股票可以自由交易、不存在非法炒作的正常情况下,采用现行市价法评估上市交易股票的价值,即按照评估基准日的收盘价确定被评估股票的价值。其计算公式为:

上市交易股票评估值=股票数量×评估基准日股票的市价(收盘价)

在证券市场发育尚未成熟、股票市场的投机成分太大、存在非法炒作的不正常情况下,股票的市价不能合理反映股票的价值,因此应以股票的内在价值作为评估股票价值的依据。股票的内在价值是一种理论价值,它主要取决于公司的财务状况、管理水平、技术开发能力、公司发展潜力,以及公司面临的各种风险。此外,以控股为目的而长期持有上市公司的股票,一般可采用收益法评估其内在价值。

(二) 非上市交易股票的评估

非上市交易股票是指企业发行的不能在证券市场自由交易的股票,一般采用收益法评估,将合理预测的股票未来收益折现,确定评估值。非上市交易股票按普通股和优先股采用不同的评估方法。普通股没有固定的股利,其收益大小完全取决于企业的经营状况和盈利水平。优先股是在股利分配和剩余财产分配上优先于普通股的股票,且优先股的股利是固定的。

✦ **课堂研讨**:普通股与优先股比较,还有什么不同?

1. 普通股的价值评估

对非上市交易普通股的价值评估,应采用收益法,即对普通股未来收益进行预测,按折现率将未来收益折算到评估基准日,从而确定普通股评估值。公司的股利分配政策直接影响着被评估的普通股价值,因此可以在不同类型的股利政策下,采用不同的评估方法对普通股价值进行评估。概括来说,股份公司的股利分配政策,通常可以划分为固定红利型、红利增长型和分段型三种类型,因此可以采用三种模型评估普通股价值。

【心灵启迪】

　　在进行普通股价值评估时,需要全面考虑公司的业绩、行业因素、竞争环境等因素,从而更准确地评估股票的风险。这有助于增强投资者的风险意识,使他们在投资决策时更加谨慎。

1）固定红利模型

在固定红利模型下,假设企业经营稳定,每年派发的股利是固定的。在这种假设条件下,普通股价值评估值的计算公式为:

$$P=\frac{R}{r}$$

式中　P——股票的评估值。

　　　R——股票未来每年股利额。

　　　r——折现率。

【实务要求6-2】　盛师傅要求徐敏对安天纺织持有的浙江祥生电子科技有限公司发行的非上市普通股票进行评估。安天纺织共持有该普通股3 000股,每股面值为20元。盛师傅告诉徐敏,浙江祥生电子科技有限公司经营状况稳定,所处行业也处于稳定发展期,预计在未来一段时间实行固定的股利分配政策,固定股利为每股1元,当前国库券利率为3.5%,风险报酬率为4.5%。徐敏应该如何评估该股票的价值呢?

实务处理:折现率(r)=3.5%+4.5%=8%

股票评估值(P)=$\frac{3\,000\times 1}{8\%}$=37 500(元)

2）红利增长模型

在红利增长模型下,假设企业具有较大的发展潜力,企业并未将全部剩余收益分配给股东,而是用于追加投资扩大再生产,因此,在未来很长一段时间内,企业股利预计以某一固定的速度持续增长。在这种假设条件下,需要考虑股利增长率,普通股价值评估值的计算公式为:

$$P=\frac{R}{r-g}(r>g)$$

式中　P——股票的评估值。

　　　R——股票第1年的股利。

　　　r——折现率。

　　　g——股利增长率。

其中,股利增长率g可以通过两种方法来确定。一是统计分析法,即获取过去若

特别提示:固定红利模型是一种假设,现实中股票每年股利不可能完全相等。

特别提示:只有当$r>g$时,红利增长模型才有意义。

干年股票股利的实际数据,用统计学的方法计算出平均增长率。二是趋势分析法,即将企业剩余收益中用于再投资的比率与企业净资产利润率相乘确定股利增长率,用计算公式表达就是:$g=$用于再投资的比率×净资产利润率。

【实务要求 6-3】 盛师傅要求徐敏对安天纺织持有的浙江明宸智慧医疗科技有限公司发行的非上市普通股票进行评估。安天纺织共持有该普通股 2 000 股,每股面值为 10 元。盛师傅告诉徐敏,该智慧医疗科技有限公司处于成长阶段,今年每股股利为 2 元,预计公司的股利在未来一段时间持续以 4% 的速度增长,当前国库券利率为 3.5%,风险报酬率为 5.5%。徐敏应该如何评估该股票的价值呢?

实务处理: 折现率$(r)=3.5\%+5.5\%=9\%$

$$股票评估值(P)=\frac{2\,000\times 2\times(1+5\%)}{9\%-4\%}=84\,000(元)$$

【心灵启迪】

分段模型可以根据股份公司的实际股利分配政策选择两段式或多段式的模型,应用范围更广,能够更加便利地解决现实问题。同时,这也要求我们灵活运用分段模型,提高独立思考以及具体问题具体分析的能力。

3) 分段模型

固定红利模型假设股利固定,红利增长模型假设股利增长率固定,而这两个假设都过于理想化,实际应用空间较小,因此引入分段模型,更客观地评估股票价值,具体可根据实际情况采用两段式或多段式模型。

以两段式为例说明该模型的评估过程:首先,根据企业实际经营状况将股票收益期分为两个阶段,第一阶段是能够较为客观地预测股票的收益期间或股票发行企业某一经营周期,第二阶段是从不易预测收益的时间点起,一直到企业持续经营到永续;然后,预测第一阶段的收益情况,将预测收益额直接折现计算评估值,并且采用趋势分析法或其他方法预测第二阶段的收益情况,采用固定红利模型或者红利增长模型,将预测收益额先资本化再折现计算评估值;最后将两个阶段的评估值相加,得出股票评估值。

2. 优先股的价值评估

非上市交易优先股根据是否有上市的可能性,以及持有人是否有转售的意向,可以分成两种情况,用不同的计算公式评估股票价值。

1) 无转售意向下的优先股价值评估

在无转售意向的情况下,优先股的评估值是将每年固定的股利折现并将折现值加总得到,其计算公式为:

$$P=\sum_{i=1}^{\infty}[R_i(1+r)^{-i}]=\frac{A}{r}$$

式中 P——优先股的评估值。

R_i ——第 i 年的优先股的收益。

r ——折现率。

A ——优先股的年等额股息收益(在固定股息下)。

2) 有转售意向下的优先股价值评估

在有转售意向的情况下,优先股的评估值是先将持有年限内每年的股利折现并将折现值加总,再加上其预期变现价格的折现值得到,其计算公式为:

$$P = \sum_{i=1}^{n}[R_i(1+r)^{-i}] + F(1+r)^{-n}$$

式中　P ——优先股的评估值。

F ——优先股的预期变现价格。

n ——优先股的持有年限。

R_i ——第 i 年的优先股的收益。

r ——折现率。

【实务要求6-4】　盛师傅要求徐敏对安天纺织持有的浙江启智教育咨询有限公司发行的优先股进行评估。安天纺织共持有该优先股 2 000 股,每股面值 8 元,股息率 20%。当前国库券利率为 3.5%,风险报酬率为 6.5%。安天纺织打算 3 年后将这些优先股转售,经盛师傅分析,预计转售时市场价格为每股 10 元。徐敏应该如何评估该优先股的价值呢?

实务处理: 折现率$(r) = 3.5\% + 6.5\% = 10\%$

优先股评估值$(P) = 2\,000 \times 8 \times 20\% \times \left[\dfrac{1}{1+10\%} + \dfrac{1}{(1+10\%)^2} + \dfrac{1}{(1+10\%)^3}\right] + \dfrac{2\,000 \times 10}{(1+10\%)^3} = 22\,984(元)$

6-4　习题训练:
项目6　随堂练习三

6-5　素养引领:
思政案例——"股市谣言"颠倒股票价值

三、评估基金投资

(一)证券基金的评估

证券基金是专业的基金管理机构依照利润共享、风险共担的原则进行投资管理,通过发售基金份额,将分散的资金集合起来,投资于公开市场交易的股票、债券、外汇、股权、期货、期权等金融资产的基金。

根据不同的投资对象,证券基金可分为股票基金、债券基金、货币市场基金和混合基金等。股票基金的主要投资对象是股票,股票比例需在 60% 以上。债券基金的主要投资对象是债券,债券比例需在 80% 以上。货币市场基金的主要投资对象是货币市场工具,包括投资期限在1年以内的银行短期存款、国库券、银行承兑票据等。混合基金的投资对象是包括股票、债券和货币市场工具等在内的金融资产,各金融资产的投资比例没有固定的范围。

❖ **课堂研讨**:投资于金融资产的基金投资称为证券基金,那么投资于这些传统对象以外的另类基金投资有哪些?

评估证券基金价值的关键是确定基金份额净值,即某一时点上证券基金每份基金份额实际代表的价值。基金份额净值是计算投资者申购基金份额、赎回资金金额的基础,同时基金份额净值也是评价基金投资业绩的重要判断标准。评估证券基金的价值,即按照评估基准日的基金份额净值确定被评估证券基金的价值,其计算公式为:

$$证券基金评估值=基金份额\times 评估基准日的基金份额净值$$

其中,基金份额净值的计算公式为:

$$基金资产净值=基金资产-基金负债$$
$$基金份额净值=基金资产净值\div 基金总份额$$

【**实务要求6-5**】 盛师傅要求徐敏对安天纺织持有的悦盈混合型证券基金进行评估。安天纺织共持有该证券基金份额为50 000份,徐敏通过天天基金网等交易平台查询发现,悦盈混合型证券基金在评估基准日的基金份额净值为每份1.1142元。徐敏应该如何评估该证券基金的价值呢?

实务处理:证券基金评估值=50 000×1.1142=55 710(元)

【**心灵启迪**】

普通合伙人和有限合伙人的相关规定可参见《中华人民共和国合伙企业法》。该法规范了合伙行为,保护了合伙企业及其合伙人的合法权益,维护了社会经济秩序,促进了社会主义市场经济发展。

(二) 合伙制基金的评估

合伙制基金由普通合伙人和有限合伙人组成,普通合伙人(GP)通常是基金管理人,有时也委托外部人同时管理基金,对基金承担无限连带责任,有限合伙人(LP)是基金的投资人,参与投资并以其认缴的出资额为限对基金承担有限责任。有限合伙人在将资金交给普通合伙人后,普通合伙人全面负责基金的投资和运营。合伙制基金通常有固定的存续期间,到期后,除全体投资人一致同意延长期限外,合伙企业必须清算,并将获利分配给投资人。

评估合伙制基金价值的关键是确定基金资产净值,即评估与计算合伙制基金所持有的全部资产及应承担的全部负债。评估股权投资基金的价值,即先将基金所持有的项目价值和其他资产价值相加,再扣减基金应承担的费用等负债,其计算公式为:

基金资产净值＝项目价值总和＋其他资产价值－基金费用等负债

其中,有限合伙人应享有的权益只有直投部分收益,而普通合伙人应享有的权益包括直投部分收益、管理费收入和超额收益部分。也就是说,普通合伙人和有限合伙人对应的基金份额估值并不必然等于股东全部权益与股权比例的乘积。

【实战训练 6-3】 2025 年 4 月,评估专业人员张鸣对浙江通宁机械装备有限公司持有的海赢股权投资基金(合伙制)进行评估。截止到评估基准日,海赢股权投资基金(合伙制)共投资 3 个股权项目 A、B、C,当时它们的项目价值分别是 0.6 亿元、0.8 亿元和 1 亿元。此外,基金资产还包括 0.2 亿元的银行存款,已产生的应付未付管理费用等负债总金额为 0.1 亿元。张鸣应该如何评估该股权投资基金在评估基准日的价值呢?

解:评估值＝0.6＋0.8＋1＋0.2－0.1＝2.5(亿元)

四、评估长期股权投资

(一)具有控制权股权的评估

根据资产评估执业准则和有关规定,企业价值评估通常需要采用两种以上的评估方法,并得出不同评估方法下的测算结果,需要对测算结果进行分析,确定最终的评估结论。

对具有控制权的股权进行评估的基本思路是,先对各种测算结果进行评价,再采取定性和定量方法确定评估结论。评估专业人员在确定评估结论时,应当提供合乎逻辑的依据。

评估专业人员在评价各种评估方法所得出的测算结果时,应重点考虑以下方面:各种方法的评估范围及价值内涵是否一致;不同方法与评估目的及测算结果的用途是否匹配;不同的企业特点与资产使用状况对不同方法测算结果的影响,如被评估企业是直接进行生产经营的企业还是投资公司或不动产经营企业,是否处于正常经营状态,是否拥有大量非经营性或溢余资产等;不同方法测算结果所依据的信息资料的质量和可靠性是否满足要求。

课堂研讨: 在评估具有控制权股权价值的过程中,需要哪些评估程序?有哪些清查核实的方法?

(二)缺乏控制权股权的评估

如果采用资产基础法,需要被投资企业配合实施的评估程序较复杂,因此,对于缺乏控制权的股权的评估通常不作为首选方法,但对已停业或拟清算的长期股权投资企业仅能采用资产基础法评估,此时要关注债权申报和税务清算等进程,合理确认负债。采用收益法中的现金流量折现法,除必要的财务尽职调查工作外,还需了解企业发展定位、战略规划、管理层应对市场制定的对策等,在很大程度上需要企业管理层对企业未来盈利预测提供必要配合。收益法中的股利折现法是将预期股利进行折现以确定评估对象价值的具体方法,通常适用于缺乏控制权的股东部分权益价值的评估。采用市场法与采用收益法评估的基础工作有很多相同之处,除上述必要的工作内容外,还需在市场上找到与被评估企业类似的可比交易案例或可比上市公司。

对于缺乏控制权的股权无法单独评估时,可使用被投资企业评估基准日财务报表分析确定长期股权投资评估价值,并说明不能单独评估的理由和使用财务报表分析确定股权价值的过程。分析中,不应简单以被评估企业净资产数据计算股权价值,而应分析具体情况。

❖ **课堂研讨**:在评估缺乏控制权股权价值的过程中,需要哪些评估程序?有哪些清查核实的方法?

任务3 长期投资评估报告

一、长期投资评估报告格式

根据《资产评估报告基本内容与格式的暂行规定》的要求,长期投资评估报告书包含的基本内容有评估报告书封面及目录、评估报告书摘要、评估报告书正文。评估报告书封面须载明评估项目名称,如××长期投资评估报告。评估报告书摘要应以较少的篇幅,将评估报告书中的关键内容刊印出来,以便各有关方了解该评估报告书提供的主要信息。评估报告书正文包括首部、绪言、委托方与资产占有方简介、评估目的、评估范围与对象、评估基准日、评估原则、评估依据、评估方法、评估过程、评估结论、特别事项说明、评估基准日期后重大事项、评估报告法律效力、评估报告提出日期、尾部。

二、长期投资评估报告撰写的特殊要求

(1)说明长期投资的种类、形成原因及对企业自身经营状况的影响。

(2)对于有特殊约定的长期投资,应详细说明约定的内容,并简要介绍对投资人权益的影响。

(3)对于上市的证券,应说明已查询评估基准日的收盘价以及证券市场指数。

(4)对于非上市的证券,应说明已查明票面利率或约定的利率;对于非上市的证券,如存在可预计的收益,应说明已按收益现值法评估。

(5)对于控股的长期投资,应写明投资比例,并说明已对被投资企业进行整体资产评估(类似单独的项目进行说明)。

(6)对于非控股的其他投资,应简要介绍投资背景、被投资单位的概况,在不能对被投资企业进行整体资产评估情况且不存在资产状况瑕疵情况下(说明原因),对于被投资单位资产变化较大(账面净资产超过注册资本15%的变化或固定资产初始投入项目内容或数量已变化15%以上)或投资超过3年,一般应说明是否已获得被评估单位提供的审计后会计报表。

三、长期投资评估明细表

长期投资清查评估明细表,具体可分为长期投资清查评估汇总表(表6-3)、长期

投资——股票投资清查评估明细表(表6-4)、长期投资——债券投资清查评估明细表(表6-5)、长期投资——其他投资清查评估明细表(表6-6)。

表6-3　　　　　　　　　　　长期投资清查评估汇总表

资产占有单位名称：　　　　　评估基准日：　年　月　日　　　　　金额单位：人民币元

编号	科目名称	账面价值	调整后账面值	评估价值	增值额	增值率
4-1	长期投资——投票投资					
4-2	长期投资——债券投资					
4-3	长期投资——其他投资					
	长期投资合计					
	减:长期投资减值准备					
4	长期投资净额					

资产占有单位填表人：　　　　　　　　　　　　　　　　评估人员：
填表日期：　年　月　日

表6-4　　　　　　　长期投资——股票投资清查评估明细表　　　共　页·第　页

资产占有单位名称：　　　　　评估基准日：　年　月　日　　　　　金额单位：人民币元

序号	被投资单位名称	股票质量	投资日期	持股数量	持股比例	基准日市价	账面价值	调整后账面值	评估价值	增值率	备注
	本页小计	****	****	****	****	****				****	
	合计	****	****	****	****	****				****	

资产占有单位填表人：　　　　　　　　　　　　　　　　评估人员：
填表日期：　年　月　日

表6-5　　　　　　　长期投资——债券投资清查评估明细表　　　共　页·第　页

资产占有单位名称：　　　　　评估基准日：　年　月　日　　　　　金额单位：人民币元

序号	被投资单位名称	债券种类	发行日期	到期日	票面利率	账面价值	调整后账面值	评估价值	增值率	备注
	本页小计	****	****	****	****				****	
	合计	****	****	****	****				****	

资产占有单位填表人：　　　　　　　　　　　　　　　　评估人员：
填表日期：　年　月　日

表 6-6　　　　　　　　长期投资——其他投资清查评估明细表　　　　　共　页,第　页
资产占有单位名称：　　　　　　评估基准日：　年　月　日　　　　　金额单位：人民币元

序号	被投资单位名称	投资日期	协议投资期限	投资比例	账面价值	调整后账面值	评估价值	增值率	备注
本页小计		****	****	****					****
合计		****	****	****					****

资产占有单位填表人：　　　　　　　　　　　　　　　　　　　　　评估人员：
填表日期：　年　月　日

【实务要求6-6】 对浙江安天纺织有限公司长期投资的评估基本完成后,盛师傅让徐敏完成长期投资的评估报告。

实务处理： 徐敏根据评估情况初步撰写了长期投资的评估报告,具体如下：

浙江安天纺织有限公司长期投资评估报告

浙江况丰评报字〔2025〕9号

估价项目名称：浙江安天纺织有限公司长期投资评估

估价委托人：浙江安天纺织有限公司

估价机构：浙江况丰资产评估师事务所

注册不动产估价师：吴晟　吕越

估价作业日期：2025年4月1日至2025年4月15日

估价报告出具日期：2025年4月20日

估价报告编号：浙江况丰评报字〔2025〕9号

目 录

一、声明

二、评估报告摘要

三、评估报告书
(一)委托方、被评估单位及业务约定书约定的其他评估报告使用者
(二)评估目的
(三)评估对象和评估范围
(四)价值类型及其定义
(五)评估基准日
(六)评估依据
(七)评估方法
(八)评估程序实施过程和情况
(九)评估假设
(十)评估结论
(十一)特别事项说明
(十二)评估报告使用限制说明
(十三)评估报告日

四、评估报告附件

声　明

（一）我们在执行本资产评估业务中，遵循相关法律法规和资产评估准则，恪守独立、客观和公正的原则；根据我们在执业过程中收集的资料，评估报告陈述的内容是客观的，并对评估结论合理性承担相应的法律责任。

（二）评估对象涉及的资产清单由委托方、被评估单位（或者产权持有单位）申报并经其签章确认；所提供资料的真实性、合法性、完整性，恰当使用评估报告是委托方和相关当事方的责任。

（三）我们与评估报告中的评估对象没有现存或者预期的利益关系；与相关当事方没有现存或者预期的利益关系，对相关当事方不存在偏见。

（四）我们已对评估报告中的评估对象及其所涉及资产进行现场调查；我们已对评估对象及其所涉及资产的法律权属状况给予必要的关注，对评估对象及其所涉及资产的法律权属资料进行了查验，并对已经发现的问题进行了如实披露，且已提请委托方及相关当事方完善产权以满足出具评估报告的要求。

（五）我们出具的评估报告中的分析、判断和结论受评估报告中假设和限定条件的限制，评估报告使用者应当充分考虑评估报告中载明的假设、限定条件、特别事项说明及其对评估结论的影响。

浙江况丰资产评估师事务所
2025 年 4 月 20 日

浙江安天纺织有限公司长期投资价值评估评估报告摘要

浙江况丰评报字〔2025〕9号

浙江况丰资产评估师事务所接受浙江安天纺织有限公司的委托,根据有关法律法规和资产评估准则、资产评估原则,采用资产基础法,按照必要的评估程序,对浙江安天纺织有限公司的长期投资在2025年3月31日所表现的市场价值进行了评估。

资产基础法是指在合理评估企业各项资产价值的基础上确定评估对象价值的评估思路。评估中在假设浙江安天纺织有限公司持续经营的前提下,采用与委托评估资产相适应的具体评估方法对该公司的长期投资进行评估,如表6-7所示。

表6-7　　　浙江安天纺织有限公司长期投资评估结果汇总表

评估基准日:2025年3月31日　　　　　　　　　　　　　　　金额单位:人民币万元

	项目	账面价值 A	评估价值 B	增减值 C=B-A	增减率 D=C÷A×100%
1	长期投资	995 276	1 106 691	111 415	11.19%
2	其中:债券投资	252 646	284 760	32 114	12.71%
3	股票投资	484 462	408 969	-75 493	-15.58%
4	基金投资	69 789	76 426	6 637	9.51%
5	长期股权投资	188 379	336 536	148 157	78.65%

本报告有效期自评估基准日2025年3月31日起计算,1年内有效。

本评估项目的报告日为2025年4月20日。

以上内容摘自评估报告书正文,欲了解本评估项目的详细情况,应当阅读评估报告书正文,并关注特别事项说明。

浙江安天纺织有限公司长期投资价值评估评估报告书

浙江况丰评报字〔2025〕9号

浙江安天纺织有限公司：

　　浙江况丰资产评估师事务所接受贵公司的委托，根据有关法律法规和资产评估准则，遵循独立、客观、公正的原则，采用资产基础法，按照必要的评估程序，对浙江安天纺织有限公司拟股份制改制涉及的长期投资在2025年3月31日的市场价值进行了评估。现将资产评估情况报告如下：

（一）委托方、被评估单位及业务约定书约定的其他评估报告使用者

　　本次评估的委托方、被评估单位均为浙江安天纺织有限公司。

　　1. 委托方概况

　　（1）企业名称：浙江安天纺织有限公司。

　　（2）成立日期：2009年11月20日。

　　（3）住所：杭州市萧山区萧山经济技术开发区华瑞中心6幢。

　　（4）法定代表人：赵乐维。

　　（5）注册资本：1 000万元。

　　（6）实收资本：1 000万元。

　　（7）公司类型：有限责任公司。

　　（8）经营范围：开发、生产、销售纱布、印染布以及其他纺织品。

　　2. 业务约定书约定的其他评估报告使用者

　　本评估报告仅供国家法律法规规定的评估报告使用者使用，不得被其他任何第三方使用或依赖。

（二）评估目的

　　浙江安天纺织有限公司拟股份制改制，浙江况丰资产评估师事务所接受浙江安天纺织有限公司的委托，对浙江安天纺织有限公司的全部长期投资进行评估，为股份制改制后相关资产的价值提供参考。

（三）评估对象和评估范围

　　1. 评估对象

　　根据本次评估目的，评估对象是浙江安天纺织有限公司的全部长期投资，与本次委托方委托评估对象一致。

　　2. 评估范围

　　本次评估范围是截至评估基准日2025年3月31日经审计后的资产负债表中反映的全部长期投资，账面价值为995 276元，与本次委托方委托评估对象所涉及的评估范围一致。

纳入评估范围的资产与委托评估时确定的资产范围一致。

（四）价值类型及其定义

根据评估目的，确定本次评估对象的价值类型为市场价值。

市场价值是指自愿买方和自愿卖方，在各自理性行事且未受任何强迫的情况下，评估对象在评估基准日进行正常公平交易的价值估计数额。

（五）评估基准日

本项目评估基准日是 2025 年 3 月 31 日。

本次评估基准日由委托方确定。

（六）评估依据

1. 经济行为依据

浙江安天纺织有限公司起草的《股份制改造方案》。

浙江安天纺织有限公司委托浙江况丰资产评估师事务所评估的《业务约定书》。

2. 法律法规依据

（1）《企业会计准则——基本准则》（财政部令第 33 号）。

（2）《中华人民共和国公司法》（2013 年 12 月 28 日第十二届全国人民代表大会常务委员会第六次会议修正）。

（3）有关其他法律法规、通知文件等。

3. 评估准则依据

（1）《资产评估准则——基本准则》（财企〔2004〕20 号）。

（2）《资产评估职业道德准则——基本准则》（财企〔2004〕20 号）。

（3）《资产评估准则——评估报告》（中评协〔2011〕230 号）。

（4）《资产评估准则——评估程序》（中评协〔2007〕189 号）。

（5）《资产评估准则——业务约定书》（中评协〔2011〕230 号）。

（6）《资产评估准则——工作底稿》（中评协〔2007〕189 号）。

（7）《评估机构业务质量控制指南》（中评协〔2010〕214 号）。

（8）《资产评估职业道德准则——独立性》（中评协〔2012〕248 号）。

（9）其他准则。

4. 权属依据

（1）企业法人营业执照。

（2）企业出资证明（章程、验资报告）。

（3）其他与企业资产的取得、使用等有关的会计凭证及其他资料。

5. 取价依据

（1）被评估单位提供的财务会计经营方面的资料。

（2）《资产评估常用数据与参数手册》。

（3）评估人员收集的当前市场价格信息资料。

（4）评估人员现场勘察记录及收集的其他相关估价信息资料。

（5）与此次资产评估有关的其他资料。

6. 其他参考依据

××会计师事务所有限公司出具的审计报告。

（七）评估方法

根据评估目的、评估对象、价值类型、资料收集情况等相关条件，对纳入评估范围内的全部资产选用适当的方法进行评估。

1. 债券投资的评估

采用市场法，按照评估基准日的收盘价确定评估值。

2. 股票投资的评估

分别采用相适应的模型，如固定红利模型等，评估股票价值。

3. 基金投资的评估

按照评估基准日的基金份额净值确定证券基金价值。

4. 长期股权投资的评估

对控股子公司分别采用资产基础法和收益法进行整体评估，以资产基础法评估后的股东全部权益（净资产）价值乘以股权比例确定评估值；

对参股公司，因无控制权，以参股单位评估基准日资产负债表净资产乘以持股比例确定长期股权投资价值。

（八）评估程序实施过程和情况

评估人员于2025年4月1日至2025年4月15日对纳入此次评估范围内的全部资产进行了评估。主要评估过程如下：

1. 接受委托

我事务所与委托方就评估目的、评估对象等评估业务基本事项，以及各方的权利、义务等达成协议，并协商拟订了相应的评估计划。

2. 前期准备

接受委托之后，快速组建评估队伍及制订具体工作方案，按照委托方对本项目的要求，共同制定了需要企业填写的表格及需要提交的资料清单。

3. 现场调查

根据浙江安天纺织有限公司提供的评估申报资料，评估人员于2025年4月1日至2025年4月15日对评估对象涉及的资产进行了必要的清查核实。

4. 资料收集

评估人员根据评估项目的具体情况进行了评估资料收集，并对收集的评估资料进行了必要分析、归纳和整理，形成评定估算的依据。

5. 评定估算

评估人员结合企业实际情况确定各类资产的作价方案，汇总资产评估初步结果、进行评估结论的分析、撰写评估报告和说明的初稿。

6. 内部审核、征求意见及出具报告

经过公司内部审核后，将评估结果与委托方进行沟通和汇报。根据沟通意见进行修改、完善后，将正式评估报告提交给委托方。

（九）评估假设

本评估报告分析估算采用的假设条件如下：

（1）国家现行的有关法律法规及政策、国家宏观经济形势无重大变化，本次交易各方所处地区的政治、经济和社会环境无重大变化，无其他人力不可抗拒因素及不可预见因素造成的重大不利影响，被评估单位持续经营。

（2）公司的经营者是负责的，且公司管理层有能力担当其职务。

（3）除非另有说明，公司完全遵守所有有关的法律法规，不会出现影响公司发展和收益实现的重大违规事项。

（4）公司未来将采取的会计政策和编写此份报告时所采用的会计政策在重要方面基本一致。

（5）由企业提供的与评估相关的产权证明文件、财务报表、会计凭证、资产清单及其他有关资料真实、合法、完整、可信。

（6）有关利率、赋税基准及税率、政策性征收费用等不发生重大变化。

本评估报告评估结论在上述假设条件下在评估基准日时成立，当上述假设条件发生较大变化时，签字注册资产评估师及本评估机构将不承担由于假设条件改变而推导出不同评估结论的责任。

（十）评估结论

根据有关法律法规和资产评估准则，遵循独立、客观、公正的原则，采用资产基础法，按照必要的评估程序，对浙江安天纺织有限公司的长期投资在2023年12月31日的市场价值进行了评估。根据以上评估工作，得出如下评估结论，如表6-8所示。

表6-8　　　浙江安天纺织有限公司长期投资评估结果汇总表

评估基准日：2025年3月31日　　　　　　　　　　　　　　　　　　金额单位：人民币万元

	项目	账面价值 A	评估价值 B	增减值 C=B-A	增减率 D=C÷A×100%
1	长期投资	995 276	1 106 691	111 415	11.19%
2	其中：债券投资	252 646	284 760	32 114	12.71%
3	股票投资	484 462	408 969	-75 493	-15.58%
4	基金投资	69 789	76 426	6 637	9.51%
5	长期股权投资	188 379	336 536	148 157	78.65%

本报告有效期自评估基准日2025年3月31日起计算，1年内有效。

本评估项目的报告日为2025年4月20日。

截至评估基准日2025年3月31日，浙江安天纺织有限公司长期投资账面价值为995 276元，评估价值为1 106 691元，增值额为111 415元，增值率为11.19%。

（十一）特别事项说明

在执行本评估项目过程中，我们对委托方和相关当事方提供的评估对象法律权属资料和资料来源进行了必要的查验，但对评估对象的法律权属我们不发表意见，也不作确认和保证。本报告所依据的权属资料之真实性、准确性和完整性由委托方和相关当事方负责。

重大期后事项如下：

（1）除上述事项外，自评估基准日至评估报告日，依据委托方及资产占有方提供的资料和评估人员现场勘察情况，评估人员未发现有重大期后事项发生。

（2）评估基准日后有效期内资产数量发生变化时，应根据原评估方法对资产额进行相应调整。

（3）评估基准日后有效期内资产价格标准发生重大变化，并对资产评估价格已产生了严重影响时，委托方应及时聘请评估机构重新确定评估价值。

（4）评估基准日期后发生重大事项，不得直接使用本评估报告。

评估结论系根据上述假设、依据、前提、方法、程序得出的，只有在上述假设、依据、前提存在的条件下成立；评估结论不应当被认为是对评估对象可实现价格的保证。

（十二）评估报告使用限制说明

（1）本评估报告只能由评估报告载明的评估报告使用者使用。

（2）本评估报告的全部或者部分内容被摘抄、引用或者被披露于公开媒体，需评估机构审阅相关内容，法律法规规定及相关当事方另有约定的除外。

（3）本评估报告系资产评估师依据国家法律法规出具的专业性结论，在评估机构盖章，注册资产评估师签字后，方可正式使用；

（4）本评估报告所揭示的评估结论仅对本项目对应的经济行为有效，评估结论使用有效期为自评估基准日 2025 年 3 月 31 日至 2026 年 3 月 31 日。

（十三）评估报告日

评估报告提出日期为 2025 年 4 月 20 日。

法定代表人：赵乐维
注册资产评估师：吴晟
注册资产评估师：吕越
浙江况丰资产评估师事务所
2025 年 4 月 20 日

评估报告附件

一、被评估单位评估基准日会计报表及审计报告
二、被评估单位法人营业执照复印件
三、被评估单位产权登记证复印件
四、评估对象涉及的主要权属证明资料
五、被评估单位的承诺函
六、签字注册资产评估师的承诺函；
七、资产评估机构资格证书复印件
八、评估机构法人营业执照复印件
九、签字注册资产评估师资格证书复印件
十、资产评估业务约定书复印件

【知识地图】

长期投资评估
- 任务1 认知长期投资评估
  - 一、长期投资评估概述
    - （一）长期投资的定义
    - （二）长期投资的分类
    - （三）长期投资评估的特点
  - 二、接受长期投资评估业务
  - 三、评估准备
  - 四、评估估算
  - 五、出具评估报告
- 任务2 评估长期投资
  - 一、评估债券投资
    - （一）市场法
    - （二）收益现值法
  - 二、评估股票投资
    - （一）上市交易股票的评估
    - （二）非上市交易股票的评估
  - 三、评估基金投资
    - （一）证券基金的评估
    - （二）合伙制基金的评估
  - 四、评估长期股权投资
    - （一）具有控制权股权的评估
    - （二）缺乏控制权股权的评估
- 任务3 长期投资评估报告
  - 一、长期投资评估报告格式
  - 二、长期投资评估报告撰写的特殊要求
  - 三、长期投资评估明细表

【考证直通】

6-6 考证园地：
长期投资评估
考点归纳

6-7 考证园地：
长期投资评估
考证题库及答案

【辅教导学】

6-8 习题训练：
长期投资评估
课后作业

6-9 习题训练：长期
投资评估随堂练习及
课后作业答案

6-10 拓展阅读：
长期投资
评估教学课件

6-11 拓展阅读：
投资性房地产
评估指导意见

6-12 素养引领：
思政案例
分析题

项目 7 流动资产评估

【知识目标】

1. 理解流动资产评估的定义和特点；
2. 掌握流动资产评估的程序和方法。

【技能目标】

1. 能够运用市场法、成本法评估实物类流动资产价值；
2. 能够运用恰当的方法评估非实物类流动资产价值；
3. 能够完成流动资产评估报告。

【素养目标】

1. 培养数据分析与处理的能力，提高评估结果的准确性和时效性；
2. 强化沟通与协调能力，促进团队合作，提升资产评估项目的整体效率与质量。

【引导案例】

何燕是资产评估专业的大三学生,2025年3月进入浙江企华资产评估师事务所实习。2025年4月,何燕跟着单涵师傅去浙江平乐纺织有限公司(以下简称平乐纺织)进行流动资产评估。浙江平乐纺织有限公司属于纺织业,主营业务是纺织品的生产与销售、外贸的出口与代理,年销售收入为3 587万元,年净利润为219万元。由于公司实行股份制改造,须对公司的流动资产进行评估。在前期工作中,何燕协助单师傅收集信息,整理得到公司的流动资产账面价值,具体如表7-1所示。

表7-1　　　　　浙江平乐纺织有限公司流动资产账面价值　　　　　单位:元

	项目	账面价值
1	流动资产	9 264 826
2	其中:现金	82 154
3	银行存款	2 035 482
4	应收账款	30 972
5	存货	5 132 368
6	其他	1 983 850

【知识准备】

任务1　认知流动资产评估

术语解析:非流动资产是指不能在1年或者超过1年的一个营业周期内变现或者耗用的资产。

一、流动资产评估概述

(一)流动资产的定义

流动资产是指企业在生产经营活动中,能在1年或者超过1年的一个营业周期内变现或者耗用的资产。它与非流动资产是有一定区别的。

💡 想一想:流动资产与非流动资产有什么不同?

流动资产按照内容的不同,可以划分为实物类流动资产和非实物类流动资产。实物类流动资产是在企业生产经营过程中以实物形态存在的流动资产,主要包括库存材料、低值易耗品、在产品、产成品及库存商品等。非实物类流动资产是除实物类流动资产外的其他流动资产,主要包括货币资金、应收款项、应收票据等。

流动资产具有循环周期短、变现速度快、形态多样化、存在波动性等特点。由于流动资产只参加一个生产经营周期,就能实现其形态的循环,因此能够在短时间内变现，从而保证短期债务的偿还。流动资产在循环过程中，存在货币资产、储备资产、生产资产和成品资产等多种形态并存的状态，这些形态能够相继转化，且不同形态资产的比例并不是持续不变的，而是会随着宏观环境、市场需求、行业发展状况和公司内部要求而发生波动。

（二）流动资产评估的特点

流动资产在周转性、变现性等方面具备与固定资产截然不同的特点，使得流动资产的评估也具有其独特的特点。

1. 评估对象的单项性

流动资产评估的对象一般是单项资产。究其原因，一是并非所有的流动资产都需要评估，如货币性资产等，只存在币种换算或者数额核实问题；二是并非所有的流动资产都可以预测其未来收益，如材料等，其价值会随着生产经营周期发生变化。因此，流动资产不能作为一个整体进行评估，不需要以其综合获利能力进行综合性价值评估。

2. 评估时点的特殊性

流动资产的构成、数量以及价值总额总是在变化之中，在不同的时点进行评估，得到的评估结论可能是大相径庭的。因此，在实践中，流动资产评估时点与评估结论使用时点要尽可能靠近，增加评估结论的可靠性和有效性，并在规定的时点进行资产清查核实、登记和确定资产数量和账面价值，确保评估结论的准确性。

3. 评估品种的冗杂性

流动资产一般数量众多、品种冗杂，且处于快速变换形态的循环周期中，存在一定的工作强度。因此一是要考虑评估所产生的各方面成本，包括时间成本等，二是要根据不同企业的情况，明确评估主次，在合理分类的基础上用不同的评估方法进行评估，做到主次分明。

4. 评估工作的依赖性

流动资产评估工作的顺利开展，依赖于企业的密切配合，包括提供流动资产会计核算资料、提供相对静止的环境进行清查核实等。只有在与企业建立良好关系的基础上，确切了解企业在流动资产、成本费用等项目核算中所使用的程序和方法，才能够正确利用会计信息，得出有效的评估结论。在正常情况下，企业会计信息中流动资产的账面价值基本上可以反映出流动资产的现值。在特定情况下，可以采用企业会计信息中的历史成本作为评估值。

特别提示：在正常情况下，评估流动资产时，无需考虑资产的功能性贬值因素。

【心灵启迪】

流动资产评估的特殊性，要求评估专业人员需要依据客观事实，采用科学的方法和技术，准确评估流动资产的价值。遵循公正公平的原则，不偏袒任何一方，确保评估结果的真实性和准确性。需要确保评估过程的严密性和准确性，避免因为疏忽大意而导致评估结果失真。需要具备风险管理意识，能够识别和评估潜在的风险因素，并采取相应的措施进行管理和控制。

二、接受流动资产评估业务

接受流动资产评估业务先要明确流动资产的具体内容。明确评估内容是评程序的首要步骤,例如,确认流动资产的项目类别、业务内容、账面价值等。明确业务基本事项以后,再与委托单位订立业务委托合同。

三、评估准备

在编制资产评估计划以后,进行评估现场调查,完成必要的审核和鉴定,并收集整理关于被评估流动资产的评估资料,如存货的价值变动情况、应收账款的坏账比例等,必要时由经验丰富的评估师进行专业的职业判断。

四、评估估算

需要进行流动资产评估的情形有企业产权变动、企业清算和资产变卖、保险索赔、清产核资、会计核算需要等。为了实现不同的评估目的,根据流动资产的自身特点,评估方法大致可以分为三种:

(1)在企业持续经营的条件下,流动资产按在用用途使用时,一般采用重置成本评估流动资产。例如,在企业改制、合资合作经营和联营等产权变动的资产业务中,被评估企业仍然按照之前的生产经营方式、产品结构等运营,流动资产就可按在用用途评估。

(2)在企业持续经营的条件下,流动资产进入市场转移使用或出售时,一般采用变现净值评估流动资产。例如,在企业产权变动后,被评估企业改变了之前的生产经营方式、产品结构,导致被评估流动资产的需求大大减少甚至消除,此时就可按变现净值评估流动资产。

(3)在企业清算的条件下,要求流动资产快速变现时,一般采用快速变现净值评估流动资产。实践中,不同类型的流动资产具有不同的变现能力,需要注意的是,变现价值与账面价值可能存在较大差异。

> 想一想:变现净值与快速变现净值有什么不同,一般情况下哪一个价值更高?

7-1 习题训练:
项目7 随堂练习一

五、出具评估报告

资产评估专业人员需要在评定估算形成结论后编制出具流动资产评估报告,编制出具流动资产评估报告的程序包括编制流动资产评估报告,进行内部审核,与委托人或者相关当事人沟通,提交流动资产评估报告。资产评估专业人员在资产评估报告日后90天内整理工作底稿,并与其他相关资料形成评估工作档案。

任务2　评估流动资产

一、评估实物类流动资产

评估师在进行存货的评估时,一般按照如图7-1所示的流程进行。

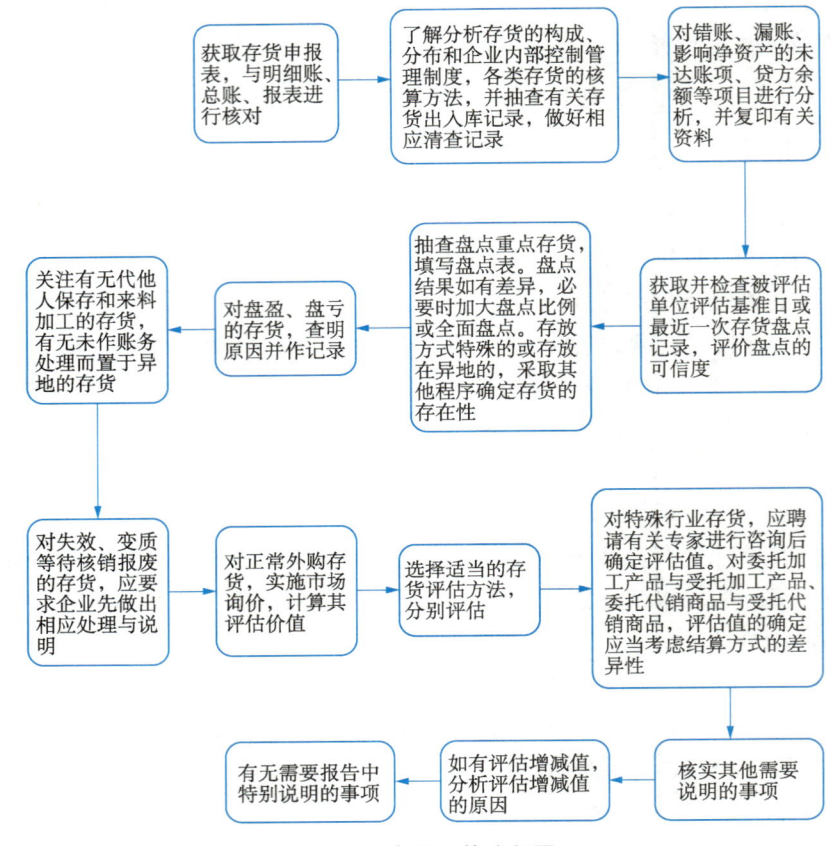

图7-1　存货评估流程图

(一)库存材料

对库存材料进行评估,可以根据库存材料的购进情况采用相适应的评估方法。

1. 近期购进库存材料的评估

近期购进的材料库存时间短,在市场价格变化不大的情况下,其账面价值与现行市价基本接近。评估时,可以采用成本法,也可以采用市场法,采用两种评估方法得到的评估结论相差不大。

采用成本法,评估近期购进库存材料价值的计算公式为:

$$材料评估值 = 材料账面价值 - 损耗$$

特别提示:对于购进时发生运杂费的材料,如果是从外地购进的,因运杂费数额较大,评估时应将由被评估材料分担的运杂费计入评估值。

采用市场法,评估近期购进库存材料价值的计算公式为:

$$材料评估值=库存数量\times 该种材料的市价$$

【实务要求 7-1】 单师傅要求何燕对平乐纺织近期购进的甲材料进行评估。平乐纺织在评估基准日半个月前从省外采购一批甲材料,共计 10 吨,单价 7 000 元/吨,运杂费 100 元/吨。经核实,评估时公司尚有该材料库存 5 吨,且此种材料价格近期基本稳定。何燕应该如何评估甲材料的价值呢?

实务处理:评估值 $=5\times(7\,000+100)=35\,500$(元)

2. 购进批次间隔时间长、价格变化大的库存材料的评估

对这类材料的评估,可以根据实际情况采用以下两种方法:

(1) 采用最接近市场价格的材料价格或直接以评估基准日的市场价格作为评估的计价基础,其计算公式为:

$$材料评估值=库存数量\times 最接近市场价格的材料价格(或评估基准日的市价)$$

(2) 采用价格指数法,先考虑评估时点物价指数与材料购进时物价指数的差异,利用价格指数对不同批次的原材料物资的账面价值加以调整,再考虑发生的损耗价值,其计算公式为:

$$材料评估值=账面价值\times \frac{评估时价格指数}{购进时价格指数}-损耗$$

【实务要求 7-2】 单师傅要求何燕对平乐纺织库存的乙材料进行评估。平乐纺织现库存乙材料 500 箱,该材料分两批购进,第一批 600 箱,购进时间是 2025 年 1 月 1 日,每箱单价是 9 000 元,第二批 400 箱,购进时间是 2025 年 3 月 1 日,每箱单价是 8 000 元。经何燕核实,在评估基准日 2025 年 3 月 31 日当天,1 月购进的乙材料还剩 100 箱,3 月购进的尚未使用。何燕应该如何评估乙材料的价值呢?

实务处理:由于第二批材料购进时间与评估基准日接近,因此,何燕按照最接近评估基准日现行市价的购进价每吨 8 000 元计价。

评估值 $=500\times 8\,000=400$(万元)

3. 缺乏准确现行市价的库存材料的评估

对这类材料的评估,可以根据实际情况采用以下三种方法。

(1) 利用替代品现行市价,考虑替代品与库存材料的价格差异,从而修正材料价格,其计算公式为:

$$材料评估值=材料数量\times 替代品现行市价\times 调整系数-损耗$$

(2) 分析库存材料的市场供需关系,考虑材料购进时市场情况与现行市场情况的供需变化,从而修正材料价格,其计算公式为:

$$材料评估值=材料数量\times 进价\times 市场供需升降指数-损耗$$

(3) 利用市场同类商品的平均物价指数,考虑市场同类商品评估时点与购进时

特别提示:存货计价方式,如先进先出法、加权平均法等,不应影响评估结果。

点物价指数的差异,从而修正材料价格,其计算公式为:

材料评估值=材料数量×进价×同类商品物价指数-损耗

【实战训练 7-1】 2025 年 4 月,评估专业人员李琪对浙江越荟智能制造有限公司于 2025 年 1 月购进的丙材料进行评估。公司现库存丙材料 500 件,单价 1 000 元。由于该材料市场供给紧张,在 2025 年 4 月,市场上已经没有大量的交易活动。经李琪核实,该材料尚存 200 件,因保管得当没有发生减值。李琪根据以下三种情况分别评估丙材料的价值。

(1) 市场上有与丙材料功能相似的丙*材料,可以充当丙材料的替代品,丙*材料的现行市价是每件 2 000 元,根据盛师傅的经验,丙、丙*材料的价格之比是 1∶1.6。

解:丙材料评估值=200×2 000×1÷1.6=250 000(元)

(2) 通过市场调查,李琪经市场供需情况分析,得知丙材料需求显著上升,预计丙材料价格上升 20% 左右。

解:丙材料评估值=200×1 000×120%=240 000(元)

(3) 经李琪调查,同类商品的物价指数在 2025 年 1 月是 100%,在 2025 年 4 月是 115%。

解:丙材料评估值=200×1 000×115%=230 000(元)

4. 呆滞材料的评估

呆滞材料存在的长时间积压或保管不善等问题,可能导致其使用价值下降。对这类材料的评估,可以根据实际情况采用以下两种方法:

(1) 对于完全失效、无用的呆滞材料,应当作为废料处理,按可回收净值确定评估值,其计算公式为:

呆滞材料评估值=库存数量×可回收净值

(2) 对于使用质量下降但是仍能使用的呆滞材料,应扣除相应减值因素进行调整后确定评估值,其计算公式为:

呆滞材料评估值=账面价值×(1-贬值率)

术语解析:呆滞材料是指企业从库存材料中清理出来需要进行处理的材料。

【实战训练 7-2】 2025 年 4 月,评估专业人员李琪对浙江越荟智能制造有限公司的一批电子零件进行评估。经李琪核实,这批电子零件为呆滞材料,数量是 1 000 个,账面单价是 60 元,因产品升级换代,此种电子零件已不在产品中使用,李琪确定其贬值率是 70%。李琪应该如何评估此种电子零件的价值呢?

解:评估值=1 000×60×(1-70%)=18 000(元)

7-2 习题训练:
项目 7 随堂练习二

7-3 微课视频:
支好"反光镜"——识准
库存材料购进时间

（二）低值易耗品

低值易耗品按照其使用情况的不同，可以分为在库低值易耗品和在用低值易耗品。在库低值易耗品的评估可以采用与库存材料评估相同的评估方法进行评估。在用低值易耗品的评估可以采用成本法，其计算公式为：

$$在用低值易耗品评估值＝全新低值易耗品重置价值 \times 成新率$$

其中，全新低值易耗品重置价值的确定，可以在价格稳定的情况下直接采用其账面价值，也可以采用现行市场价格确定，还可以利用物价变动指数对账面价值进行调整确定。而式中，低值易耗品成新率的计算公式为：

$$成新率＝\left(1-\frac{低值易耗品实际使用月数}{低值易耗品可使用月数}\right)\times 100\%$$

需要注意的是，低值易耗品的摊销在会计上采用的简化方法并不能完全反映其实际损耗程度，因此，在确定低值易耗品成新率时，应根据其实际损耗程度确定，而不能简单按照其摊销方式确定。另外，低值易耗品评估一般不考虑功能性贬值和经济性贬值。

【**实战训练7-3**】 2025年4月，评估专业人员李琪对浙江越荟智能制造有限公司的一批低值易耗品进行评估。经李琪核实，这批低值易耗品原价为1 500元，预计使用1年，现已使用3个月，现行市价为1 800元。李琪应该如何评估这批低值易耗品的价值呢？

解：评估值 $= 1\ 800 \times \left(1-\dfrac{3}{12}\right) = 1\ 350$（元）

❖ **课堂研讨**：低值易耗品是特殊的流动资产，与典型流动资产相比，具有哪些特点？

（三）在产品

在产品包括生产过程中尚未加工完毕的在制品、已加工完毕但不能单独对外销售的半成品。若是企业自制的半成品，且可以直接对外销售，应视作库存商品进行评估。对在产品的评估，可以采用成本法和市场法。

1. 成本法

对于生产周期较长的在产品进行评估，一般采用重置成本法，基本思路是根据在产品清查核实、技术鉴定和质量检测的结构，按评估时的相关市场价格和费用水平，计算重置同等级在产品的料工费，从而评估在产品的价值。

对生产周期短的在产品，一般以其实际发生的成本作为评估依据，在没有变现风险的情况下，可在其账面值的基础上进行调整确定评估值。在实际应用中，具体可以采用以下三种方法。

1) 价格变动系数调整法

价格变动系数调整法是以在产品实际发生的成本为基础，考虑成本发生时与评估基准日时的市场价格变化差异，从而利用价格变动系数调整至重置成本的方法。

术语解析：低值易耗品是指单项在规定限额以下或使用期限不满1年，但能多次使用而基本保持其实物形态的劳动资料。

这种方法一般适用于生产经营正常、会计核算水平较高的企业在产品的评估。

采用价格变动系数调整法评估在产品价值的计算公式为：

$$在产品评估值 = 原合理材料成本 \times (1 + 价格变动系数) + 原合理工资、费用（含借款费用）\times (1 + 合理工资、费用变动系数)$$

在产品的成本包括材料、工资费用、制造费用和借款费用四部分。其中，制造费用是间接费用，材料和工资费用是直接费用，由于工资费用与制造费用一样较难测算，评估时可将这两者合为一项费用进行估算，而借款费用一般用于需要经过相当长时间的购建或者生产活动才能达到预定可使用或者可销售状态的存货。

2）定额成本法

定额成本法是根据社会平均消耗定额和现行市价计算各道工序的在产品价值，即按重置同类在产品的社会平均成本确定其价值的方法。这种方法一般适用于具备可靠齐全定额成本资料的企业中在产品的评估，需要的资料包括被评估在产品的完工程度、相关工序的工艺定额、耗用物资的近期市场价格、合理工时及单位工时的取费标准。

采用定额成本法评估在产品价值的计算公式为：

$$在产品评估值 = 在产品实有数量 \times \left(\dfrac{1该工序单件}{材料工艺定额} \times \dfrac{单位材料}{现行市价} + \dfrac{该工序单件}{工时定额} \times \dfrac{正常}{工资费用} \right)$$

【实战训练 7-4】 2025 年 4 月，评估专业人员李琪对浙江越荟智能制造有限公司的一批处于生产阶段的在产品进行评估。经李琪核实，这批在产品共 200 件，每件在产品的完工程度是 60%，每件产成品消耗铜材定额 20 千克，每千克市价 4 元，每件产成品工时定额 30 小时，工资及其他薪酬每小时定额 5 元，其他费用每小时定额 2 元，假设该产品不存在变现风险。李琪应该如何评估此种在产品的价值呢？

解：铜材材料成本 = 200×20×4×60% = 9 600（元）

工资及其他薪酬 = 200×30×5×60% = 18 000（元）

其他费用 = 200×30×2×60% = 7 200（元）

在产品评估值 = 9 600 + 18 000 + 7 200 = 34 800（元）

3）约当产量法

约当产量法是先根据在产品的完工程度将在产品的数量调整为约当产量，再根据产成品的重置成本和约当产量确定在产品的评估价值的方法。

采用约当产量法评估在产品价值的计算公式为：

在产品评估值 = 产成品重置成本 × 在产品约当量

在产品约当量 = 在产品数量 × 在产品完工率

在具体应用中，在产品的完工程度可以根据其完成工序与全部工序的比例来确定，也可根据生产完成时间与生产周期比例来确定。

需要注意的是，若在产品的材料是在生产阶段一开始一次性投入的，那么材料成本应该按照在产品的实际数量来计算，而不是约当产量。

特别提示： 对于工艺定额的选取，有行业的平均物料消耗标准的，可按行业标准计算；没有行业统一标准的，按企业现行的工艺定额计算。

2. 市场法

对于因产品更新换代而不能继续加工、只能对外销售的在产品进行评估,一般采用市场法,基本思路是在同类在产品和半成品市价的基础上,扣除掉销售过程中预计发生的相关费用,从而评估在产品的价值。

采用市场法评估在产品价值的计算公式为：

$$\text{在产品评估值} = \text{在产品实有数量} \times \text{市场可接受的不含税单价} - \text{预计销售过程中发生的费用}$$

❖ **课堂研讨**：采用市场法对在产品进行评估时应考虑的因素主要有哪些？

一般来说,如果在产品的通用性好,能用于产品配(部)件更换或用于维修等,其评估价值就较高；如果在产品的专用性强,不能继续生产又难以通过市场调剂出去,那么只能按废料处理,评估其回收价格。如果在调剂过程中存在变现风险,还需要考虑设立一个风险调整系数,从而确定可变现评估值。报废在产品评估值的计算公式为：

$$\text{报废在产品评估值} = \text{可回收废料的重量} \times \text{单位重量现行的回收价格}$$

【实务要求 7-3】 单师傅要求何燕对平乐纺织两种不同状态和通用性的在产品进行评估。经何燕核实,两种在产品共计 200 件。单师傅告诉何燕,其中 100 件可通过市场销售,且流动性较好,评估基准日在市场上可接受的不含税价是每件 4 000 元,销售费用预计占不含税价的 5%,另外 100 件无法销售,且不能继续加工,按报废处理,可回收废料的重量是 800 千克,回收价格是每千克 6 元。何燕应该如何评估这 200 件在产品的价值呢？

实务处理： 在产品评估值＝100×4 000×(1－5%)＋800×6＝384 800(元)

7-4 习题训练：
项目 7 随堂练习三

(四) 产成品及库存商品

产成品及库存商品包括已完工入库和已完工并经过质量检验但尚未办理入库手续的产成品,以及商品流通企业的库存商品等。对产成品及库存商品的评估,可以采用成本法和市场法。

1. 成本法

采用成本法评估产成品及库存商品,基本思路是以生产、制造该项产品发生的成本费用为基础确定评估值。根据评估基准日与产成品完工时间的间隔时间长短,可以分成以下两种情况评估。

1) 评估基准日与产成品完工时间接近

若评估基准日与产成品完工时间接近,成本、物价变化不大,可以直接按产成品

账面成本确定其评估值。其计算公式为:

产成品评估值＝产成品数量×产成品账面单位成本

2) 评估基准日与产成品完工时间间隔较长

若评估基准日与产成品完工时间间隔较长,成本、物价变化较大,可以按照以下两种计算公式确定产成品的评估值:

产成品评估值＝产成品实有数量
×［合理材料工艺定额×材料单位现行价格＋合理工时定额
×单位小时合理工时工资、费用(含借款费用)］

产成品评估值＝产成品实际成本×［材料成本比例×材料综合调整系数
＋工资、费用(含借款费用)成本比例
×工资、费用综合调整系数］

【实战训练 7-5】 2025 年 4 月,评估专业人员李琪对浙江越荟智能制造有限公司现有一年前完工的产成品进行评估。经李琪核实,这批产成品共 300 件,每台实际成本是 900 元。李琪发现,根据会计核算资料,生产成本中材料与工资费用的比例是 70∶30。李琪根据目前价格变动情况和其他相关资料,确定材料综合调整系数是 1.15,工资费用调整系数是 1.05。李琪鸣应该如何评估这批产成品的价值呢?

解:评估值＝300×900×(70％×1.15＋30％×1.05)＝302 400(元)

2. 市场法

采用市场法评估产成品及库存商品的基本思路是以不含价外税的可接受的市场价格为基础,扣除相关费用后,确定产成品的评估值。在选择市场价格进行评估时,需要考虑到众多因素,包括被评估资产的使用价值、市场前景以及质量水平等,尽量选择公开市场上形成的近期交易价格,同时根据产成品外表的损坏程度,通过调整系数予以调整。

采用市场法评估产成品及库存商品时,现行市价由成本、税金和利润等因素构成,必须具体问题具体分析,在搞清每项资产评估的特定目的和评估的性质的前提下,再确定应该如何处理待实现的利润和税金。

例如,以库存商品出售为目的,应直接以现行市场价格作为其评估值,而无需考虑扣除为实现销售而发生的销售费用和相关税金。又如,企业以投资为目的而对产成品进行评估,产成品的评估值将作为投资者的权益,因此应该从市价中扣除各种税金和利润后才能作为产成品评估值。

采用市场法评估产成品及库存商品时,一般以其完全成本为基础,考虑其市场销售情况。对于十分畅销的产品,根据出厂销售价格减去销售费用和全部税金确定评估值;对于正常销售的产品,根据出厂销售价格减去销售费用、全部税金和适当数额的税后净利润确定评估值;对于勉强能销售出去的产品,根据出厂销售价格减去销售费用、全部税金和税后净利润确定评估值;对于滞销、积压、降价销售产品,根据可收回净收益确定评估值。

二、评估非实物类流动资产

(一) 货币资金

货币资金不会因时间的变化而发生变化,只存在不同币种的换算和不同货币资金形态的转换,因此不存在价值估算,而仅仅需要核实数额。

1. 现金

评估师在进行现金的评估时,一般按照如图 7-2 所示的流程进行。

图 7-2 现金评估流程图

评估现金,实际上是对现金进行盘点,并与现金日记账和现金总账进行核对,确认现金数额,实现账实相符,以核实后的现金实有数额作为评估值。

7-5 素养引领:
情景剧——真假币

2. 银行存款

评估师在进行银行存款的评估时,一般按照如图 7-3 所示的流程进行。

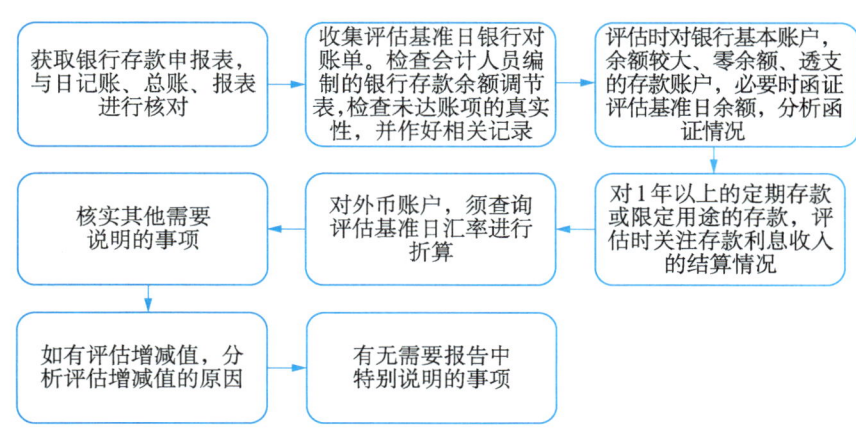

图 7-3 银行存款评估流程图

术语解析:货币资金是指以货币形态存在的资产,包括现金、银行存款和其他货币资金。

评估银行存款实际上是对银行存款进行函证,核实其实有数额,以核实后的银行存款实有数额作为评估值。对于外汇存款,应按评估基准日时的汇率换算成等值人民币。

(二) 应收款项

评估师在进行应收款项的评估时,一般按照如图7-4所示的流程进行。

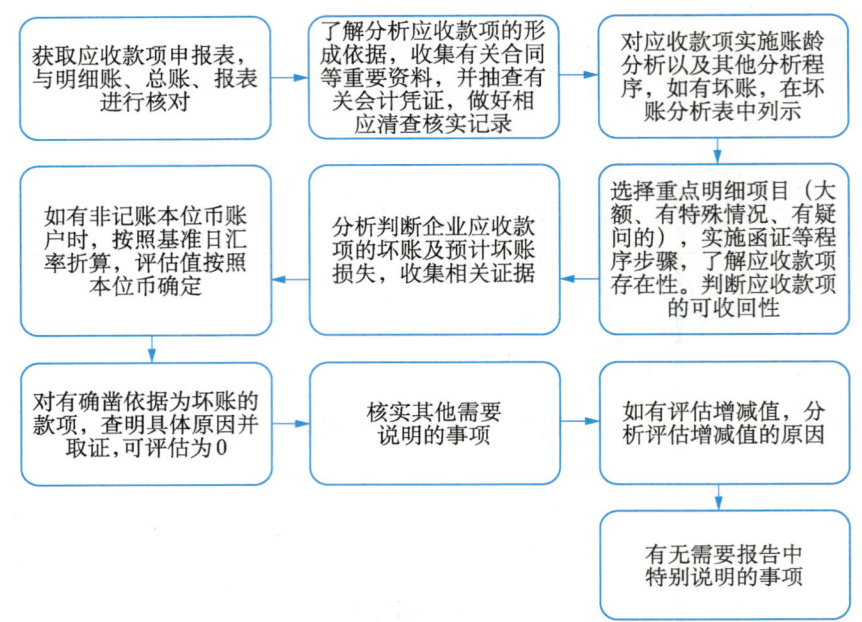

图 7-4　应收款项评估流程图

应收款项金额是事前形成、约定的,因此对应收款项进行评估,并不是对应收款项账面记录的重新认定,而关键是对款项回收的"风险损失"和"未来回收价值现值"的专业判断。评估应收款项的基本思路是,首先,分析债务人的信用和还款能力,在判断应收款项可回收性的基础上,预计风险损失;然后,用应收款项的账面余额减去预计的风险损失,从而得到应收款项的评估值。其计算公式为:

$$\begin{matrix}\text{应收款项}\\ \text{评估值}\end{matrix} = \begin{matrix}\text{应收款项}\\ \text{账面余额}\end{matrix} - \begin{matrix}\text{已确定的}\\ \text{坏账损失}\end{matrix} - \begin{matrix}\text{预计可能发生的}\\ \text{坏账损失}\end{matrix}$$

根据应收款项的计算公式,可以得到应收款项的评估程序分为三步:首先,采取账证账表核对、函证、抽查凭证等方法,确定应收款项的账面余额;然后,分析企业各项应收账款是否符合坏账的确认条件,确认已发生的坏账损失;最后,根据企业与债务人的业务往来和债务人的信用情况,估计坏账损失发生的可能性及其数额。

术语解析: 坏账是指企业无法收回或收回的可能性极小的应收款项。

【心灵启迪】

应收账款管理不善将会带来企业效益下降、损失增加、风险加大等问题。要缓解此问题,需要全社会形成诚实守信的风气,明确每个债务人的法律责任和社会责任。

◆ **课堂研讨**：企业应收账款符合什么条件时,通常可以确认为坏账?

对预计坏账损失的评估,可以采用坏账比例法和账龄分析法。

1. 坏账比例法

采用坏账比例法评估预计坏账损失,基本思路是根据被评估企业前若干年(一般是3~5年)的实际坏账损失额占其应收款项发生额的百分比确定坏账比例,根据这个比例和核实后的应收账款,确定预计坏账损失的评估值,计算公式为:

$$坏账比例 = \frac{评估前若干年发生的坏账数额}{评估前若干年应收账款余额} \times 100\%$$

$$预计坏账损失额 = 评估时点的应收账款数额 \times 坏账比例$$

需要注意的是,在计算坏账比例时,应将特殊原因造成的坏账从中扣除。

【实务要求 7-4】 单师傅要求何燕对平乐纺织的应收账款进行评估。经何燕核实,截至评估基准日,平乐纺织应收账款余额150万元。前5年应收账款余额是500万元,5年内发生坏账损失共计20万元。何燕应该如何评估应收账款的价值呢?

实务处理：坏账比例 $= 20 \div 500 \times 100\% = 4\%$

预计坏账损失额 $= 150 \times 4\% = 6$(万元)

应收账款评估值 $= 150 - 6 = 144$(万元)

2. 账龄分析法

采用账龄分析法评估预计坏账损失,基本假设是应收账款的账龄越长,预计发生坏账损失的可能性就越大。因此,可以将不同账龄的应收账款进行分组,根据每个账龄组的应收账款及其对应的估计坏账损失百分比,得到每个账龄组的估计坏账损失和,从而确定预计坏账损失的评估值。

7-6 习题训练：
项目7 随堂练习四

7-7 微课视频：
拿出"照妖镜"——辨别
应收款项风险

特别提示：一般来说,应收账款评估以后,账面上的"坏账准备"科目按零值计算。

(三) 应收票据

评估师在进行应收票据的评估时,一般按照如图7-5所示的流程进行。

对应收票据的评估,可以根据票据是否到期、是否带息以及票据评估的目的,采用以下两种方法进行评估。

1. 按票据的本利和确定评估值

应收票据的评估值为票据的面值加上截至评估基准日的应计利息。其计算公式为:

$$应收票据评估值 = 本金 \times (1 + 利息率 \times 时间)$$

【实战训练 7-6】 2025 年 4 月,评估专业人员李琪对浙江越荟智能制造有限公

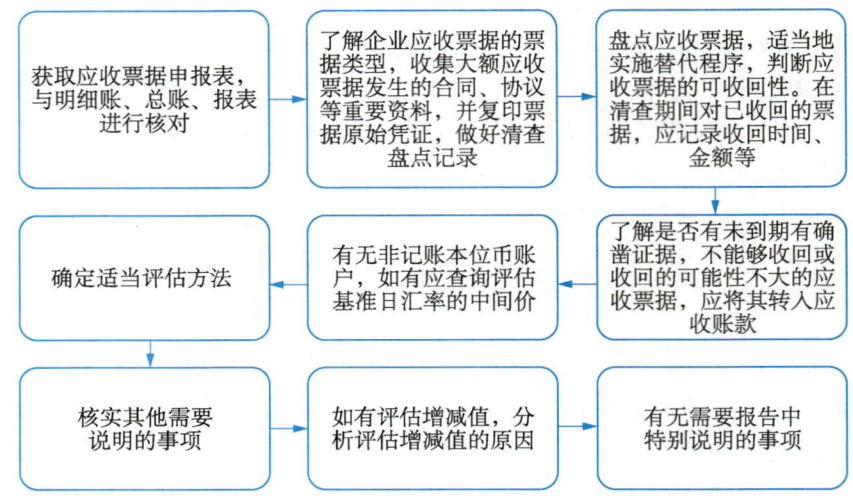

图 7-5 应收票据评估流程图

司的应收票据进行评估。经李琪核实,公司持有一张期限 9 个月的商业承兑汇票,本金为 50 万元,利息率是 6%,截至评估基准日离到期日还有 3 个月。李琪应该如何评估应收票据的价值呢?

解:评估值 $= 50 \times (1 + 6\% \times \frac{9-3}{12}) = 51.5$(万元)

2. 按应收票据的贴现值确定评估值

应收票据的评估值为评估基准日从银行可以获得的贴现值。其计算公式为:

应收票据评估值 = 票据到期价值 − 贴现息

贴现息 = 票据到期价值 × 贴现率 × 贴现期

贴现期 = 到期天数 − 持票天数

【实战训练 7-7】承[实战训练 7-6],浙江越荟智能制造有限公司售出一批产品,价款 100 万元,商定 4 个月收款,用商业汇票结算。至评估基准日,已持有商业汇票 1 个月,由此确定贴现期是 3 个月,贴现率按 6% 计算。李琪应该如何评估应收票据的价值呢?

解:贴现息 $= 100 \times 6\% \times \frac{4-1}{12} = 1.5$(万元)

评估值 $= 100 - 1.5 = 98.5$(万元)

(四)待摊费用与预付费用

待摊费用的评估对象是费用支出形成的资产或权利,因此待摊费用的评估值就是这些资产或权益的价值。也就是说,评估待摊费用的前提是要确定与待摊费用相对应的资产或权益的存在,如果这些资产或权益已经消失,那么摊余价值无论多大,待摊费用价值都应该是零。

需要注意的是,当待摊费用所对应的具体资产的价值已计入其他类型资产的评

> 术语解析:待摊费用是指企业已经支付或发生,应由本月和以后各月份负担的,分摊期在一年以内的各项费用。

估值时,不再对待摊费用进行评估。例如,某企业待摊费用中的待摊修理费用是 2 万元,而修理机器可以延长机器设备的寿命,这已经在机器设备评估时予以考虑,待摊费用 2 万元已在机器设备价值中得以体现,就无须在待摊费用评估时再行考虑。

而预付费用的评估,是对未来可取得权利的价值进行评估,其依据是未来可产生效益的时间。如果预付费用的效益已经在评估日前全部体现,只因发生的数额过大而采用分期摊销的办法,这种预付费用不应在评估中作价。只有那些在评估基准日之后仍将发挥作用的预付费用,才是真正的评估对象。

【实战训练 7-8】 2025 年 4 月,评估专业人员李琪对浙江越荟智能制造有限公司的预付费用进行评估。经李琪核实,公司 2025 年 1 月 1 日预付一年的房租为 40 万元,2025 年 3 月 31 日进行评估时账面金额是 26 万元。则预付费用的评估值是多少?

解:评估值 $= 40 \times \dfrac{12-3}{12} = 30$(万元)

任务 3　流动资产评估报告

一、流动资产评估报告格式

根据《资产评估报告基本内容与格式的暂行规定》的要求,流动资产评估报告书包含的基本内容有评估报告书封面及目录、评估报告书摘要、评估报告书正文。评估报告书封面须载明评估项目名称,如××流动资产评估报告。评估报告书摘要应以较少的篇幅,将评估报告书中的关键内容刊印出来,以便各有关方了解该评估报告书提供的主要信息。评估报告书正文包括首部、绪言、委托方与资产占有方简介、评估目的、评估范围与对象、评估基准日、评估原则、评估依据、评估方法、评估过程、评估结论、特别事项说明、评估基准日期后重大事项、评估报告法律效力、评估报告提出日期、尾部。

二、流动资产评估报告撰写的特殊要求

(一)流动资产的评估

流动资产的评估说明应以货币资金、应收票据、应收账款、应收股利、应收利息、预付账款和其他应收款、短期投资、待摊费用和递延资产、存货等分别撰写;评估过程或方法相同的可以适当组合、分类,如产成品、在用低值易耗品可以不并入存货,而单独予以说明。

(二)在分类说明流动资产评估方法前

在分类说明流动资产评估方法前,应按会计科目列示账面值并适当汇总,保证与资产负债表相对应。

（三）货币资金的评估

（1）货币资金一般应包括现金、银行存款及其他货币资金。

（2）现金存放地点、盘点方式和过程。

（3）对银行存款应说明是否查阅了银行对账单、银行余额调节表，对数量较大的银行账户函证情况及不符情况下的处理方式。

（4）如存在未达账项，应说明未达账项是否影响净资产，影响如何。

（5）其他货币资金的存在形式、形成原因。

（四）应收票据的评估

（1）说明应收票据的种类、变现能力、信用程度。

（2）说明已查阅票据凭证及查阅结果。

（3）对于在评估现场工作日已变现的应收票据数额作说明。

（4）对可能坏账的应收票据，应说明原因及如何确定评估值的。

（5）已坏账的应收票据，应说明原因，并说明所取得的证据。

（五）应收账款、应收股利、应收利息、预付账款和其他应收款的评估

（1）说明是否分析了发生时间、原因，是否对收回的可能性进行了判断，并写明分析结果。

（2）说明清查核实的具体方法及核实结果。

（3）对可能坏账的项目，应说明原因及如何确定评估值的。

（4）对已坏账的项目，应说明原因及取得的证据。

（六）短期投资的评估

（1）说明投资种类、变现能力。

（2）上市的有价证券应列示评估基准日的收盘价、持有量及评估计算过程。

（3）非上市的有价证券应列示票面利息率或约定利息率及评估计算过程。

（七）待摊费用和递延资产的评估

（1）递延资产包括开办费、长期待摊费用。

（2）说明待摊费用和递延资产的原始发生额、摊销期、所形成的资产或权利是否已在其他类型资产中反映，如反映应说明不另计评估值。

（3）应结合待摊费用和递延资产的具体内容说明是否存在尚存的资产或权利，如存在，应指明受益期、受益额。

（八）存货的评估

（1）应分别按库存商品、产成品、在产品与半成品、主要材料与辅助材料、包装物（库存物资）、委托加工材料、在库低值易耗品、在用低值易耗品、委托代销商品、受托代销商品进行说明。

（2）外购存货说明账面价值构成，分析价值构成的合理性，并载明已查询市场价格。

(3)自制存货说明销售成本率、销售费用率及相关的税费额或比率的确定方法与数额。

(4)自制存货的适销程度应说明,并列举依据,如市场占有率、存货周转率、市场信誉度等因素。

(5)在用的存货应具体说明如何确定成新率。

(6)对于存在失效、变质、残损、无用的存货,应说明对其价值的影响程度,需要技术鉴定的,应说明鉴定方法及鉴定结论。

(7)委托代销商品、受托代销商品应当说明代销费用的结算方式,并结合代销费用的结算方式选择适当的评估方法。

三、流动资产评估明细表

流动资产清查评估明细表,具体可分为流动资产清查评估汇总表(表7-2)、货币资金——现金清查评估明细表(表7-3)、货币资金——银行存款清查评估明细表(表7-4)、货币资金——其他货币资金清查评估明细表(表7-5)、短期投资清查评估汇总表(表7-6)、短期投资——股票清查评估明细表、短期投资——债券清查评估明细表、应收票据清查评估明细表(表7-7)、流动资产——应收账款清查评估明细表(表7-8)、应收股利(应收利润)清查评估明细表(表7-9)、应收利息清查评估明细表(表7-10)、预付账款清查评估明细表(表7-11)、应收补贴款清查评估明细表(表7-12)、其他应收款清查评估明细表(表7-13)、存货清查评估汇总表(表7-14)、存货——原材料清查评估明细表、存货——材料采购(在途物资)清查评估明细表、存货——在库低值易耗品清查评估明细表、存货——包装物清查评估明细表、存货——委托加工材料清查评估明细表、存货——产成品(库存商品)清查评估明细表、存货——在产品(自制半成品)清查评估明细表、存货——分期收款发出商品清查评估明细表、存货——在用低值易耗品清查评估明细表、存货——委托代销商品清查评估明细表、存货——受托代销商品清查评估明细表、待摊费用清查评估明细表(表7-15)、待处理流动资产净损失清查评估明细表(表7-16)、一年内到期的长期债券投资清查评估明细表(表7-17)、其他流动资产清查评估明细表(表7-18)。

表7-2　　　　　　　　流动资产清查评估汇总表　　　　共1页,第1页

资产占有单位名称:　　　评估基准日:　年　月　日　　　金额单位:人民币元

编号	科目名称	账面价值	调整后账面值	评估价值	增值额	增值率
3-1	货币资金					
3-2	短期投资					
3-3	应收票据					
3-4	应收账款					
3-4	减:坏账准备					
3-4	应收账款净额					
3-5	应收股利					

(续表)

编号	科目名称	账面价值	调整后账面值	评估价值	增值额	增值率
3-6	应收利息					
3-7	预付账款					
3-8	应收补贴款					
3-9	其他应收款					
3-10	存货					
3-11	待摊费用					
3-12	待处理流动资产净损失					
3-13	一年内到期的长期债券投资					
3-14	其他流动资产					
3	流动资产合计					

资产占有单位填表人： 评估人员

表 7-3　　　　　货币资金——现金清查评估明细表　　共　页,第　页

资产占有单位名称：　　　　　　　　　　　　　　　　　　　金额单位:人民币元

序号	存放部门（单位）	币种	外币账面金额	评估基准日汇率	账面价值	调整后账面值	评估值	增值率
1								
2								
3								
4								
本页小计		****	*****	******				******
合计		****	*****	******				******

资产占有单位填表人：　　　　　　　　　　　　　　　　　　评估人员：
填表日期：　年　月　日

表 7-4　　　　　货币资金——银行存款清查评估明细表　　共　页,第　页

资产占有单位名称：　　　　评估基准日：　年　月　日　　金额单位:人民币元

序号	开户银行	账号	币种	外币账面金额	评估基准日汇率	账面价值	调整后账面值	评估值	增值率
1									
2									
3									
4									
小计		******	****	*****	******				****
合计		******	****	*****	******				****

资产占有单位填表人：　　　　　　　　　　　　　　　　　　评估人员：
填表日期：　年　月　日

表 7-5 　　　　　　　　货币资金——其他货币资金清查评估明细表　　　　共　页,第　页

资产占有单位名称：　　　　　评估基准日：　年 月 日　　　　金额单位:人民币元

序号	名称及内容	用途	币种	外币账面金额	评估基准日汇率	账面价值	调整后账面值	评估值	增值率	备注
1										
2										
3										
4										
小计		******	****	*****	******					******
合计		******	****	*****	******					******

资产占有单位填表人：　　　　　　　　　　　　　　　　　　评估人员：
填表日期：　年 月 日

表 7-6 　　　　　　　　短期投资清查评估汇总表　　　　　　　共 1 页,第 1 页

资产占用单位名称：　　　　　评估基准日：　年 月 日　　　　金额单位:人民币元

编号	科目	账面价值	调整后账面值	评估价值	增值额	增值率
3-2-1	短期投资——股票投资					
3-2-2	短期投资——债券投资					
	短期投资合计					
	减:短期投资跌价准备					
3	短期投资净额					

资产占有单位填表人：　　　　　　　　　　　　　　　　　　评估人员：
填表日期：　年 月 日

表 7-7 　　　　　　　　应收票据清查评估明细表　　　　　　共　页,第　页

资产占有单位名称：　　　　　评估基准日：　年 月 日　　　　金额单位:人民币元

序号	户名（结算对象）	出票日期	到期日期	票面利率	账面价值	调整后账面值	评估价值	增值率	备注
1									
2									
3									
4									
本页小计									
合计									

资产占有单位填表人：　　　　　　　　　　　　　　　　　　评估人员：
填表日期：　年 月 日

资产评估实务

表 7-8　　　　　　　　　流动资产——应收账款清查评估明细表　　　　共　页,第　页

资产占有单位名称：　　　　　评估基准日：　年　月　日　　　　金额单位：人民币元

序号	欠款单位名称（结算对象）	业务内容	发生日期	账龄	账面价值	调整后账面值	评估价值	增值率	备注
1									
2									
3									
4									
本页小计									
合计									

资产占有单位填表人：　　　　　　　　　　　　　　　　　　　评估人员：
填表日期：　年　月　日

表 7-9　　　　　　　　　应收股利(应收利润)清查评估明细表　　　　共　页,第　页

资产占有单位名称：　　　　　评估基准日：　年　月　日　　　　金额单位：人民币元

序号	户名(结算对象)	发生日期	股利所属期间	账面价值	调整后账面值	评估价值	增值率	备注
1								
2								
3								
4								
本页小计		****	****					****
合计		****	****					****

资产占有单位填表人：　　　　　　　　　　　　　　　　　　　评估人员：
填表日期：　年　月　日

表 7-10　　　　　　　　　应收利息清查评估明细表　　　　共　页,第　页

资产占有单位名称：　　　　　评估基准日：　年　月　日　　　　金额单位：人民币元

序号	欠款单位名称（结算对象）	发生日期	本金	利息所属期	利息率	账面价值	调整后账面值	评估价值	增值率	备注
1										
2										
3										
4										
本页小计										
合计										

资产占有单位填表人：　　　　　　　　　　　　　　　　　　　评估人员：
填表日期：　年　月　日

表 7-11　　　　　　　　　　预付账款清查评估明细表　　　　　　共　页,第　页

资产占有单位名称：　　　　　　评估基准日：　年　月　日　　　　　　金额单位：人民币元

序号	收款单位名称（结算对象）	业务内容	发生日期	账龄	账面价值	调整后账面值	评估价值	增值率	备注
1									
2									
3									
4									
	本页小计	****	****	****				****	
	合计	****	****	****				****	

资产占有单位填表人：　　　　　　　　　　　　　　　　　　　　评估人员：
填表日期：　年　月　日

表 7-12　　　　　　　　　　应收补贴款清查评估明细表　　　　　　共　页,第　页

资产占用单位名称：　　　　　　评估基准日：　年　月　日　　　　　　金额单位：人民币元

序号	付款单位名称（结算对象）	补贴内容	发生日期	账龄	账面价值	调整后账面值	评估价值	增值率	备注
1									
2									
3									
4									
	本页小计								
	合计								

资产占有单位填表人：　　　　　　　　　　　　　　　　　　　　评估人员：
填表日期：　年　月　日

表 7-13　　　　　　　　　　其他应收款清查评估明细表　　　　　　共　页,第　页

资产占有单位名称：　　　　　　评估基准日：　年　月　日　　　　　　金额单位：人民币元

序号	欠款对象名称	业务内容	发生日期	账龄	账面价值	清查调整数	评估值	增值率	备注
1									
2									
3									
4									
	本页小计								
	合计								

资产占有单位填表人：　　　　　　　　　　　　　　　　　　　　评估人员：
填表日期：　年　月　日

表 7-14　　　　　　　　　　　存货清查评估明细表

资产占有单位名称：　　　　　评估基准日：　年　月　日　　　　　金额单位：人民币元

编号	科目名称	账面价值	调整后账面值	评估价值	增值额	增值率
3-10-1	原材料					
3-10-2	材料采购（在途物资）					
3-10-3	在库低值易耗品					
3-10-4	包装物（库存物资）					
3-10-5	委托加工材料					
3-10-6	产成品（库存商品）					
3-10-7	在产品（自制半成品）					
3-10-8	分期收款发出商品					
3-10-9	在用低值易耗品					
3-10-10	委托代销商品					
3-10-11	委托代销商品					
	存货合计					
	减：存货跌价准备					
	存货净额					

资产占有单位填表人：　　　　　　　　　　　　　　　　　　　　　　　　评估人员：

填表日期：　年　月　日

表 7-15　　　　　　　　　　　待摊费用清查评估明细表　　　　　共　页，第　页

资产占有单位名称：　　　　　评估基准日：　年　月　日　　　　　金额单位：人民币元

序号	费用内容	发生日期	预计摊销月数	已摊销月数	账面价值	调整后账面值	尚存受益期（月数）	评估价值	增值率	备注
	本页小计									
	合计									

资产占有单位填表人：　　　　　　　　　　　　　　　　　　　　　　　　评估人员：

填表日期：　年　月　日

表7-16　　　　　　　待处理流动资产净损失清查评估明细表　　　共　页·第　页

资产占有单位名称：　　　　　评估基准日：　年　月　日　　　　金额单位：人民币元

序号	项目	发生日期	账面价值	调整后账面值	评估价值	增值率	备注
本页小计							
合计							

资产占有单位填表人：　　　　　　　　　　　　　　　　　　评估人员：
填表日期：　年　月　日

表7-17　　　　　　　一年内到期的长期债券投资清查评估明细表　　　共　页·第　页

资产占有单位名称：　　　　　评估基准日：　年　月　日　　　　金额单位：人民币元

序号	名称及内容	发生日期	到期日	票面利率	账面价值	调整后账面值	评估价值	增值率	备注
本页小计		****	****	****					****
合计		****	****	****					****

资产占有单位填表人：　　　　　　　　　　　　　　　　　　评估人员：
填表日期：　年　月　日

表7-18　　　　　　　其他流动资产清查评估明细表　　　共　页·第　页

资产占有单位名称：　　　　　评估基准日：　年　月　日　　　　金额单位：人民币元

序号	项目及内容	账面值	调整后账面值	评估价值	增值率	备注
本页小计						
合计						

资产占有单位填表人：　　　　　　　　　　　　　　　　　　评估人员：
填表日期：　年　月　日

【实务要求7-5】 对浙江平乐纺织有限公司流动资产的评估基本完成后，单师傅让何燕完成流动资产的评估报告。

实务处理： 何燕根据评估情况初步撰写了流动资产的评估报告，具体如下。

浙江平乐纺织有限公司流动资产评估报告

浙江企华评报字〔2025〕10 号

估价项目名称：浙江平乐纺织有限公司流动资产评估

估价委托人：浙江平乐纺织有限公司

估价机构：浙江企华资产评估师事务所

注册不动产估价师：戴清　蒋薇

估价作业日期：2025 年 4 月 2 日至 2025 年 4 月 20 日

估价报告出具日期：2025 年 4 月 25 日

估价报告编号：浙江企华评报字〔2025〕10 号

目　　录

一、声明

二、评估报告摘要

三、评估报告书

　　（一）委托方、被评估单位及业务约定书约定的其他评估报告使用者

　　（二）评估目的

　　（三）评估对象和评估范围

　　（四）价值类型及其定义

　　（五）评估基准日

　　（六）评估依据

　　（七）评估方法

　　（八）评估程序实施过程和情况

　　（九）评估假设

　　（十）评估结论

　　（十一）特别事项说明

　　（十二）评估报告使用限制说明

　　（十三）评估报告日

四、评估报告附件

声　明

　　我们在执行本资产评估业务中，遵循相关法律法规和资产评估准则，恪守独立、客观和公正的原则；根据我们在执业过程中收集的资料，评估报告陈述的内容是客观的，并对评估结论合理性承担相应的法律责任。

　　评估对象涉及的资产清单由委托方、被评估单位（或者产权持有单位）申报并经其签章确认；所提供资料的真实性、合法性、完整性，恰当使用评估报告是委托方和相关当事方的责任。

　　我们与评估报告中的评估对象没有现存或者预期的利益关系；与相关当事方没有现存或者预期的利益关系，对相关当事方不存在偏见。

　　我们已对评估报告中的评估对象及其所涉及资产进行现场调查；我们已对评估对象及其所涉及资产的法律权属状况给予必要的关注，对评估对象及其所涉及资产的法律权属资料进行了查验，并对已经发现的问题进行了如实披露，且已提请委托方及相关当事方完善产权以满足出具评估报告的要求。

　　我们出具的评估报告中的分析、判断和结论受评估报告中假设和限定条件的限制，评估报告使用者应当充分考虑评估报告中载明的假设、限定条件、特别事项说明及其对评估结论的影响。

浙江企华资产评估师事务所
2025 年 4 月 25 日

浙江平乐纺织有限公司流动资产价值评估评估报告摘要

浙江企华评报字〔2025〕10号

浙江企华资产评估师事务所接受浙江平乐纺织有限公司的委托,根据有关法律法规和资产评估准则、资产评估原则,采用资产基础法,按照必要的评估程序,对浙江平乐纺织有限公司的流动资产在2025年3月31日所表现的市场价值进行了评估。

资产基础法是指在合理评估企业各项资产价值的基础上确定评估对象价值的评估思路。在假设浙江平乐纺织有限公司持续经营的前提下,采用与委托评估资产相适应的具体评估方法对公司的流动资产进行评估,如表7-19所示。

表7-19　　浙江平乐纺织有限公司流动资产评估结果汇总表

评估基准日:2025年3月31日　　　　　　　　　　　　金额单位:人民币元

	项目	账面价值 A	评估价值 B	增减值 C=B-A	增减率 D=C/A×100%
1	流动资产	9 264 826	10 598 612	1 333 786	14.40%
2	其中:现金	82 154	82 154	0	0
3	银行存款	2 035 482	2 035 482	0	0
4	应收账款	30 972	268 190	-32 782	-10.89%
5	存货	5 132 368	5 969 825	837 457	16.32%
6	其他	1 983 850	2 242 961	259 111	13.06%

本报告有效期自评估基准日2025年3月31日起计算,1年内有效。

本评估项目的报告日为2025年4月25日。

以上内容摘自评估报告正文,欲了解本评估项目的详细情况,应当阅读评估报告正文,并关注特别事项说明。

浙江平乐纺织有限公司流动资产价值评估评估报告书

浙江企华评报字〔2025〕10号

浙江平乐纺织有限公司：

　　浙江企华资产评估师事务所接受贵公司的委托，根据有关法律法规和资产评估准则，遵循独立、客观、公正的原则，采用资产基础法，按照必要的评估程序，对浙江平乐纺织有限公司拟股份制改制涉及的流动资产在2025年3月31日的市场价值进行了评估。现将资产评估情况报告如下。

（一）委托方、被评估单位及业务约定书约定的其他评估报告使用者

本次评估的委托方、被评估单位均为浙江平乐纺织有限公司。

1. 委托方概况

公司名称：浙江平乐纺织有限公司

成立日期：2008年8月17日

住所：浙江绍兴市柯桥区康庄大道88号

法定代表人：陈舫

注册资本：1 000万元

实收资本：1 000万元

公司类型：有限责任公司

经营范围：开发、生产、销售纱布、印染布及其他纺织品

2. 业务约定书约定的其他评估报告使用者

本评估报告仅供国家法律法规规定的评估报告使用者使用，不得被其他任何第三方使用或依赖。

（二）评估目的

浙江平乐纺织有限公司拟股份制改制，浙江企华资产评估师事务所接受浙江平乐纺织有限公司的委托，对浙江平乐纺织有限公司的全部流动资产进行评估，为股份制改制后相关资产的价值提供参考。

（三）评估对象和评估范围

1. 评估对象

根据本次评估目的，评估对象是浙江平乐纺织有限公司的全部流动资产，与本次委托方委托评估对象一致。

2. 评估范围

本次评估范围是截至评估基准日2025年3月31日经审计后的资产负债表中反映的全部流动资产，账面价值为9 264 826元，与本次委托方委托评估对象所涉及评估范围一致。

纳入评估范围的资产与委托评估时确定的资产范围一致。

（四）价值类型及其定义

根据评估目的，确定本次评估对象的价值类型为市场价值。

市场价值是指自愿买方和自愿卖方，在各自理性行事且未受任何强迫的情况下，评估对象在评估基准日进行正常公平交易的价值估计数额。

（五）评估基准日

本项目评估基准日是2025年3月31日。

本次评估基准日由委托方确定。

（六）评估依据

1. 经济行为依据

浙江平乐纺织有限公司起草的《股份制改造方案》。

浙江平乐纺织有限公司委托浙江企华资产评估师事务所评估的《业务约定书》。

2. 法律法规依据

(1)《企业会计准则——基本准则》（财政部令第33号）。

(2)《中华人民共和国公司法》。

(3) 有关其他法律、法规、通知文件等。

3. 评估准则依据

(1)《资产评估准则——基本准则》（财企〔2004〕20号）。

(2)《资产评估职业道德准则——基本准则》（财企〔2004〕20号）。

(3)《资产评估准则——评估报告》（中评协〔2011〕230号）。

(4)《资产评估准则——评估程序》（中评协〔2007〕189号）。

(5)《资产评估准则——业务约定书》（中评协〔2011〕230号）。

(6)《资产评估准则——工作底稿》（中评协〔2007〕189号）。

(7)《评估机构业务质量控制指南》（中评协〔2010〕214号）。

(8)《资产评估职业道德准则——独立性》（中评协〔2012〕248号）。

(9) 其他准则。

4. 权属依据

(1) 企业法人营业执照。

(2) 企业出资证明（章程、验资报告）。

(3) 其他与企业资产的取得、使用等有关的会计凭证及其他资料。

5. 取价依据

(1) 被评估单位提供的财务会计经营方面的资料。

(2)《资产评估常用数据与参数手册》。

(3) 评估人员收集的当前市场价格信息资料。

(4) 评估人员现场勘察记录及收集的其他相关估价信息资料。

(5) 与此次资产评估有关的其他资料。

6. 其他参考依据

祥阙会计师事务所出具的审计报告。

(七) 评估方法

根据评估目的、评估对象、价值类型、资料收集情况等相关条件,对纳入评估范围内的全部资产选用适当的方法进行评估。

1. 货币资金的评估

现金和银行存款,采用核实数额的方法进行评估。

2. 应收款项的评估

应收款项,由账面余额减去预计的风险损失得到评估值,而预计的风险损失采用坏账比例法确定。

3. 存货的评估

存货,采用市场法进行评估。

(八) 评估程序实施过程和情况

评估人员于2025年4月2日至2025年4月20日对纳入此次评估范围内的全部资产进行了评估。主要评估过程如下:

1. 接受委托

我事务所与委托方就评估目的、评估对象等评估业务基本事项,以及各方的权利、义务等达成协议,并协商拟定了相应的评估计划。

2. 前期准备

接受委托之后,快速组建评估队伍及编制具体工作方案,按照委托方对本项目的要求,共同制定了需要公司填写的表格及需要提交的资料清单。

3. 现场调查

根据浙江平乐纺织有限公司提供的评估申报资料,评估人员于2025年4月2日至2025年4月20日期间对评估对象涉及的资产进行了必要的清查核实。

4. 资料收集

评估人员根据评估项目的具体情况进行了评估资料收集,并对收集的评估资料进行了必要分析、归纳和整理,形成评定估算的依据。

5. 评定估算

评估人员结合公司实际情况确定各类资产的作价方案,汇总资产评估初步结果、进行评估结论的分析、撰写评估报告和说明的初稿。

6. 内部审核、征求意见及出具报告

经过公司内部审核后,将评估结果与委托方进行沟通和汇报。根据沟通意见进行修改、完善后,将正式评估报告提交给委托方。

(九) 评估假设

本评估报告分析估算采用的假设条件如下:

(1) 国家现行的有关法律法规及政策、国家宏观经济形势无重大变化,本次交易各方所处地区的政治、经济和社会环境无重大变化,无其他人力不可抗拒因素及不可预见因素造成的重大不利影响,被评估单位持续经营。

(2) 公司的经营者是负责的,且公司管理层有能力担当其职务。

(3) 除非另有说明,公司完全遵守所有有关的法律法规,不会出现影响公司发展和收益实现的重大违规事项。

(4) 公司未来将采取的会计政策和编写此份报告时所采用的会计政策在重要方面基本一致。

(5) 由公司提供的与评估相关的产权证明文件、财务报表、会计凭证、资产清单及其他有关资料真实、合法、完整、可信。

(6) 有关利率、赋税基准及税率、政策性征收费用等不发生重大变化。

本评估报告评估结论在上述假设条件下在评估基准日时成立,当上述假设条件发生较大变化时,签字注册资产评估师及本评估机构将不承担由于假设条件改变而推导出不同评估结论的责任。

(十) 评估结论

根据有关法律法规和资产评估准则,遵循独立、客观、公正的原则,采用资产基础法,按照必要的评估程序,对浙江平乐纺织有限公司的流动资产在2025年3月31日的市场价值进行了评估。根据以上评估工作,得出如下评估结论,如表7-20所示。

表7-20　　浙江平乐纺织有限公司流动资产评估结果汇总表

评估基准日:2025年3月31日　　　　　　　　　　　　　　金额单位:人民币万元

	项目	账面价值 A	评估价值 B	增减值 C=B-A	增减率 D=C÷A×100%
1	流动资产	9 264 826	10 598 612	1 333 786	14.40%
2	其中:现金	82 154	82 154	0	0
3	银行存款	2 035 482	2 035 482	0	0
4	应收账款	30 972	268 190	-32 782	-10.89%
5	存货	5 132 368	5 969 825	837 457	16.32%
6	其他	1 983 850	2 242 961	259 111	13.06%

本报告有效期自评估基准日2025年3月31日起计算,1年内有效。

本评估项目的报告日为2025年4月25日。

截至评估基准日2025年3月31日,浙江平乐纺织有限公司流动资产账面价值为9 264 826元,评估价值为10 598 612元,增值为1 333 786元,增值率为14.40%。

(十一) 特别事项说明

(一) 在执行本评估项目过程中,我们对委托方和相关当事方提供的评估对象法律权属资料和资料来源进行了必要的查验,但对评估对象的法律权属我们不发表意见,也不作确认和保证。本报告所依据的权属资料之真实性、准确性和完整性由委托方和相关当事方负责。

（二）重大期后事项

（1）除上述事项外，自评估基准日至评估报告日，依据委托方及资产占有方提供的资料和评估人员现场勘察情况，评估人员未发现有重大期后事项发生。

（2）评估基准日后有效期内资产数量发生变化时，应根据原评估方法对资产额进行相应调整。

（3）评估基准日后有效期内资产价格标准发生重大变化，并对资产评估价格已产生了严重影响时，委托方应及时聘请评估机构重新确定评估价值。

（4）评估基准日期后发生重大事项，不得直接使用本评估报告。

（三）评估结论系根据上述假设、依据、前提、方法、程序得出的，只有在上述假设、依据、前提存在的条件下成立；评估结论不应当被认为是对评估对象可实现价格的保证。

（十二）评估报告使用限制说明

（1）本评估报告只能由评估报告载明的评估报告使用者使用。

（2）本评估报告的全部或者部分内容被摘抄、引用或者被披露于公开媒体，需评估机构审阅相关内容，法律、法规规定以及相关当事方另有约定的除外。

（3）本评估报告系资产评估师依据国家法律法规出具的专业性结论，在评估机构盖章，注册资产评估师签字后，方可正式使用。

（4）本评估报告所揭示的评估结论仅对本项目对应的经济行为有效，评估结论使用有效期为自评估基准日 2025 年 3 月 31 日至 2026 年 3 月 31 日。

（十三）评估报告日

评估报告提出日期为 2025 年 4 月 25 日。

法定代表人：陈舫

注册资产评估师：戴清

注册资产评估师：蒋薇

浙江企华资产评估师事务所

2025 年 4 月 25 日

评估报告附件

（1）被评估单位评估基准日会计报表及审计报告。
（2）被评估单位法人营业执照复印件。
（3）被评估单位产权登记证复印件。
（4）评估对象涉及的主要权属证明资料。
（5）被评估单位的承诺函。
（6）签字注册资产评估师的承诺函。
（7）资产评估机构资格证书复印件。
（8）评估机构法人营业执照复印件。
（9）签字注册资产评估师资格证书复印件。
（10）资产评估业务约定书复印件。

【知识地图】

项目流动资产评估

- 任务1 认知流动资产评估
  - 一、流动资产评估概述
    - （一）流动资产的定义
    - （二）流动资产评估的特点
  - 二、接受流动资产评估业务
  - 三、评估准备
  - 四、评估估算
  - 五、出具评估报告

- 任务2 评估流动资产
  - 一、评估实物类流动资产
    - （一）库存材料
    - （二）低值易耗品
    - （三）在产品
    - （四）产成品及库存商品
  - 二、评估非实物类流动资产
    - （一）货币资金
    - （二）应收款项
    - （三）应收票据
    - （四）待摊费用与预付费用

- 任务3 流动资产评估报告
  - 一、流动资产评估报告格式
  - 二、流动资产评估报告撰写的特殊要求
    - （一）流动资产的评估
    - （二）在分类说明流动资产评估方法前
    - （三）货币资金的评估
    - （四）应收票据的评估
    - （五）应收账款、应收股利、应收利息、预付账款和其他应收款的评估
    - （六）短期投资的评估
    - （七）待摊费用和递延资产的评估
    - （八）存货的评估
  - 三、流动资产评估明细表

【考证直通】

7-8 考证园地：流动资产评估考点归纳

7-9 考证园地：流动资产评估考证题库及答案

【辅教导学】

7-10 习题训练：流动资产评估课后作业

7-11 习题训练：流动资产评估随堂练习及课后作业答案

7-12 拓展阅读：流动资产评估教学课件

7-13 拓展阅读：商业银行金融资产风险分类办法

7-14 素养引领：思政案例分析题